本书为国家自然科学基金重点项目"基于价值链重构的互联网环境下制造业企业转型升级研究"(71632008)和教育部人文社会科学基金"网络效应视角下区块链驱动的共享制造平台运营与治理机制研究"(21YJC630068)的研究成果。本著作受上海工程技术大学出版学术著作出版专项资助。

新一代信息技术环境下制造业价值链重构与转型升级研究

李永林　著

吉林大学出版社

·长春·

图书在版编目（CIP）数据

新一代信息技术环境下制造业价值链重构与转型升级研究/李永林著. -- 长春：吉林大学出版社，2023.11

ISBN 978-7-5768-2836-8

Ⅰ.①新… Ⅱ.①李… Ⅲ.①制造工业—产业结构升级—研究—中国 Ⅳ.①F426.4

中国国家版本馆CIP数据核字(2023)第255787号

书　　名	新一代信息技术环境下制造业价值链重构与转型升级研究
	XINYIDAI XINXI JISHU HUANJING XIA ZHIZAOYE JIAZHILIAN CHONGGOU YU ZHUANXING SHENGJI YANJIU
作　　者	李永林
策划编辑	刘　佳
责任编辑	刘　佳
责任校对	杨　宁
装帧设计	文　一
出版发行	吉林大学出版社
社　　址	长春市人民大街4059号
邮政编码	130021
发行电话	0431-89580036/58
网　　址	http://www.jlup.com.cn
电子邮箱	jldxcbs@sina.com
印　　刷	北京昌联印刷有限公司
开　　本	787mm×1092mm　1/16
印　　张	13
字　　数	210千字
版　　次	2023年11月第1版
印　　次	2023年11月第1次
书　　号	ISBN 978-7-5768-2836-8
定　　价	68.00元

版权所有　翻印必究

作者简介

李永林,管理学博士,副教授,2016年起于上海工程技术大学管理学院从事教学与科研工作,研究方向为生产与运营管理,曾就职于上海交通大学和中国石油化工集团有限责任公司。2015年受玛丽·居里学者计划基金的资助,于英国伯明翰大学商学院进行合作研究,研究内容为高价值制造与工程。现为上海市管理科学学会会员,担任《系统工程学报》《工业工程》《软科学》和《The International Journal of Advanced Manufacturing Technology》等期刊审稿人。

本人长期以来关注并致力于制造业运作管理与转型升级的相关研究,在智能制造、"互联网+制造"和平台运作管理的理论和实践方面有研究专长。作为主要成员完成国家自然科学基金重点项目、欧盟第七框架计划、国家水专项水体污染控制与治理科技重大专项等课题7项。主持教育部人文社会科学规划项目"网络效应视角下区块链驱动的共享制造平台运营与治理机制研究"、上海市哲学社会科学规划课题"价值链重构视域下上海制造业转型升级研究—基于微观企业层面的分析"、上海市"科技创新行动计划"软科学重点项目"新一代信息技术环境下上海制造业价值链重构机理与政策创新研究"和上海市人民政府发展研究中心"政府公共决策支持"研究课题2项(已结项)。近3年来,出版学术专著3部(其中一部为国际合作英文专著),以第一作者或通讯作者在CSSCI、SCI和(或)中文核心期刊上发表学术论文11篇,形成了以共享理论为特色、以制造业运作管理、技术经济管理和政策管理"微观—中观—宏观"三位一体融合的学术研究体系。

前　言

近年来,人工智能、大数据、云计算、区块链等新一代信息技术正加速推进全球制造产业分工,重塑全球制造业竞争格局,欧美国家纷纷实施"再工业化"战略,以占据制造业价值链的新制高点。本书以上海市为例,按照新一代信息技术驱动下制造业价值"重构规律－升级模式－影响因素－能力提升－推动政策"研究思路,分析制造企业在新一代信息技术驱动下转型升级的融合机理、模式、影响因素和竞争模式,并提出相应的政策建议。

第一,本书分析了新一代信息技术对制造业效率、产品增值性、生产要素、商业模式和产业模式等的重塑作用,提出新一代信息技术背景下,制造业价值链通过迭代式、集成式的发展,呈现出环节增值、纵向延伸、横向聚变和价值新生4种模式,其中环节增值在上海制造业各行业中较为普遍,纵向聚变、横向聚变与细分行业特征密切相关,价值新生模式仍需进一步发展。

第二,本书针对上海制造"十四五"期间要构建"3＋6"产业体系中的9个行业和典型企业进行了追踪和对比发现:在所有9个产业部门中,产业具有环节增值功能,这说明新一代信息技术能显著提升制造业的研发设计、制造和销售等环节的价值增值能力;汽车制造与时尚消费品等属于与消费者直接相关的产业,客户个性化、定制化是企业转型升级的主要抓手,首先应用互联网技术实现用户定制化设计模式。然后以这些行业中的龙头企业为核心,发展网络化协同的制造模式,实现定制化的柔性、低成本制造;对集成电路、高端装备制造、生命健康等技术密集、我国起步晚的产业,可利用新一代信息技术的联结功能接近终端的特点抢占接口、标准等话语权,鼓励互联网企业与硬件、芯片企业合作,形成新的价值创新生态;对先进材料制造业等上海中小企业众多的厂商来说,先进企业发展可以横向延伸,从制造商向科技服务商转型。

第三,本书对新一代信息技术环境下全国11个重要制造业省市的融合发展现状进行了评价,上海市融合水平仅次于江苏省,60.1分的分值表明整体仍处于探索阶段,进一步考虑区域的差异性,东部地区融合水平最好,为57.7分;中部和西部制造业先进省份基本相当,分别为30.9和33.8分同时各要素发展不均衡,上海、山东省和广东省3个区域为良好协调,上海技术和组织两个方面得分较高,但价值实现仍需增强;新一代信息技术自身成熟度不足,与上海制造业的深度融合进入深水区,此外开放价值生态正在形成,但新一代信息技术与制造业细分行业的结合呈现不同特征,工业互联网平台赋能作用持续显现,应用推广的深度、广度仍不够,新模式、新业态应用潜能未真正发挥等8个结论。进一步,基于扎根理论对上海市14个大、中小型企业的调研发现,新一代信息技术在制造企业的应用受到融合动力、选择风险、战略能力、组织基础、数据安全、政府政策和效能效益7个方面的影响,进一步对193份有效问卷建立的计量模型分析发现,目前融合动力、选择风险是最主要的两个影响因素,数据权益不具有显著性。

第四,本书基于SOR模型探究新一代信息驱动下制造企业如何利用动态能力与价值创造提升其竞争能力。通过对海尔集团1998—2021年的纵向案例研究,分析其与新一代信息技术融合过程中动态能力演化的特点,揭示其在新一代信息技术驱动下动态能力的演化规律,总结了动态能力与企业演化的交互机制及价值共创模式,研究结论对制造企业在新一代信息背景下的运营实践提供了一定的借鉴。

第五,本书根据2012—2021年统计数据,上海促进新一代信息技术与制造业融合以环境型政策(53.5%)和供给型政策(34.8%)为主,需求型政策使用较少;进一步通过各年度供给面、环境面和需求面工具的政策文本数量反映出政策工具随周期变化的情况,并提出积极培育和发展国内产业链和区域价值链,推动制造业产业链、创新链和价值链融合发展,构建价值链生态体系等8条建议。

李永林

2023年2月29日

目 录

第一章 新一代信息技术对制造业价值链的影响与重构分析 …… 1
  1.1 新一代信息技术加速制造业转型升级的作用机理 …… 4
  1.2 新一代信息技术驱动制造业价值链的重构机制与模式 …… 12

第二章 上海制造业价值重构的案例分析和对比研究 …… 21
  2.1 集成电路行业及企业案例：芯原微电子（上海）有限公司 …… 21
  2.2 生物医药行业及企业案例：复星集团、上海医药 …… 28
  2.3 电子信息制造行业及企业案例：中电科数字技术股份有限公司 …… 36
  2.4 生命健康行业及企业案例：上海联影、复兴杏脉 …… 41
  2.5 汽车制造产业及企业案例：上汽集团智能互联转型 …… 48
  2.6 高端设备制造行业及企业案例：上海振华重工数字化转型 …… 55
  2.7 先进材料制造行业及企业案例：宝钢股份"黑灯工厂" …… 59
  2.8 时尚消费行业及企业案例：上海家化的全产业链数字化 …… 62
  2.9 新一代信息驱动下上海制造业价值重构与转型升级关联分析 …… 70

第三章 新一代信息技术环境下上海制造业重构的现状和影响机制分析 …… 75
  3.1 新一代信息技术环境下上海制造业创新发展的特征分析 …… 76
  3.2 新一代信息技术环境下制造业转型升级的区域评估与上海现状 …… 91
  3.3 新一代信息环境下上海制造企业转型升级的影响机制 …… 122

第四章 新一代信息技术驱动的制造企业竞争能力提升路径研究 …… 135
  4.1 基于SOR模型的制造企业能力提升与价值共创研究 …… 135
  4.2 新一代信息环境下制造企业动态能力演化案例研究 …… 144

第五章 新一代信息技术环境下上海支持制造业转型升级的政策优化 …… 159
  5.1 新一代信息技术环境下促进制造业转型升级的政策文本分析 …… 159

5.2 新一代信息环境下促进制造业转型升级政策的三维分析模型 ………… 173

5.3 新一代信息环境下上海支持制造业转型升级的举措与政策优化 ……… 183

参考文献 ……………………………………………………………………… 191

第一章　新一代信息技术对制造业价值链的影响与重构分析

近年来,人工智能、大数据、云计算、区块链等新一代信息技术正加速推进全球制造产业分工,重塑全球制造业竞争格局,欧美国家纷纷实施"再工业化"战略,以占据制造业价值链的新制高点。美国公布《美国制造业振兴框架》,宣布实施"再工业化"战略,以新一代信息技术为依托,重点发展高端制造业,以此锁定全球价值链的高端环节,推动美国产业转型升级,提升美国制造业国际竞争力。与此同时,欧洲国家也纷纷出台制造业发展战略,如英国政府制定了"制造业新战略",加快制造业智能化进程;法国实施《新工业法国》战略,以便牢牢把握新一代信息技术带来的机遇,以重塑工业经济实力;德国出台了"工业 4.0 战略",加快新一代信息技术的应用与普及步伐。我国提出"中国制造 2025",以新一代信息技术与制造业的深度融合为主线,实施制造强国战略。

制造业是上海市加快迈向具有全球影响力的科技创新中心和社会主义现代化国际大都市的重要支撑,李强总理(曾任上海市委书记)在全市全力打响"四大品牌"推进大会上强调,发展高端、智能制造打响上海制造品牌,向产业价值链高端迈进。上海制造业具有门类齐全和配套完善的基础优势,同时信息化发展水平位于全国前列,随着新一代信息技术与制造产业的深度融合,制造环节的优势将不断凸显,创新应用将不断走向深化。因此,在新一代信息技术蓬勃发展的背景下,分析新环境下制造业价值链的重构机制、影响以及产业政策的优化问题,不仅有助于丰富制造业转型升级的理论内涵,而且能为上海进一步转变制造业发展模式,健全完善上海制造业政策体系,加强政策的前瞻性,突破产业发展瓶颈,以实现制造业的新发展、新突破和新跨越。制造业转型升级是一个涉及技术、体制、利益、观念等各个方面深刻系统性变革的过程,相关研究如下。

①制造业转型升级存在的问题,如我国制造业核心技术受制于人,多数制造业企业居于中低端,产品附加值较低(黄群慧,2018),环境规制(原毅军等,2019),人口老龄化(何冬梅等,2020)也是近年来我国制造业转型升级面临的新问题。

②转型升级的类型和模式,Bibeault(1982)将企业转型分为管理模式转型、运作模式转型、适应外部环境转型、产品创新转型以及与政府政策相关联的转型五种;价值链理论通过对价值环节的分解和产业的空间重构,放松了传统的产品不可分假设,为产业升级提供了更广阔的发展空间。Schmitz(2002)将产业升级分为工艺升级、产品升级、功能升级和链条升级 4 层次的路径。微笑曲线(施正荣,1992)简单形象且易于理解,很快为实业界和理论界所接受,视为企业转型升级的普适性理论,对产业价值链结构及各环节附加价值获取能力异质性进行较为科学的划分和阐述。近年来,随着供给侧结构性改革、中国制造 2025 等概念的提出和研究的深化,"微笑曲线"理论的引用率和传播度不断提升,主要被应用于工业经济、产业升级和高端化等研究中(陆健和李平,2020)。吕乃基和兰霞(2016)指出,微笑曲线并非存在于产品生命周期的全过程,在生命周期各阶段微笑曲线的"笑容"各异。他们认为,知识类型的不同是导致微笑曲线上各环节附加值不同的根本原因。一些学者认为,随着以智能制造为代表的新生产方式的产生,微笑曲线理论已经不再适用。魏志强(2015)认为,微笑曲线既无法解释如何满足个性化需求,又无法解释智能制造时代高附加值在新价值链的何处,因而应采用穹顶弧线思维框架替代微笑曲线。毛蕴诗与熊炼(2017)根据经济学中生产与成本对偶性理论提出了对偶微笑曲线模型,认为提升制造能力、降低投入和消耗同样可以提升企业价值。裴长洪等(2018)则在微笑曲线上加入经济创造力,发现微笑曲线低端截面很大,而上、下游高端截面很小,并提出企业发展的关键是苦练内功,不论低端还是高端,只要能做深、做精、做细、做透、做绝,就有希望做强、做大。

③转型升级的路径研究。Gereffi(1999)根据东亚服装生产企业在全球价值链的升级演化过程总结了一条企业升级的路径,即从委托组装(OEA)、委托加工(OEM)、自主设计和加工(ODM)到自主品牌生产(OBM)的升级过程。将价值链理论与产业升级理论相结合的研究始于 20 世纪 90 年代,Gereffi 和 Frederick(2010),Frederick 等(2012),Gereffi 等(2016)从全球价值链分工角度定义产业升

级,分析了企业从全球价值链低端向中高端攀升的过程,并对具体产业嵌入全球价值链的转型升级案例进行了广泛而深入的研究。也有部分学者从其他角度考虑全球价值链上的产业升级,Humphrey 和 Schmitz(2001)从产品内价值分布的角度进行了界定。

④对制造业转型升级影响因素及对策,多数学者将企业技术创新的影响因素同时也作为间接影响企业转型升级的因素,此外企业规模、市场结构(Schumpeter and Swedberg,1994;Arrow,2012;Scherer,2017)、政府 RD 投入(GuangzhoHu,2016)、行业和所有制特征(安同良等,2016)、集聚效应和出口(张杰等,2017)、出口贸易的技术标准化要求(孔伟杰、苏为华,2019)等。中国制造业在参与全球价值链分工的过程中,由于国内外多重因素制约常常遭遇低端锁定。尹伟华(2016)、张亚豪(2018)等认为,尽管中国制造业参与全球价值链时处于较低位置,但整体上有向全球价值链中高端环节攀升的趋势。研究表明,嵌入全球价值链影响产业升级的效应主要有知识扩散效应、技术创新效应、外资溢出效应等。刘仕国等(2015)指出,通过价值链上的知识扩散效应可促进产业升级,链上企业之间的知识扩散和交换要高于链上企业与链下企业之间的知识交换,这有利于推动产业升级。技术创新是中国制造业实现转型升级以及向全球价值链高端迈进的重要路径。从理论上分析,制造业嵌入全球价值链能获得发达国家的技术溢出(Farole,2014)。刘志彪和张杰(2019)、张小蒂和朱勤(2017)等认为,发达国家国际大买家的市场实力和跨国公司的技术实力,封锁了中国企业通过参与全球价值链提升技术创新能力的路径。吕越等(2020)分析了工业机器人对我国制造业价值链的影响机制,但数据只统计到 2013 年,难以反映现状。

⑤新一代信息技术与制造业的深度融合是培育制造业发展新动能的重要抓手。一方面,促进了制造模式、生产组织方式和产业形态的深刻变革,面向未来的产业体系正在加速建立,竞争的焦点正从单一产品转变为技术产品体系和生态体系的竞争。另一方面,产业创新速度加快,全球价值链固化状态被打破,传统制造业转型升级和全球价值链相关理论受到新挑战。在新一代信息技术的拉动下,不同行业之间的边界越来越模糊,产业之间交叉融合,工业物联网、大规模定制、制造业服务化、云制造、平台经济等基于信息网络的协同设计、制造与服务模式使得资

源的配置和整合方式发生了结构性的变化,价值链的构建从线性流程逐步过渡到动态交叉的价值网络。我国互联网技术、人工智能等比较发达,目前已处在世界领先水平,企业逐渐在制造价值链的不同环节找到了新的价值增值方式,这将有力地推动全球价值链的重构,改变全球比较优势局势。随着新一代信息技术与制造产业的兴起,日本学者在调研中发现了日本制造业利润分布倒微笑曲线(也称武藏曲线),证明发展好制造环节仍能获得较高的市场回报,中国有必要继续把"世界制造车间"的道路走下去。

综合相关研究发现如下内容。

①新一代信息技术与制造业的融合已成为制造业转型升级的重要共识,但对新一代信息技术如何推动制造业价值链提升的内在机制仍缺乏深入研究。

②现有对新一代信息技术背景下制造业的价值链的重构多为在理论探讨或单案例分析,多案例研究相对较少,缺乏实证和量化研究,同时对新一代信息技术在制造业的应用过程和影响机制也缺乏实地的考察和研究,没有实地考察作为支撑。

③无论是国家层面还是上海市政府层面都发布了新一代信息技术与制造业深度融合的相关政策,但由于新一代信息技术发展迅速,相关政策不断积累和完善之中,还需进一步根据价值链、政策工具等理论对各类配套政策进行实时追踪、吸纳和创新。

因此,针对新一代信息技术背景下上海制造业价值链重构与转型升级进行研究,有助于理解新一代信息技术环境下上海制造业价值链的重构规律和产业发展的新变化,为上海制造企业前瞻性地把握升级方向,获得价值链的竞争优势提供相关参考,为上海制造相关政府部门把握新一代信息技术融合发展的趋势和现状提供量化分析,也为相关部门追踪、学习和创新符合新一代信息技术发展趋势的政策体系提供参考。

1.1 新一代信息技术加速制造业转型升级的作用机理

制造业是一个国家的科技能力和经济实力的重要体现,据统计超过80%的技术进步和创新应用发生在制造领域,带动整体经济作用显著,是我国经济高质量发展的核心内容。2020年6月,习近平总书记主持召开中央全面深化改革委员会并审议通过了《关于深化新一代信息技术与制造业融合发展的指导意见》,意见指出要顺应新一轮科技革命和产业变革趋势,加快制造业生产方式和企业形态根本性变革,夯实融合发展的基础支撑,提升制造业数字化、网络化、智能化发展水平,为新时代我国新一代信息技术与制造业的深度融合指明了方向。2021年11月工信部正式发文《"十四五"信息化和工业化深度融合发展规划》,指出新一代信息技术向制造业各领域加速渗透,制造业数字化转型步伐明显加快。随着顶层设计高位推进,国务院、工信部等一系列行动计划和实施方案相继制定,各省市也因地制宜地出台了一批支持融合发展的政策措施,新一代信息技术使得制造业的技术体系、产业模式不断调整,融合基础不断夯实,转型升级加速"智变",产业链、价值链升级与重构,制造业格局发生重大变化。

1.1.1 新一代信息技术应用现状:向各领域加速渗透,转型步伐明显加快

信息技术的发展大致经历了三个时期:第一代信息技术,采用集中控制的方式,主要特征是大型机、中型机、小型机和简易终端等的广泛使用(20世纪80年代开始);第二代信息技术,以分布式的方式,主要特征是个人计算机和通过网络连接的分散式服务器的普及(至21世纪初);第三代信息技术是指以工业互联网、云计算、大数据、人工智能和区块链等为代表的新兴信息技术,它既是信息技术的纵向升级,也是信息技术的横向渗透融合。

随着新一代信息技术从消费领域渗透扩散到生产领域,2016年直接应用于制造业的新一代信息技术产业规模已超过1.2千亿美元,2025年将超过7.2千亿美元,复合年均增长率预计超过25%,其中工业物联网占比从4.7%增长到14%,制造云、大数据和人工智能从24%增长到36%(如图1-1所示)。

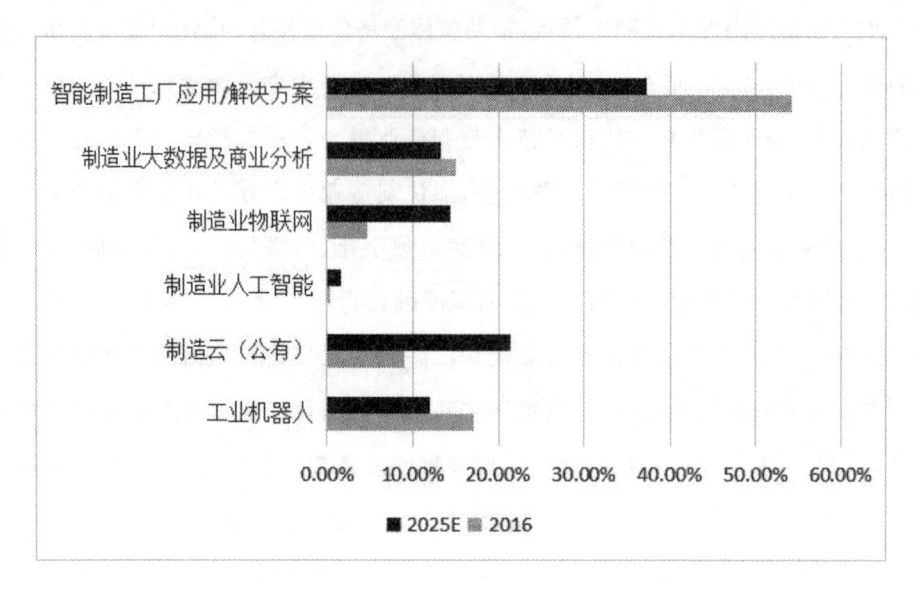

图 1-1 直接应用于制造业的新一代信息技术产业结构变动

新一代信息技术由于具有创新活跃、整合能力强、带动性大的特点,整个制造技术体系和产业模式发生深刻变革,使得价值链中研发、制造和营销等各环节的增值能力深度调整,产业竞争格局迎来重大变革。我国制造业已取得了若干成效,但整体"大而不强"、核心技术、关键设备对外依赖性强的问题依然存在,进一步夹杂逆全球化、"双碳"目标的负面冲击,面临"高端封锁"与"低端锁定"的双重夹击。一方面,我国拥有全球门类最齐全、体系最完备、规模最大的制造业,庞大的制造体系催生了长期、巨大、广泛的数字化转型需求与场景,为新一代信息技术应用提供了广阔的"试验田",加速了创新成果的转化。在工业化和信息化的长期战略与推动下,正形成以数据为核心的生产要素产业体系,使得生产要素之间产生叠加、聚合和倍增效应。另一方面,逆全球化以及新冠肺炎疫情使得国际形势复杂多变,新一代信息技术已成为各国调整制造业产业失衡、重建新优势的共识和发力点。对我国制造业发展水平参差不齐,特别是诸多中小企业还处于自动化信息化补课阶段,需通过创新思路,在实现补课的同时充分释放新一代信息技术的价值。

从总体看,新一代信息技术对我国制造业的赋能仍处于深化的战略机遇期,转型升级仍面临一系列技术和商业挑战。因此,强化新一代信息技术对制造业全要素、全流程、全产业链的管理和改造,正在成为推动制造业转型升级、实现制造业高质量发展的重要驱动力。

1.1.2 新一代信息技术赋能下制造业价值链重构与转型升级

价值链兴起之前,产业升级主要指的是第一、第二、第三产业在国民经济中比重的演替变化,或者劳动密集型、资本密集型、技术密集型和知识密集型产业之间的演变。对发达国家,需要依靠"创造性破坏"(新技术和新发明等)来实现产业升级;对发展中国家,产业升级的前提是要素禀赋的变化,即资本和劳动的比率从较低水平提升到较高水平。在传统贸易领域,发展中国家一般通过进口替代和出口导向的贸易政策,来推动本国工业化发展和产业升级。

近几十年,随着生产工序的全球分割化,产业升级的含义得到了外延,不仅包括传统的不同产业之间的结构升级,更包含产业内部的工艺、功能或价值链等多种形态的升级。Gereffi 认为产业升级是指提高一个企业或国家进入获利更多,或者技术上更先进的资本及技术密集型活动的能力,发展中国家通过嵌入全球价值链获得产业升级,容易被"低增值陷阱"锁定。Humphrey 对全球价值链框架下产业升级的内涵进行了划分和阐述:工艺流程升级,通过改造生产流程或采用新技术来提高投入产出转化效率;产品升级,提高引入新产品或改进产品,提升产品的附加值;功能升级,改变自身在价值链上的位置,提高技术和知识含量,从低附加值向高附加值、从低加工水平向深加工水平的演变;价值链升级,从现在所处的价值链跨越到新的相关的价值链,如中国台湾的电子产品制造商,利用最初获得的电视生产技术,跨越到利润更高的价值链,为跨国公司生产笔记本电脑和视频仪器等。

从 2010 年我国制造业规模超过美国,连续 12 年稳居世界第一,体量虽大,但面临"大而不强"的局面,多数处于低附加值的加工环节,2018 年我国制造业增加值大约已经占全球总额的 30%,胜于德国、日本等传统制造业大国。然而,从利润率来看,我国的占比却仅有 2.59%,不到增加值的十分之一。进一步,创新能力不足,基础核心技术与创新设计能力薄弱仍普遍存在,总体上处于全球制造业、产业链、价值链的中低端,亟待向产业链高端升级;同时,以美国、德国为代表的处于全球价值链高端地位的发达国家纷纷布局新一代信息及相关产业作为抢占颠覆性技术创新话语权的重点领域,制定了"再工业化"等战略强化链主国家在整个全球价值链分工中的"链主"地位,如波士顿咨询统计全球 25 主要制造业经济体的制造综合成本,显示我国已与美国基本相当,相对优势正逐渐变小(如图 1-2 所示)。

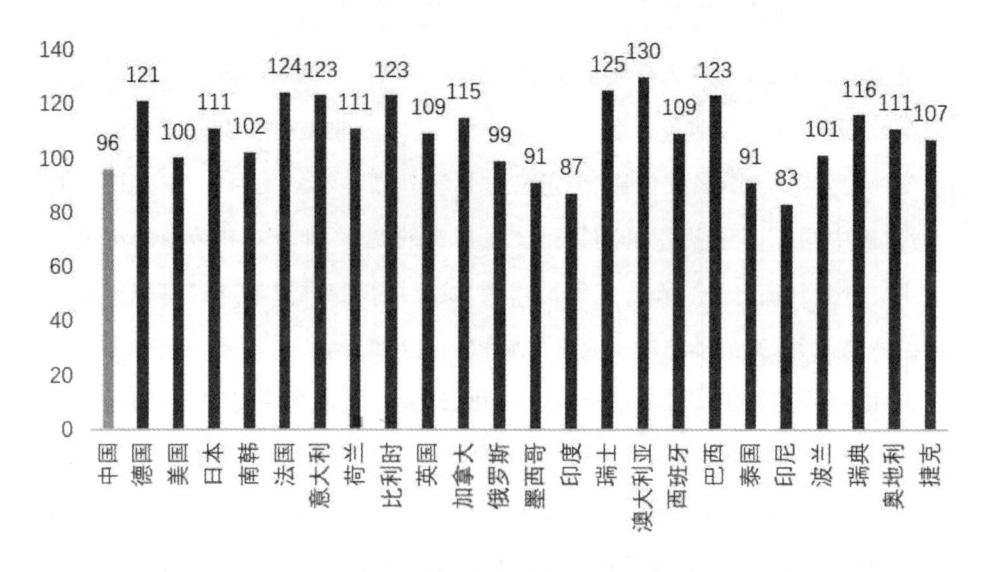

图 1-2 中国制造业成本与其他国家对比(来源:波士顿咨询)

新一代信息技术与制造业的加速融合为制造业转型升级提供了新一轮的基础设施,不仅在微观企业层面体现为对企业赋能各行业效率变革,新产品、新模式、新业态竞相涌现,延扩了整个价值链与产品链的空间,更体现为在中观层面对产业链整体性的赋能与融合效应,数据要素赋能作用持续显现,通过重塑产业链内的分工逻辑以及运作模式实现产业间的功能互补与跨界协同,实现基于产业链的价值链的增值效应,进一步释放我国超大规模市场优势和内需潜力,推动制造业升级。

(1)新一代信息技术进一步提升生产率

新一代信息技术的生产率效应主要体现在以下三个方面:第一,新一代信息技术对生产设备、关键工序和环节进行渗透与改造,提升其数字化、智能化能力,实现以效率为中心的先进制造;第二,信息技术提高工业产品与服务的标准化,进而降低信息搜集成本、减少交易环节,摆脱时空的限制,扩大了价值链的规模和贸易成本;第三,制造企业利用新一代信息技术,将制造环节打造成了一个包括人、设备、机器人等生产要素的横向集成、纵向集成的价值交付体系,以工业大数据作为支撑,采用人工智能进行预测、决策和控制,生产效率大幅提高。国家智能制造试点示范项目比一般项目的生产效率平均提升45%;能源利用率平均提升16.1%;运营成本平均降低21.2%,产品研制周期平均缩短35%,产品不良率平均降低35%。

(2)新一代信息技术提升了产品的增值性

传统制造生产的硬件产品,价值在不断降低,但将与新一代信息技术融为一体的智能产品,附加价值不断提升。如与汽车产业深度融合后,智能汽车再度推动了产业价值的高端化,如特斯拉利用人工智能技术颠覆了传统燃油车的定义,市值一跃超过大众、丰田等传统车企的总和;天猫平台显示,2020年智能家电年销量同比增速超过300%;尚品宅配拓展制造外延,利用信息技术打通消费者、设计和制造环节,个性化定制能力增加了顾客价值,缩短甚至取消了营销环节,打破了制造业与信息产业的边界,打通了制造业与服务业的隔阂,创造出新的产业,实现弯道式超车。从产品形态上,产品的智能化提供高质量供给,凸显技术价值。

(3)新一代信息技术产生资源替代效应和新生产要素的需求

信息作为新的投入生产要素,对传统资源的依赖度低。新一代信息技术通过改变生产方式、改造生产设备等降低物耗,减少碳排放。新一代信息技术在制造业的渗透与结合,进一步推动数据由资源向要素转化,使得制造过程的资本和劳动等生产要素的要求发生变化。

第一,数据从推动制造业发展的工具功能向生产要素转变。新一代信息技术集群在制造业中的渗透融合,互联工厂的传感器、企业的研发、营销活动每天产生海量数据,对这些数据的感知、传输、存储、分析和应用等不仅可以实现生产过程的智能控制,更能对其他生产要素效率产生倍增作用,优化企业的管理流程,推动企业从制造向服务化转型。数据要素重塑制造业,甚至成为制造业的特殊商品,产生独立的生产服务价值链。

第二,新一代信息技术提高了制造组织的能力要求。无论是德国工业4.0、还是美国工业互联网、"互联网+"制造,不仅是一种制造体系,更是以组织改革为核心的产业模式。组织不仅包括制造业的技术或管理人才,更指制造企业应建立一整套包括战略、能力和价值创造等的组织体系。

第三，新一代信息技术与制造业融合降低了对低技能生产要素的需求。近年来，制造业受我国的人口红利消失，"用工荒""工资上涨"现象频发，人工成本不断飙升。在此背景下，新一代信息技术驱动先进制造模式以数据智能、工业机器人为重要支撑，对以简单体力、脑力劳动为特征的低技能劳动岗位产生的较强的替代作用。德国经验表明，1台工业机器人至少可以取代2个就业岗位。上海某企业"机器人代人"后，工业机器人折旧费相对于原有人工费降低近60%。

（4）新一代信息技术提高满足顾客个性化需求的能力

传统大规模化生产模式侧重于生产标准化的产品，个性化需求会使得交货期大为延长，生产成本剧增，效率提升但同质化竞争严重，附加值低。新一代信息技术使得设备、流程和工厂进行智能化的决策、执行，低成本、敏捷化地满足顾客的长尾需求，产品竞争力和经济效益显著增强，如红领集团建立智能化定制系统，实现个性化服装的低成本、大规模生产，成功从OEM工厂C2M生态企业转型升级。此外，随着平台经济的发展，通过借助新一代信息技术聚集个性化需求，发展众创、社会化制造模式实现研发、设计和生产过程的社会化，满足个性化价值能力的显著提升。

（5）新一代信息技术重构制造的组织体系和产业模式

新一代信息技术使得制造业各要素实现横向互联、纵向继承和点对点交互，使得研发设计、加工制造、产品销售、售后服务等环节可实现数据实时传输和价值对接，使得以用户为导向的生产模式快速、智能，数据成为新的生产要素等特征，拓展了现有的商业组织模式，通过产品与服务创新、联盟网络创新和客户需求创新引发商业模式创新，出现了长尾、免费、平台、共享等模式。

图1-3 从价值视角新一代信息技术与制造业一体化的融合发展

第一,新一代信息技术使得研发设计和制造模式重构。新一代信息技术使得研发模式更具开放性和多元性,如小米借助信息化平台让用户深入参与到产品研发过程,让用户成为产品的设计者,开放式创新平台使得传统企业单一研发主体向高校、科研机构甚至消费者等多元参与。其次,由于云计算、物联网等的应用,海量的生产数据能被实时地采集、监控和感知,生产环节之间的互动更为紧密,打造满足规模个性化定制的精准、自治、敏捷、柔性生产能力,同时平台打通需求和产能,实现制造资源的集聚共享,成为带动产业集群尤其是中小企业转型升级的重要路径,网络众包、协同设计、大规模个性化定制、精准供应链管理等正在重塑产业价值链体系。

第二,新一代信息技术增强了制造业平台化和虚拟集聚能力。网络化组织与数据驱动的新型研发模式使创新体系由封闭走向开放,重构制造业研发创新方式。由于规模效益递增和知识溢出,供应商、服务商、厂商和相关机构在地理空间上形成集中,迈克·波特称之为产业集群,但新一代信息技术改善了知识交流降低了制造业的选择成本、交易成本和物流成本,依靠地理空间的邻近不再关键,工业平台由于具有较强的信息能力和制造知识能力,成为新型虚拟聚集的核心,平台成为制造业价值链的新驱动力。平台的数字化治理能在更大范围内把遍布世界各地的产业紧密地连接起来,形成产业聚集。如上海钢联基于大数据技术形成钢铁咨询、知识交换和产销等为一体的虚拟化闭环生态圈。

第三,新一代信息技术催生新的服务模式和价值空间。产品的智能化和数据驱动的新型服务和业态兴起,基于智能产品和数据的智能服务正成为制造业的核心价值来源。如单纯的产品售卖向"产品+服务"的新型盈利方式转变,结合产品智能化的服务化转型成为重要的发展方向。"工业互联网平台+工业 APP"也成为重要的新模式新业态。

从现有研究来看,将新一代信息技术、价值链与制造业转型升级纳入统一框架的系统研究相对较少。更多的研究是从制造业技术的角度,聚焦于某个维度来展开,或评估新一代信息对产业价值链的宏观影响,或从产业层面探讨如何推动制造业的升级等。本部分将在上述研究的基础上,试图从更加系统性的视角建立一个综合性的分析框架,重点探讨价值链在新一代信息技术赋能与制造业转型的中介机制。

1.2 新一代信息技术驱动制造业价值链的重构机制与模式

价值重构,是以新的逻辑理解和进行产业变革,实现土地、资本、劳动力、数据等各类要素的重构,重新界定合作与分工关系,促进生产力的增长和生产关系的调整,最终实现价值链(价值网络)的升级和换代。在价值分析模型中,最经典的当属由著名战略学家迈克尔·波特提出的"价值链分析法",他认为如果将企业作为整体来分析,难以发现其竞争优势,因此将企业分解一系列与价值增值相关的活动过程,即价值链。其后,又进一步发展出产业价值链、国内价值链和全球价值链等概念。

新一代信息技术正通过各种形式源源不断地渗透产业链的每一个环节。在企业内部,通过数据赋能、流程优化和关系重塑,释放内部潜能;在企业外部,通过价值链导入和共享,实现企业内部价值链与区域价值链、全球价值链的对接,不仅重构了旧有产业体系业务逻辑关系、利益交换关系,还从地域上进行了价值释放,实现了产业级资源的配置,还塑造形成新价值网络,构建命运共同体。

1.2.1 价值链重构与制造业转型升级

随着单个企业的生产销售活动逐步与企业所处的产业链上下游企业与其他企业形成特定关联,企业间、企业生产与研发创新网络之间的互动协作与分工日益强化,局限于企业内的价值链逐步扩展到企业间的价值链以及企业所处产业的价值链。Gereffi 等将其与全球产业组织相结合,进一步提出了"全球价值链",成为世界经济的典型特征,是全球生产循环的最本质内容。

我国产业结构调整取得扎实成效,中国制造加快迈向全球价值链中高端。我国工业增加值从 2012 年的 20.9 万亿元增长到 2021 年的 37.3 万亿元,年均增长 6.3%,远高于同期全球工业增加值 2% 左右的年均增速,高技术制造业和装备制造业占规模以上工业增加值比重分别从 2012 年的 9.4%、28% 提高到 2021 年的 15.1% 和 32.4%,对规模以上工业增长的贡献率分别达到 28.6% 和 45%。

另一方面，随着中国劳动力成本上升、资源环境约束趋紧，中国制造业所面临的中高端节点向发达国家回流和中低端节点向发展中国家分流的双重压力。特别是由于美国逆全球化思潮和新冠肺炎疫情的影响，在2000—2019年期间我国的全球价值链参与率却从35.1%小幅下降至33.9%，呈碎片化、区域化趋势，国内价值链将成为我国构建新发展格局的战略支点，建立健全国内价值链，寻求更加有效的区域协调发展新机制，已成为我国在经济新常态下构建新发展格局、实现高质量发展的基础性要求。2021年各地工业增加值排行中，前二甲为广东、江苏，广东工业增加值高达45 143亿元，排在榜首，同比增长14.7%，江苏工业增加值高达44 634亿元，居全国第二，同比增长16.8%，上海工业增加值达10 793亿元排名14位。

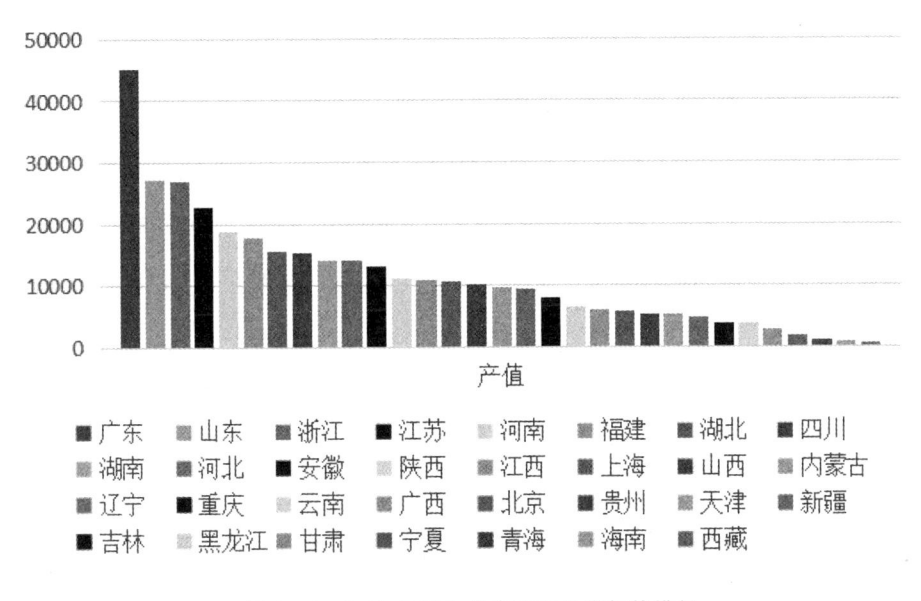

图1-4　2021年国内各省市工业增加值排行

从价值链的主要价值环节来看，主要包括研发设计环节、生产环节与销售服务环节，每一类环节其利润分布以及附加值空间存在较大差异，整体上呈现出两端高于中间的微笑曲线分布，曲线两端在整个价值链中占据较高地位，即依托产业的创新能力与设计能力能占领技术话语权与标准制定权，成为整个产业链为基础价值链的主导者，而销售服务环节则是依赖于品牌效应与市场效应获取高净值用户优势，处于市场环节的价值链高端地位；而处于曲线低端的是生产加工环节，此环节主要依赖于生产制造与组装加工配套能力,附加值较低,容易陷入产业转移的利润陷阱之中。

互联网背景下,Beck 等(2001)提出价值链重构的概念,用来描述网络作用于价值链各个环节所导致的价值链重组现象。价值链为评价经济体的产业优势以及企业竞争力提供了全新维度,覆盖动力机制、治理结构以及产业升级等核心模块,成为研究企业升级、区域发展、国际分工和产业升级等问题的重要理论依据(黄群慧等,2020)。当前全球制造业正在加快迈向智能化时代,新一代信息技术对制造业竞争力的影响越来越大,将使制造业发生深刻变革。世界主要国家纷纷围绕核心技术、顶尖人才、标准规范等强化部署,力图在新一轮国际科技和产业博弈中掌握主动权。这意味着价值链管理不再是传统的命令管控和彼此之间的交易关系,而是赋能、共生和协同。

传统制造业转型升级多基于线性价值链的角度进行研究,按照工艺、产品、功能和跨产业的顺序实现逐层升级,或强调对研发和营销环节的占据。"微笑曲线"理论表明制造环节是整个价值链中增值能力最低的环节,研发和营销环节是高端环节,制造业转型升级的模式之一就是从价值链中间制造环节是向价值链的两端移动。

然而,新一代信息技术使得制造业的信息传播和利用不再符合线性规则,使得价值链的重构呈现出更加复杂、更加多元化的模式。新一代信息技术与制造业深度融合使得研发、设计和制造环节相互联通,形成差异化价值,塑造以数据要素为核心的生产模式,重塑价值链分工,深化产品内分工,改变了传统价值链的治理模式。由于新一代信息技术的驱动制造业价值链的上、中、下游都存在高端领域,描述价值增值过程的"微笑曲线"有可能变成"沉默曲线",甚至"悲伤曲线"(如图 1-5 所示)。

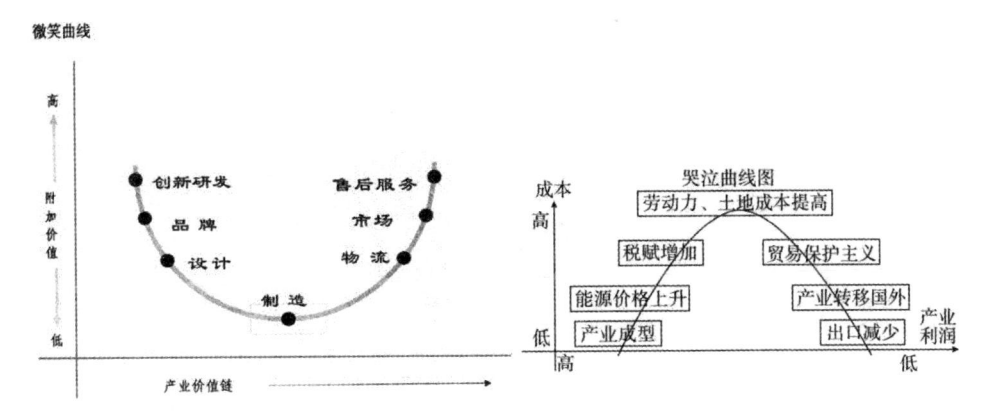

图 1-5 价值链从"微笑曲线"到"哭泣曲线"的转变

新一代信息技术作为推动价值链高端攀升的新引擎、新动能,有助于突破路径依赖限制,摆脱低端锁定和增强产业竞争力。目前,世界范围内新一代信息技术产业进入深度调整期,我国需要充分利用已有的技术积淀和产业基础,把握深度融合发展的契机,全力打造核心技术产业生态,优化国内价值链,实现整体产业结构升级。

1.2.2 新一代信息技术驱动的制造业价值链重构机理和模式

新一代信息技术是包括众多技术的技术集群,其对制造业的影响遵循着"技术创新—新生产要素的形成—生产和价值变革"的路径,由于各种新一代信息技术发展的时间不同、技术特征各异、对整个制造业体系的作用机制业不同,因此,新一代信息技术对制造业价值链体系是一种迭代式、集成式的重构机制(如图 1-6 所示)。

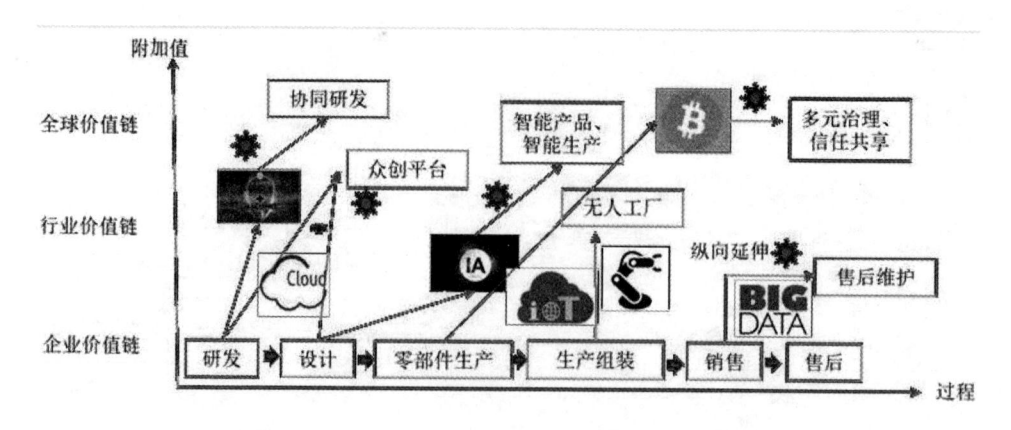

图 1-6 新一代信息技术驱动的制造过程与价值重构

在这种重构机制下,实现新一代信息技术对制造业的迭代逐步完善和融合发展,形成新的价值模式和产业价值链,传统产业实现升级、新兴产业创新发展(如图1-7所示)。比如,互联网出现最早,拓展了制造业的交易场所、交易时间和交易速度,从消费者环节倒逼到生产制造环节;大数据、人工智能、物联网到5G技术共同构成工业互联网技术架构,形成了"互联网+"制造业的产业模式。此外,区块链技术出现较晚,为制造业社会化的多方共治、互信共享提供了数字化治理的新模式。

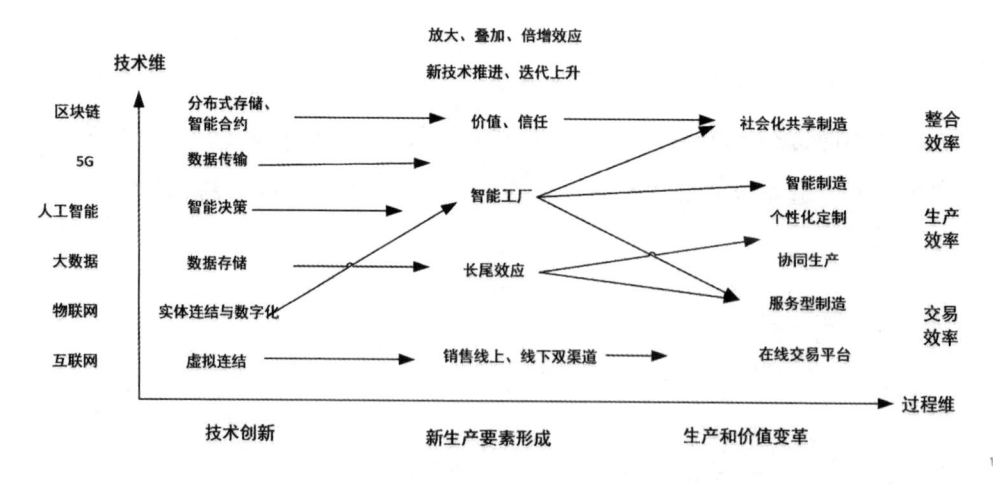

图 1-7 新一代信息技术驱动的制造企业价值链多轮次、集成式重构机理

总体看来,在新一代信息技术驱动下制造业转型升级是一项长期的系统性工程,涉及多主体、多环节、多领域,需要从点、线、面等不同层面探索有效的发展路径。制造业价值链在迭代式、集成式的重构机理下呈现出的环节增值、纵向聚变、横向聚变和价值新生4种重构模式,其中环节增值是指要素层面(点的突破)的升级,横向延伸和纵向聚变(如图1-8所示)。

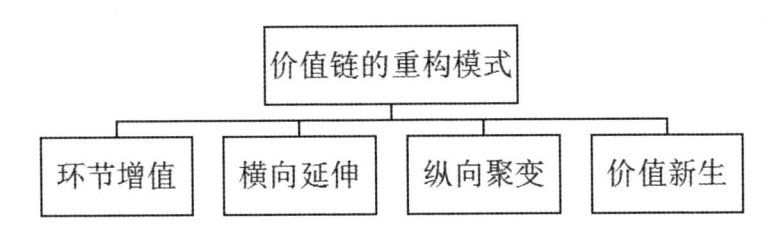

图1-8 新一代信息技术驱动下制造业价值链重构的4种模式

(1)新一代信息技术驱动提升制造企业价值链的环节增值

价值链条可简单地分为研发设计、生产组装和营销服务三大环节,我国企业从零部件加工、产品组装等低附加值价值链环节,设计、研发、精密加工、营销、品牌、供应链管理等价值链高端环节由发达国家跨国公司主导。新一代信息技术使得企业研发设计、制造和销售等环节的创新功能、增值能力和要素投入升级,通过数字化、网络化、智能化手段对价值链不同环节进行全方位赋能,推动产业效率变革。

在研发设计环节,基于新一代信息技术的协同研发设计工具,可以弥补技术积累不足,加快研发迭代,突破关键零部件壁垒,提升产品的附加值;在制造环节,运用新一代信息技术与制造工艺相结合,以达到智能化感知、自我诊断、实时交互、高度优化、精准执行的生产模式,提高生产效率和产品质量,加速生产模式向技术密集型转变;在营销环节,通过实施电子商务或售后平台,减小中间环节,扩展销售渠道,同时挖掘用户需求,并促进产品及营销方式贴合消费者需求以及优化生产管理。新一代信息技术深刻地改变了制造业竞争的资源基础和比较优势,重塑了制造链条的各个环节,进而带动价值链的深度调整。

(2)新一代信息技术驱动提升制造企业价值链的横向延伸

新一代信息技术使得数据要素在整个价值链中各个环节实现有效流动与充分配置，通过数据的收集、加工、处理以及转化企业可以深度挖掘用户数据中的商业价值，有助于企业的制造环节与研发设计以及售后服务实现深度融合，进而大大扩展了整个价值链与产品链的空间，在价值链的前、中、后端寻找企业的优势环节或附加服务，或从信息产业向制造业转型形成新的价值增长点。企业除了直接出售工业品盈利，还可以为用户提供附加值更大的增值业务，形成新的价值创造模式，从原有制造业务向价值链两端高附加值环节延伸，发展设备健康管理、远程运维、设备融资租赁、共享制造、供应链金融、总集成总承包等新型服务。

常见的有两种形式，第一种从制造环节向服务环节延伸，随着产品复杂度的不断提升，顾客难以有效进行产品的使用、维修、保养，因此希望制造企业能提供"产品＋服务"的商业模式。制造企业不仅能获得销售产品的收入，更能通过服务获得较多的增值，实现价值链的延伸。例如沈阳机床厂，从产品生产与销售延伸到分时租赁，转型为服务提供商；第二种，从制造上向信息服务商转型，制造企业针对制造过程中大量的数据信息，可以通过大数据、人工智能技术以挖掘新的商业价值，拓展产品的潜在附加价值，改善用户体验。如上海三菱电梯对电梯的使用情况进行实时监控和分析，为用户提供维修服务，目前国内已有40000多台电梯接入服务。除此之外，从信息服务向制造延伸，比如滴滴出行平台，启动造车项目，则是从服务向制造衍生的典型例子。

(3) 新一代信息技术驱动提升制造企业价值链的纵向聚变

传统制造范式是面向大规模、标准化的流水生产，产值很大，但附加值低，无法低成本地满足多样化的市场需求。借助云计算的理念，将技术、工艺、模型、知识、软硬件等各类制造资源虚拟化，个性化、差异化的需求借助新一代信息技术直接驱动各类制造服务，降低生产成本，提高产品差异化价值。企业或价值网络将用户的碎片化、个性化需求进行在线化汇聚和平台化共享，并通过CPS系统实现数字化、智能化的管理与用户个性化、差异化的长尾需求。

纵向聚变是以用户个性化需求为起点，将实现价值链上相关的企业或社会力量进行整合与治理，围绕个性化需求，发展客户需求分析、整合数字化设计、工艺设计、建立企业间协同生产和高效匹配等系统，实现供需精准对接和高效匹配，实现对个性化需求价值链的纵向聚变与实现,众设众包、协同设计、网络创客、大规模个性化定制、网络化协同制造、云制造等模式都属于此类模式。比如,中国商用飞机有限责任公司基于工业云平台贯穿协同的制造模式提了协作效率,高效协调了研发中心、总装制造中心、客服中心、试飞中心等,完成 C919 型飞机的在线协同设计、制造到实验,缩短了研制周期。

从价值链的主体维度来看,制造企业间凭借新一代信息技术提供的数字化、网络化能力将范围经济和规模经济的优势归一化成新型的价值链体系,集聚共享生产要素与资源,发展以大企业为主导的创业创新生态体系,培育形成一批集用户需求获取、研发设计、柔性生产、交付服务于一体的系统解决方案,实现制造业价值链各环节的功能聚合与差异化价值。

(4)新一代信息技术驱动下制造业价值链的价值新生

新一代信息技术与制造业融合发展已经进入创新突破、深入渗透、扩散应用的加速发展期,终将形成以工业互联网平台为核心载体,对整个工业生产制造和服务体系的重构。新一代信息技术对制造业的"互联、优化、重构"的三部曲作用,以信息流带动技术流、资金流、人才流,引发生产组织模式、商业运行逻辑、价值创造机制深刻变革,不断催生新技术、新产品、新业态、新模式,拓展制造业发展新空间,为发展壮大数字经济持续注入新动能。

价值新生体现在价值结构的变化和新价值网络的形成,主要指随着新一代信息技术的创新驱动下,在制造技术、社会环境的共同促进下,优秀企业或组织通过实践探索建立的新理念、新业态、新模式、新商业等,从而生成新的价值环节或价值体系,包括产品价值创造体系、商业模式和价值网络,这意味着制造组织不再是传统的命令管控和彼此之间的交易关系,而是赋能、共生和协同。

从产品来看,新一代信息技术重构价值载体,人工智能、先进传感等产品融合,培育智能网联汽车、无人机、智能可穿戴设备和智能家居等以及场景化应用。从产业价值链视角,重构整个工业体系和产业生态。在互联网与制造业结合的早期,在线交易撮合和中介是价值新生的主要形式,流量是价值链的核心环节。随着大数据、云计算、AI、区块链对制造体系的渗透和融合,专业化、模块化的制造、管理技术在打通纵向与横向、实现全领域、全要素的端到端一体化价值共创和价值共享。通过共创共享的多边融合生态平台,实现用户体验升级,生态各方增值分享,令企业、用户、资源各攸关方价值最大化,赋能全球企业转型升级。我国三一重工、航天科工集团、海尔等重点企业已积极探索搭建工业互联网平台,平台在资源汇聚的基础上,通过将研发设计、生产制造、创业孵化等制造能力封装为可计量、可协同、可交易的服务,实现制造资源和能力的全社会开放共享,推动制造范式的迁移和制造体系的重建,扮演价值整合者的角色,构建以平台为核心的价值生态系统。在此背景下,制造环节和研发、设计、营销环节的边界模糊,各环节重新组合,形成新的价值环节,价值链条呈现网络化和平台化的趋势,这一过程可用图1-9的三阶段表示。

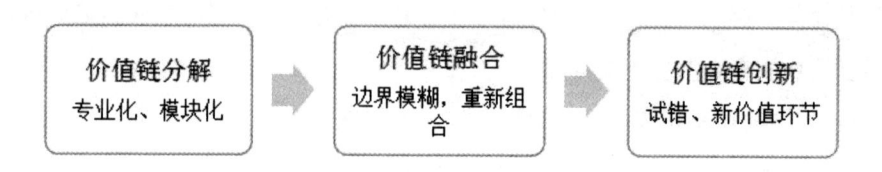

价值链分解 专业化、模块化 → 价值链融合 边界模糊,重新组合 → 价值链创新 试错、新价值环节

图1-9 新一代信息技术驱动下制造业新价值网络的生成过程

需要指出的是,根据新一代信息技术驱动的制造企业价值链迭代式、集成式重构机理,价值新生不同于价值链的局部环节增值等重构方式,它是一种全局性、质变的全新价值体系。

第二章 上海制造业价值重构的案例分析和对比研究

价值链从一体化向企业内部的专业化分工、再进一步向企业外部的专业化分工转变,企业价值链演变为价值环、价值生态。尽管新一代信息技术发展迅速,但在制造领域仍处于相对初级的阶段,现有研究多停留在理论探讨或单案例分析的层面,多案例和对比研究相对较少,特别是针对我国各省份和行业的研究更少。

根据权变理论,制造企业需要根据其行业特性、发展特征、信息化水平和价值链分工等方面灵活地选择转型升级的模式和路径。上海制造"十四五"期间要构建"3+6"产业体系,"3"是指集成电路、生物医药、人工智能三大先导产业,"6"是指电子信息、生命健康、汽车、高端装备、先进材料、时尚消费品六大重点产业,其占全市规模工业产值的75%左右。本部分通过案例研究对上海制造"3+6"产业体系(由于人工智能产业属于新一代信息技术,放在第三部分讨论)进行分析,提炼新一代信息驱动下上海制造业不同行业的升级规律以及新一代信息技术与制造业的融合特征。

2.1 集成电路行业及企业案例:芯原微电子(上海)有限公司

2.1.1 行业特征与升级模式

集成电路是电子信息产业的基础,是各国争夺的科技制高点,也是一个国家高端制造能力的综合体现,其全产业链中的短板缺项成为制约我国数字经济高质量发展、影响综合国力提升的关键因素之一。如今面临行业技术壁垒高、材料研发困难、西方对高端装备全面封堵等挑战，亟须围绕技术生产、材料研发、高端装备创新等方面开展转型升级。

集成电路行业的数字化转型趋势主要表现为EDA工具从"手工设计"向"人机交互"的转变。传统的IC封装向3D封装技术的转变、垄断的高端设备逐步向国产化转变、半导体材料逐步向国产替代的转变、由利用已有生态系统模式向创新生态模式的转变。

EDA从"手工设计"向"人机交互"的转变。在EDA之前，集成电路是手工设计的，伴随集成电路规模逐步扩大和电子系统日趋复杂，EDA才发展成自动化工具，在2000年后，EDA进入快速发展阶段，在仿真验证和设计两个层面支持标准硬件语言，大数据时代的到来，物联网和云计算技术的渗透，目前EDA工具已能对集成电路的设计、制造、封装等环节实现全覆盖。

垄断的高端设备逐步向国产化转变。半导体生产设备门槛高，市场头部聚集度高，如光刻、刻蚀核心设备主要被日美所垄断，市场前三的企业普遍在90%以上。随着数字化时代的到来，国产高端设备及材料已经取得较大的进展，突破光刻设备、刻蚀设备、薄膜设备等集成电路前道核心工艺设备，2022年上海微电子实现28nm光刻机国产化的突破，并在14nm和7nm实现了部分设备的突破。

利用已有的生态系统模式向创新生态模式的转变。我国集成电路产业起步晚，一直处于跟随状态，产业的发展主要是在别人定义好的游戏规则下，利用已有的生态体系发展。如国产CPU，由于起步较晚，研制历史只有十多年，性能尚显不足，生态链上的软件及整机企业对国产CPU还存在诸多质疑，生态系统建设困难重重。特备是在消费电子发展周期越来越短的情况下，培育自身的生态系统愈发困难。随着物联网、大数据、云计算、人工智能等技术的发展与应用，集成电路开展数字化、信息化升级模式，利用互联网企业接近终端的特点抢占接口、标准等话语权，鼓励互联网企业与硬件、芯片企业合作，构建一个"软件+硬件+互联网"的完整生态体系发展模式。

2.1.2 上海发展现状

近年来，上海集成电路产业不断发展，逐渐形成了"一核多极，一体两翼"的空间布局,即以张江高科技园区为核心,以杨浦区、漕河泾开发区、松江经开区等为主要发展的空间布局;"一体两翼"是指以张江为主体,以临港和嘉定为两翼。

产业规模领先。上海市集成电路产业的发展在全国处于领先地位。2021年,上海集成电路产业实现销售收入接近2 500亿元,较2020年增长20.71%,占到全国集成电路销售收入的近四分之一。2021年年底,上海市实现集成电路产量365亿块,在全国各大省域中排名第四(如图2-1、2-2所示)。

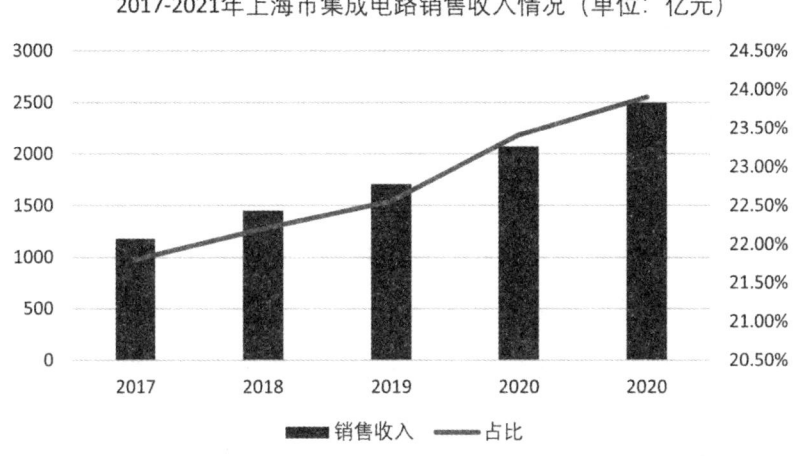

2017-2021年上海市集成电路销售收入情况(单位:亿元)

2021年上海市集成电路销售收入占全国比重(单位:%)

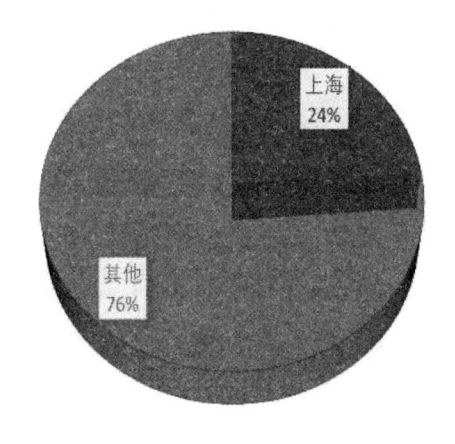

图2-1 2017—2021年上海市集成电路产业规模(按销售收入)及全国占比情况

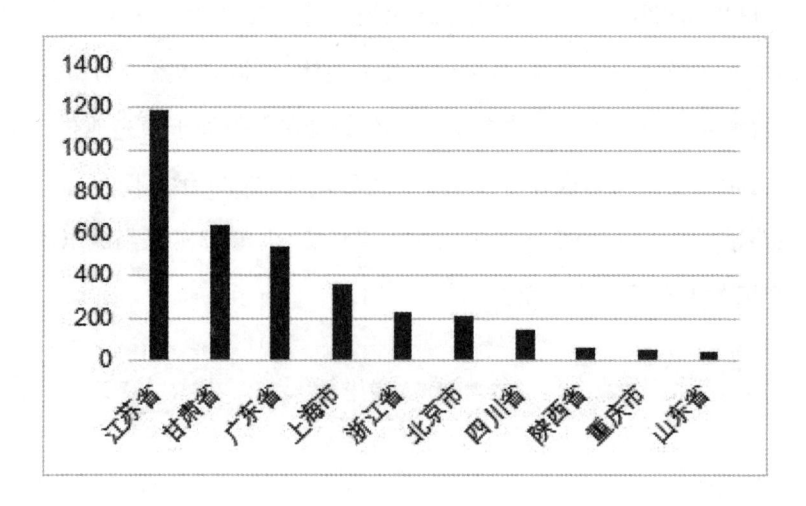

图 2-2　2021 年中国集成电路区域产量 TOP10 情况(单位:亿块)

企业数量突破 8 000 家。随着上海市集成电路产业的迅速发展,集成电路企业数量也快速增长。企查猫数据显示,截至 2021 年年底,上海共有集成电路相关企业 17 457 家,同比增长 104.80%,企业数量占全国集成电路相关企业数量的 5.21%,集聚了全国近 40% 的集成电路产业人才,从业人员达到 20 多万人。上海及周边地区是国内集成电路产业结构最均衡,产业链最完整的区域(如图 2-3 所示)。从设计、制造、封装测试,到材料和设备,在芯片产业链的五大关键领域,上海均有龙头企业,比如中芯国际、华虹半导体、中微公司、上海新昇等。

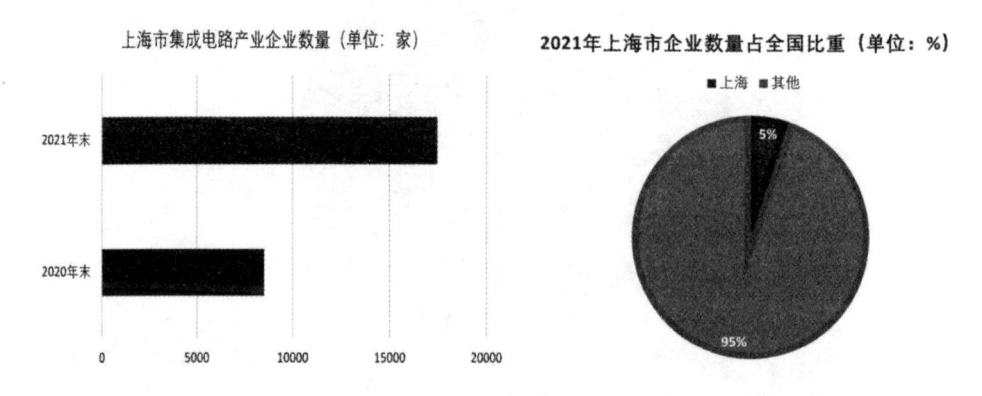

图 2-3　2021 年上海市集成电路产业相关企业数量及占全国比重

从重点企业的空间布局来看,上海市各区都有具备一定规模的集成电路相关企业入驻。其中部分片区各有侧重,如青浦区以封装测试企业为主,金山区以设备材料企业为主。

目前,上海集成电路产业包括原材料、生产设备、芯片设计、芯片制造与封装测试等环节,涵盖产业链的上中下游。从销售收入分布来看,上海市芯片设计产业较为领先,在2020年实现了销售收入954亿元,占到了2020年上海市集成电路产业销售收入的46%(如图2-4、2-5所示)。

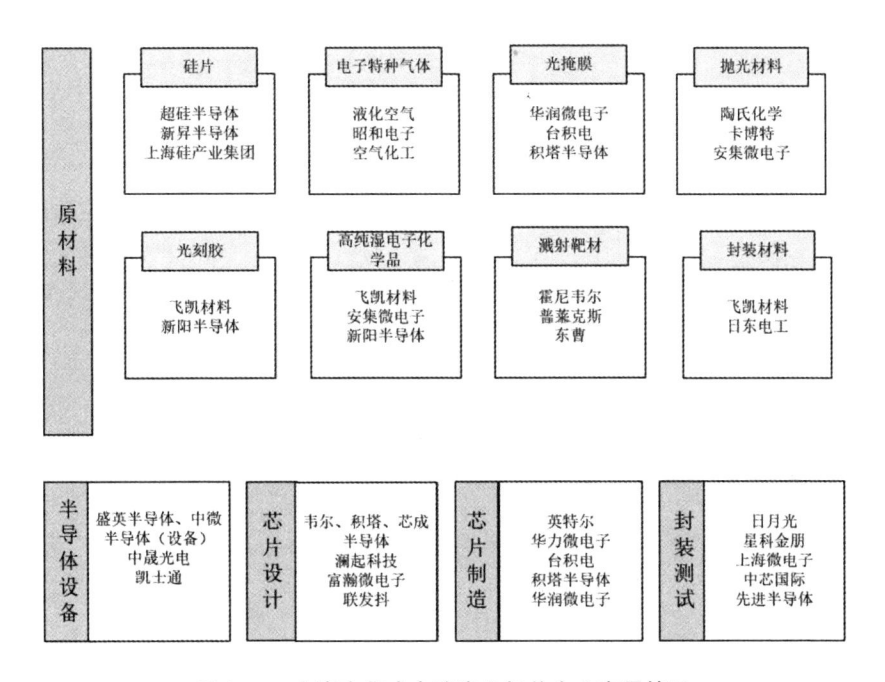

原材料	硅片	电子特种气体	光掩膜	抛光材料
	超硅半导体 新昇半导体 上海硅产业集团	液化空气 昭和电子 空气化工	华润微电子 台积电 积塔半导体	陶氏化学 卡博特 安集微电子
	光刻胶	高纯湿电子化学品	溅射靶材	封装材料
	飞凯材料 新阳半导体	飞凯材料 安集微电子 新阳半导体	霍尼韦尔 普莱克斯 东曹	飞凯材料 日东电工

半导体设备	芯片设计	芯片制造	封装测试
盛英半导体、中微半导体(设备) 中晟光电 凯士通	韦尔、积塔、芯成半导体 澜起科技 富瀚微电子 联发科	英特尔 华力微电子 台积电 积塔半导体 华润微电子	日月光 星科金朋 上海微电子 中芯国际 先进半导体

图2-4 上海市集成电路产业相关企业布局情况

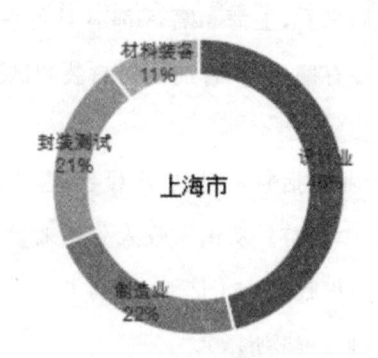

图 2-5　2020 年上海市集成电路各产业链的销售收入占比情况(单位:%)

专利申请数量居全国首位。近年来,上海集成电路创新能力也进一步提升。从知识产权看,截至 2022 年 3 月 14 日,上海集成电路企业申请专利 36746 件,在全国各大省域中排行第一。这 36746 件专利中以发明专利居多,共有 32767 件,占到了专利总数的 90%以上(如图 2-6 所示)。

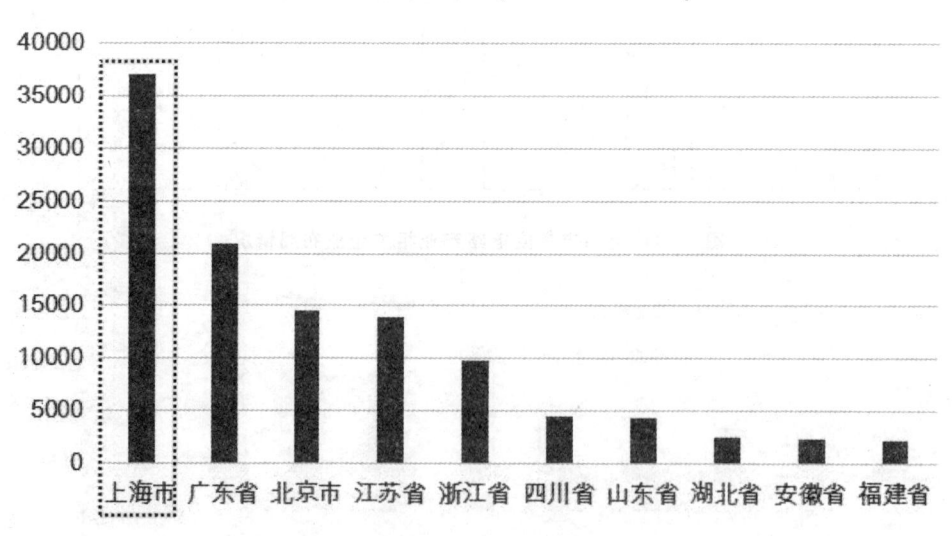

图 2-6　全国集成电路专利申请 TOP10 地区

2.1.3 企业案例与思考

芯原微电子(上海)有限公司在 2006 年收购了 LSILogic 的 ZSP(数字信号处理器)部门,并根据原有的 ZSP,开发设计了多模通信解决方案;在 2016 年收购图芯美国,获得了 GPU IP;并在 2020 年 8 月获得国家集成电路融资。基于先进的芯片数字化设计平台,芯原微电子采取服务经营模式,可实现从定义到测试封装的敏捷产品开发,为芯片设计公司、半导体垂直整合制造商等各种客户提供经济高效的产品解决方案。

同时,芯原微电子积极联合企业、科研院所和投资机构等 140 国家主体成立了中国 RISC-V 产业联盟,积极推动和完善国内包括"芯片 IP-芯片-软件-整机-系统"的产业生态,摆脱大型跨国公司的专利牵制,打破由大型跨国公司主导的传统全球价值链治理模式,为中国提供了在 X86 与 ARM 架构之外的第二条芯片自主化路径。

相关思考:集成电路行业的价值重构模式主要是环节增值,综合运用物联网、大数据、云计算等技术对该产业进行全方位、全角度、全链条数字化转型,提高产业价值生态,但在转型过程中仍需解决以下问题。

一是,国内芯片企业能力不强与市场不足并存。如芯原微电子推动 RISC-V 和紫光宏茂的 3D NAND 封测材料领先技术在国际上远未达到核心层面,国内市场对高端芯片的需求与市场供应不相匹配。

二是,美西方对我国集成电路产业先进工艺的高端装备全面封堵,形成新的产业壁垒。英特尔和 Arm 几乎垄断了全球架构市场,台积电、三星也代表 EUV 芯片最强的制造实力,AMD、高通是实力强劲的设计厂商,日月光是全球芯片封装的龙头企业,最后,谷歌、微软、Meta 是全球闻名的终端企业。这些企业不仅遍布芯片行业的各个环节,并且都代表着各自领域的最高实力。发达国家为保持国际领先地位对正在发展中国家进行全方位科技封堵,只愿意拿出低于自己国家的科技"卖"给发展中国家。

三是,目前我国集成电路产业人才处于缺乏状态,同时工艺研发人员的培养缺乏"产线"的支撑。面对此次数字化转型,据芯原和紫光宏茂转型经验,集成电路产业升级时不仅需要技术人员还需要与新一代信息知识结合。目前集成电路对人才的需求与市场供给的人才存在差距,我国数字化转型起步较晚,国家对此展开了一系列"助才"政策,为应对数字化转型大潮提供栋梁之材。

2.2 生物医药行业及企业案例:复星集团、上海医药

2.2.1 行业特征

随着全球人口的增长和社会老龄化程度的加剧,生物医药产业正在经历由具有发展潜力的新兴产业向高技术支柱产业转变。全球医药类公司总数达4 362家,区域聚集特征明显,美国占据主导地位,市场销售额占据全球市场的70%以上,相关产业总产值约占GDP的17%,西欧和日本等也是生物技术医药产品研发的主要生产国家。2018年到2021年,我国生物医药市场总体规模从2 622亿元增加到4 644亿元,上海、苏州、浙江的创新药活跃度在进一步集聚及增强,而北京人工智能产业占绝对领先地位,并且在医疗器械、体外诊断、医疗服务方面有优势,广东体外诊断及创新药方面形成产业集群。

2.2.2 上海发展现状

上海积极推进生物医药发展,上海的药企在全球排名前20强的有18家,医疗器械前20强的有17家,医疗健康前20的有14家,其中张江有全国三分之一的医疗工业百强企业。2020年,上海医药企业产值1 400多亿元,医药企业总资产规模达6 000多亿元,有6家上市企业。主要有化学药品、生物药品、现代中药、医疗器械和药品研究及医疗服务等,其中医疗器械研发方面成果最多。生物医药企业主要分布在浦东新区、奉贤区、金山同区、嘉定汇和松江区。目前,上海已经基本实现"研发+临床+制造+应用"全产业链体系。在生物医药产业园区方面,全市已经形成了"1+5+X"的空间布局。在新一代信息技术被广泛应用的趋势下,上海市

生物医大力推动人工智能、云计算等新一代信息技术在研发和生产等各环节的结合与应用,例如辅助研发、数字化营销、互联网医疗解决方案等。

近年来,新一代信息技术渗透到从生产效率逐渐深入生产研发的创新体系。在研发环节,以最终产品和应用为导向,支持虚拟人、移动医疗、健康云等医疗健康信息技术,在候选药物设计与筛选过程中,通过大数据、人工智能等进行模拟、计算和预算药物与受体生物大分子之间的关系,优选目标化合物合成路线,能大大缩短新药开发周期,降低开发成本,以人工智能赋能创新研发。在生产环节,对工艺流程与产线布局进行数字化,形成以智能为中心的数字化生产线设计,从而提高生产效率、缩短检验周期、精准地控制成本,并最大限度地保障药品、器械的质量。在管理模式方面,通过数据融合消除信息不对称,推动服务模式数字化发展,实现对全集团业务的统一管控,支持建立新型医疗健康信息服务技术创新联盟;在空间布局上,高新区、特色产业基地等生物产业聚集区吸引配套的信息技术企业;在试点示范方面,以医疗机构为主导,通过机制创新加快形成医疗健康信息服务的成熟商业模式。

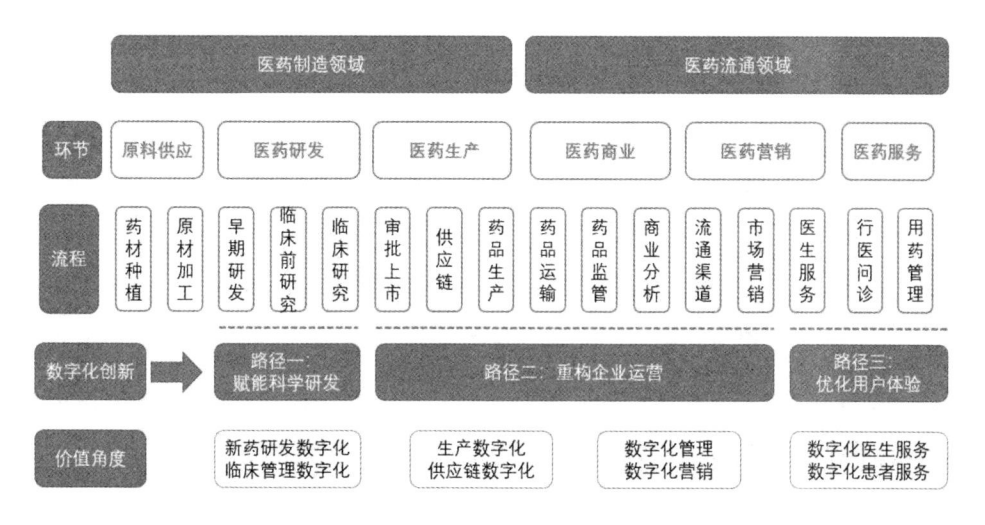

图 2-7 新一代信息技术全面重构生物医药产业价值链

2.2.3 企业案例与思考

上海复兴医疗集团。2022年1月12日,上海复星医药集团与英矽智能签订了合作协议,计划运用 AI 对多个靶点进行药物研发。在达成协议后短短一个月,复星医药便已经利用英矽提供的人工智能平台提名了化合物 ISM004－1057D 作为新的肿瘤免疫疗法,这是双方达成战略合作的重要标志。复星医药的 CEO 认为,人工智能平台作为革命性的技术,可以大幅缩减新药物的研发时间,推动生命健康产业的发展。这个项目也为上海的生命健康行业提供了借鉴,企业可以运用人工智能、云计算、大数据等新一代信息技术对新药的研发、生产、流通等领域进行赋能。

在复星医药的数字化管理中,管理层发现以前的人力资源系统已经不能适应新的发展趋势,严重阻碍了企业内部的一致性,沟通效率不高。复星医药集团有 85 家下属公司,很多人力资源的工作依然是采用线下模式,工作效率不高。在下属公司中,一共使用了 16 种人力资源系统,下属公司的政策和流程相互独立,集团的统筹作用难以发挥。另一方面,复星医药的数据量庞大,企业人力资源数据在下属公司的系统中,集团对公司的数据进行汇总分析时需要花费巨大的时间成本,效率低下。基于这两个方面的问题,复星医药在进行 HR 系统数字化改革时考虑了以下目标:从集团整体出发,而不是考虑单个最优;安装时间不能过长,系统可以不断优化。基于以上目标,从 2020 年开始与北森合作进行优化,预计在 2025 年可以实现全集团人力资源系统的全覆盖。

复星医药对人力资源系统的数字化改革改进了流程、解决数据共享难题、提升人力资源部门的整体效率等优点。新系统上线后,系统可以快速适应组织结构的变化,根据具体情况动态调整。在复杂问题的流程上,构建串联和并联的汇报流程,使组织在面临复杂的情形时业务能正常开展。复星医药根据 SaaS 系统的优势,协调了下属公司的上线进度,同时根据定制化页面等功能提升领导与员工的满意度。

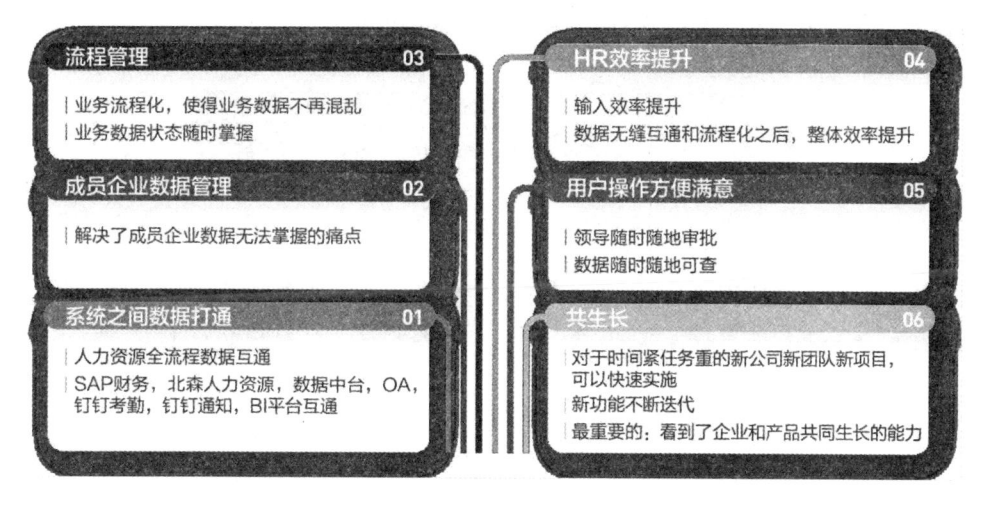

流程管理 03 │业务流程化，使得业务数据不再混乱 │业务数据状态随时掌握	**HR效率提升** 04 │输入效率提升 │数据无缝互通和流程化之后，整体效率提升
成员企业数据管理 02 │解决了成员企业数据无法掌握的痛点	**用户操作方便满意** 05 │领导随时随地审批 │数据随时随地可查
系统之间数据打通 01 │人力资源全流程数据互通 │SAP财务，北森人力资源，数据中台，OA， 钉钉考勤，钉钉通知，BI平台互通	**共生长** 06 │对于时间紧任务重的新公司新团队新项目，可以快速实施 │新功能不断迭代 │最重要的：看到了企业和产品共同生长的能力

图 2-8 复星医药人力资源系统的数字化

复星医药与北森合作取得了一定成效，但也应该关注存在的问题。复星医药业务的快速发展使得组织人员增加、组织架构和业务流程都快速变化，而项目汇报和职能汇报线共存，给项目上线造成了巨大压力。此时，北森对业务流程特别是汇报线进行数字化改革就尤为重要。此外，这种业务背景下，HR的工作效率也面临巨大压力：招聘的需求增加、员工的快速流动要求人力资源部门要有较高的工作效率；业务的频繁变动和流程的复杂性都要求HR快速反馈；此外，HR也承担着风险管控的巨大挑战，如何在人员快速流动的情形下进行人员管理，如何在复杂的业务流程变革下留存有用的信息。北森一方面可以通过快速上线新的招聘系统，帮助企业形成统一的招聘模式，同时让员工进行线上操作，减少线下流程，提高招聘的效率。另一方面，复星医药可以通过线上流程减轻员工的工作量同时提高准确率。同时，规范项目人员的管理流程，对每一个流程都要有记录，合理应对风险。

复兴医疗在数字营销方面进行全面布局。药企龙头首先进行了生命健康产业的数字化营销变革，到2023年，营销收入的45%将为数字营销。如糖医网、春雨、丁香园等企业，他们主要采用"数字营销＋服务"的模式。目前，国内数字化营销的转型方向就是通过定向营销来提升推送效率，运用社交媒体塑造品牌形象、通过多样化的定制服务提高顾客满意度。国内的药企通过自建或合作布局营销数字化转型，为行业的数字化提供转型经验，促进行业共同发展。

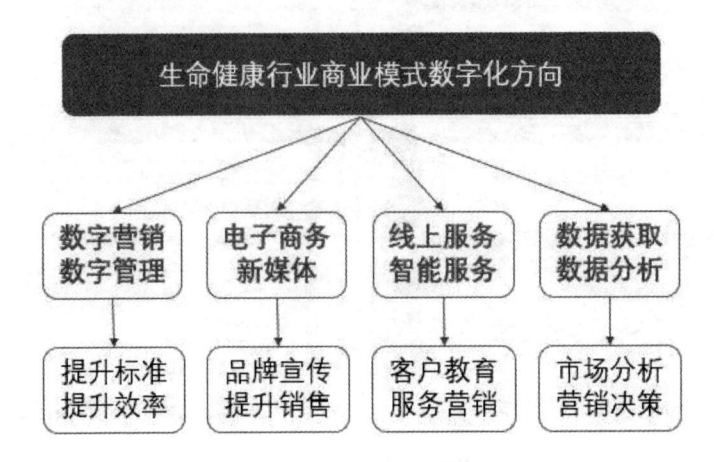

图 2-9　生命健康行业商业数字化方向

复星医药以 C2M 为核心，主要是以客户为中心，对接复星集团内部和外部的生态，主要以项目为着眼点。同时，数据作为纽带连接整个生态，进而让数据产生价值从而赋能业务生态。在数字化营销方面，复星医药专注于信息化、大数据、AI 等新一代信息技术；智能服务方面，将提供处方、医疗等服务。复星医药通过以上两方面推动复星集团 C2M 战略的实施（如图 2-10 所示）。

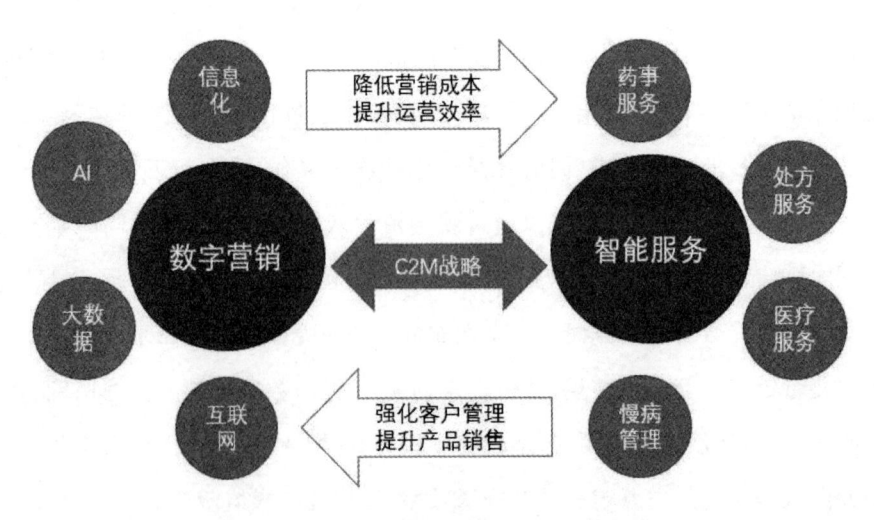

图 2-10　信息化技术支撑的复星 C2M 战略

在推进 C2M 战略的同时,复星医药也在探索新零售模式,包含检测服务、医生问诊、线上处方等产品,有线上和线下服务接口,从而打造新零售模式。复兴医药的营销业务底层是主数据,主要包含医院、保险公司、药店等主数据。在底层之上,是经销商生命周期的管理,包括对经销商的日常管理、维护。再往上就是复兴的渠道管理层,经销商可以在复兴的 eCommerce 平台上进行交易。接下来就是 CRM 层,包含客户关系的管理等。最顶层是费用控制层,主要负责预算、报销、奖金等费用方面管理。

总的看来,身为国内领先的医药企业,复星医药在研发、管理、销售等方面进行的数字化,优化了业务流程,大大提高了公司的生产效率,降低公司的运营成本,拓宽了销售渠道。生命健康行业进行的数字化升级,改变了原有的价值分工,复兴医药对生产环节进行数字化改造,使原有的劳动密集型工厂变为智能化、自动化的现代化工厂;催生了新的商业模式,医药公司运用 AI 技术进行药物研发,英矽智能就是专门提供 AI 服务的公司,同时复星医药布局的线上药房也为顾客提供了多样化的选择;改变了价值产生模式,就公司内部而言,人力资源部门的数字化改革使原有的工作模式发生了改变,线上流程减轻了员工的工作量同时大幅提高准确率。复星医药的转型经验:首先,生命医药企业的数字化方式选择要与公司的实际情况相匹配,复星医药集研发、生产、销售于一体,更应该搭建全产业链的数字化平台;然后企业在运用新一代信息技术时要注意系统的选择,要为公司未来的发展留有余地,不能只考虑当前的情况;最后,生命健康行业在数字化后产生的关键数据对公司的发展至关重要,要学会如何把数据变为资产。

上海医药数字化运营:在我国医药行业排名前三,主营业务涉及中药、西药和保健品等领域的研发与制造、多样化营销,产品品类多样化。上药集团在其成立的早期阶段,组织架构松散,下设组织层级过多且下属众多公司各自为政。为了提升集团管理的效率,2014 年上药集团提出打造"数字化上药",为了更好地支撑集团的业务发展,紧跟时代发展,2018 年上药集团 IT 团队引进云计算等新一代信息技术,通过不断对分散的 IT 资源和系统进行云整合以方便资源调配和管理,进而不断升级 IT 治理系统,使 IT 运营更高效。

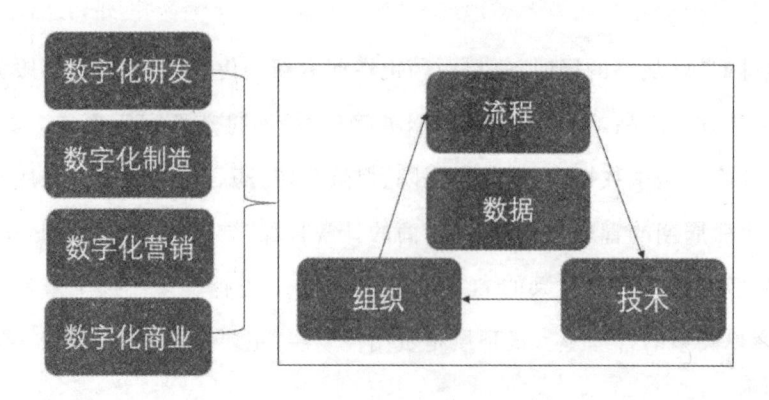

图 2-11　数字化上海医药集团

2018年由集团总部高层牵头制定了新三年战略发展总体规划,IT团队围绕公司总体战略制定了部门发展战略,围绕公司主要业务,致力于打造四个一体化板块(财务板块、物流板块、供应链板块、基础架构板块)+四驱动(CAMS),建成依托大数据、云计算技术的四个板块云平台,为集团整体战略发展做业务支撑,并能根据需求调整服务能力,进而提高基础业务数字化、智能化水平,促进公司竞争力的提高。其中该规划主要要求以下两个方面。

(1)内部应用全覆盖

内部应用全覆盖包括财务数字平台、智慧物流平台、ERP平台、质量监督检验平台等。2014年上药第一生化年初制定的信息化发展规划落地,分别组织实施了ERP系统合并风险评估项目、ERP业务流程梳理优化项目、主数据标准化项目、ERP系统业务财务一体化建设项目、WMS自动化高架仓库建设项目以及相关的其他硬件建设项目。2016年,上药第一生化相继实施了LIMS系统、iBatch-Cube系统、全面预算系统、车间管理系统等多个平台的基础设施建设和应用。然后对HR-ONE、WMS、ERP、网络安全进行了优化和完善,使公司离智能数字化工厂又近了一步。同年,引入洗烘灌一体机、自动化机械手装载机等设备,打造全自动化生产线,并持续进行系统优化升级。

(2)外部云服务

外部云服务包括供应商服务、政府服务、大数据平台、电商平台、医院服务等。

为了更好地支撑集团的业务发展,紧跟时代发展,2018年上药集团IT团队引进云计算等新一代信息技术,通过不断对分散的IT资源和系统进行云整合以方便资源调配和管理,进而不断升级IT治理系统,使IT运营更高效。

在云计算开发部署方面,上药控股为高效使用与管理数据资源,提高公司数字化水平与加快转型升级步伐,上药控股公开招标私有云项目,最终由该领域内竞争力强的华云数据竞得,该项目可使上药控股在保障平台的高安全性和高易用性的基础之上,提高上药控股在复杂环境下的竞争优势,提高公司IT运营效率、降低IT运维成本,助力企业牢牢把握住新一代信息技术带来的发展机遇,实现公司数字化、智能化转型。截至2019年,上药搭建的私有云使得计算资源利用率大幅度提高,同时明显降低了众多业务管理运营的成本。互联网、大数据、云计算等新一代信息技术加速了企业数字化转型进程,为企业颠覆性创新提供原始动能和强大支撑。

上海医药在数字化转型中并不是一帆风顺,也遇到了一些困难:①上海医药在我国医药行业中数一数二,拥有研发、制造、分销的全产业链,但是数字化起步太晚,到2014年才开始建设ERP、财务等平台,错过了良好的发展机遇。②上海医药在2018年进入数字化2.0阶段,运用了云计算、大数据等新兴互联网技术,但还停留在初级阶段,成熟度不高。一些医药公司利用云平台、人工智能和大数据,通过对研发过程的数字化,提高研发效率;也有公司把区块链技术应用到药品的配送中,克服了环境、人等主客观外在不利因素,既保证了质量又提高了准确率。③医药制造环节中自动化、精细化、智能化程度不高,缺少相应的生产设备、工艺流程有待提升,这种情况下数字化给企业带来的收益就会大打折扣。

相关思考:生物医药行业的价值重构模式主要是环节增值,人工智能、大数据等信息技术可以显著提高生物医药企业的研发、营销、运营管理等环节的价值。复星医药和上海医药都对运营进行了数字化改造,重新设计公司的各业务流程,提高公司整体的工作效率;上海医药和复星医药运用人工智能赋能新药研发环节,大幅缩短了新药研发周期,降低研发成本。然而在数字化转型的过程中,以上海医药和复星医药为代表的上海医药产业也面临着一些挑战:一是,医药企业数字化转型周期长、投入大、见效慢。上海医药2014年提出数字化转型目标,复星医药2015成立互联网业务部门开启数字化转型之路,这两家医药龙头已经持续多年投入大额资源,产出却难以量化,这在一定程度上影响持续投入。二是,现有自动化与信息化基础弱。新一代信息技术与生物医药企业深度融合,必须以较高的信息化和自动化水平为基础,才能提升药品和器械的效能。据统计,我国仍有70%的医药企业处于工业2.0阶段。第三,是数字化转型人才短缺。根据复星医药和上海医药进行数字化的经验,医药产业转型升级时不仅需要技术人才也需要业务人才,不仅需要懂新一代信息技术也需要懂生物制药知识,而当前上海市的相关复合型人才储备还不能满足医药企业的转型需求。

2.3 电子信息制造行业及企业案例:中电科数字技术股份有限公司

2.3.1 行业特征

电子信息制造行业既是数字化的转型者,还是推动、支撑其他行业转型的赋能者,具有技术和资金密集、标准依赖性强和高渗透性等特点。从全球来看,美国、欧洲和日本等经济体依然是电子信息产业的主导,继续保持技术研发和产品设计的优势;中国依托其生产能力和工艺水平的不断提升,逐步向电子信息产业链的高端环节升级。以信息技术为基础的新一轮科技革命正向纵深发展背景下,电子信息制造业面临着前所未有的机遇,2021年全球电子信息制造业市场规模达到9.97万亿美元。

2.3.2 上海发展现状

2020年,上海电子信息制造业总产值为6 466亿元,占六大重点工业行业总产值的27.2%,仅次于汽车制造业的28.3%。上海电子信息制造业新旧动能逐步转换,计算机代工占比不断下降,以集成电路、新型显示和汽车电子等为代表的新一代信息技术产业发展较快。如上海集成电路产业实现销售收入2 071.33亿元,连续 7 年两位数增长。新型显示方面,继续做大做强 AM－OLED,拥有较为完整的产业链结构,尤其上游材料、驱动和设备均处于国内领先地位。此外,量子通信、自动驾驶等领域的技术和应用创新蓄势待发,到 2025 年,"元宇宙"相关产业带动全市电子信息制造业规模突破 5 500 亿元(如图 2－12 所示)。

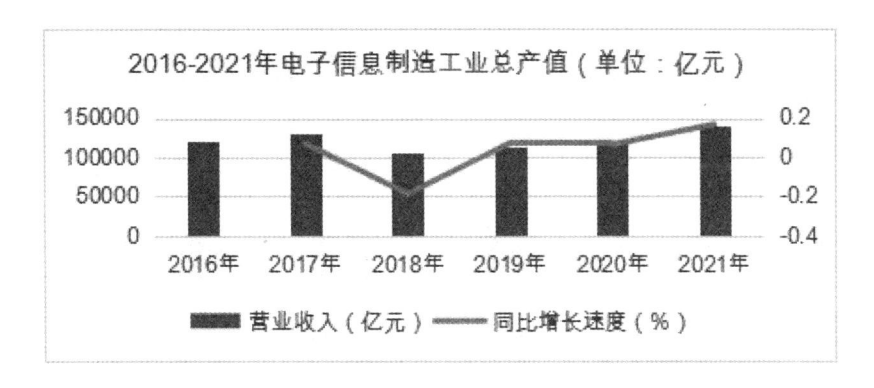

图 2－12　2016－2021 年全国电子信息产品制造业工业总产值

上海市电子信息制造业呈现加速发展态势,统计数据显示,2021 年上海电子信息制造业实现工业总产值 6 090 亿元,占全国制造业的 4.3%,占全市生产总值的 14.09%(如图 2－13 所示)。

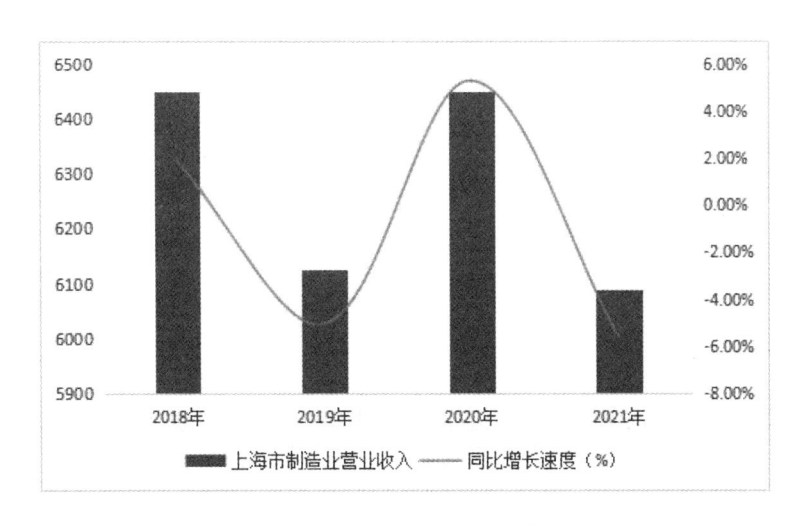

图 2－13　2018－2021 年上海电子信息制造业总产值增长情况

2021年上海软件与信息技术服务业实现总产值12 600亿元,占上海生产总值的29.16%,占全国软件与服务生产总值的13.27%,如图2-14所示,近年来,受到疫情的影响,上海软件与服务业的总产值增长速度呈现动态下降趋势,但是总产值趋于稳步上升状态。

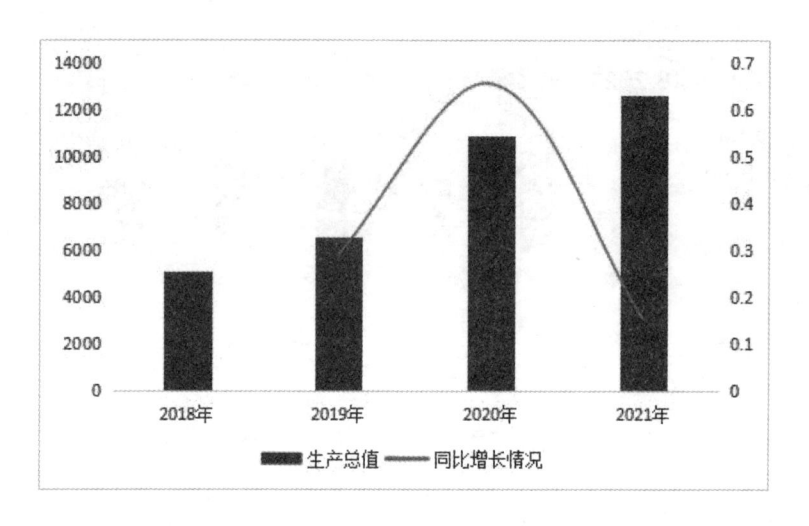

图2-14　2018—2021年上海软件与服务业生产总值及增长情况

上海电子信息制造业呈现出"两大核心,五大拓展"的区域分布,产业特色集聚,以浦东新区、漕河泾为核心区,以松江、青浦、嘉定、金山等和国家大学科技园为拓展区。张江高科技园区和嘉定园区形成了规模和技术国内领先的IC产业和汽车电子产业等;上海集成电路设计产业园形成国际集成电路设计产业高地,紫光集团、兆易创新、韦尔半导体等知名企业先后入驻。

由于我国电子信息产业整体处于产业链附加值低的中后段,大部分产品附加值低,行业整体利润率较低,2019年我国规模以上电子信息制造业行业平均利润率约为4.40%。随着家用电器、智能终端、消费电子等为代表的电子产品的爆发式发展,助推电子信息制造业进入了加速发展阶段,加之云计算、大数据、物联网、移动互联网、人工智能等新一代信息技术快速演进,硬件、软件、服务等核心技术体系加速重构,电子信息制造业正迎来新一轮变革。

核心技术迎突破、智能高端化成重要发展趋势。智能制造应用的兴起,带动了电子信息制造业的发展。而电子信息制造业要向智能化高端化迈进,根本还是核心技术的提升。目前,电子信息产业正进入技术创新密集期,应用领域呈现多方向、宽前沿、集群式等发展趋势。在人工智能领域,我国在自然语言处理、芯片技术、机器学习等10多个人工智能子领域的科研产出水平已位于世界前列。在ICT领域,阿里云分布式数据库PolarDB首次进入Gartner全球数据库领导者象限,市场份额位居全球云数据库第三。京津冀、上海、贵州等8个国家大数据综合试验区先行先试,布局建设了11个大数据领域国家新型工业化产业示范基地,有力推动了大数据产业集聚,行业集聚示范效应显著增强。

与传统领域融合创新,消费电子迎全面升级新机遇。传统消费电子产品日趋饱和,而标志性的、成熟的新产品尚未出现,整个行业正在寻找新的"爆发点"。信息技术正处于融合集成式创新和颠覆式创新发展的新时代,产业面对很多新挑战的同时也带来了新的机遇。

产品之争向平台之争的转变。智能家居有别于智能硬件单品的最大特征,就是通过中枢系统可以协同运作每个智能家居设备,可持续地进化智能运用每个设备的基本功能,使得日常家居生活变得更智能。互联网风口的到来,迅速推动了智能家居蓝图的面世,不管是国内家电巨头还是外资企业都将智能家居看成一块亟待开发的"大蛋糕",你争我抢地入驻行业。各大企业都在智能产品操控集成方向上发力,推出某个连接中枢从而推动各个品牌产品的互联互通,意图解锁互联难题。

2.3.3 企业案例与思考

2021年6月,中电科技术股份有限公司(以下简称"中电科")收购上海柏飞电子科技有限公司(简称柏飞),通过柏飞产品的高度软硬一体的产品特性和强实时、高可靠、高安全的产品属性,提升金融科技、工业互联网领域的强实时计算能力,并在系统关键节点上利用国产化技术有效保障信息基础设施安全,增强中电科行业数字化解决方案的关键技术能力。在数字化转型方面,中电科以嘉定区为试点,开展"物联、数联、智联"三位一体的城市数字底座建设,并将"嘉定模式"发展为"上海模式";2022年3月,中电科与上海国际汽车城(集团)有限公司(以下简称"汽车城集团")双方签订战略合作协议,汽车城集团的汽车产业数字化转型及智能网联汽车与智慧城市深度融合一体化是未来科技创新的重要战略方向,中电科与国际汽车城共同争创国家智慧交通先导试验区,开展国家智慧城市基础设施与智能网联汽车协同发展产业共建,打造嘉定"安亭汽车城模式",通过试点复制推广,以期成为成功的"双智中国模式"。

中电科着力打造现代产业链,带动产业链上中下游、大中小企业融通创新、协同发展,数字产业集群加速成型。现在,中电科产业化优势地位持续巩固。第三代半导体完成从材料、装备、工艺到器件、模块、应用的体系化布局。信创产业形成"从芯到云"的自主可控生态,应用领域不断拓展。碳化硅衬底、氮化镓器件、芯片原子钟、声表滤波器等领域打造了一批单项冠军,13家单位新获国家级"专精特新"企业认定。中电科推动数字技术与制造业、服务业、农业等产业深度融合,更好地赋能经济社会健康发展。支撑数字政府建设,持续完善整体解决方案,不断丰富政务应用,加快数字化转型。助力数字社会发展,持续提升交通、水利、应急等领域产业数字化水平,助推数字治理效能提升。服务数字企业建设,全面提升数字化解决方案供给能力,有力牵引农业、能源、金融等关键领域企业数字化转型。

相关思考:电子信息行业的价值重构模式主要是环节增值,新一代信息技术有效地为电子信息企业提升协作效率、降低成本、控制安全风险,为电子信息行业数字化转型提供科技力量。中电科在面对数字化转型过程中,运用物联网、人工智能、大数据赋能产品属性,推动数字化进程。但在转型过程中存在一些问题与挑战。一是人力资源的缺乏。我国电子信息产业中多数企业规模过小,使其人才价值难以充分实现,必须整合创新资源,集各企业、高校、科研机构技术所长,加快集群升级。二是从以单纯技术、硬件整体解决方案为主转向以高端化发展及产业链延伸合作,在加快核心关键技术攻关的同时,加强终端产品创新、资源整合、业务拓展、战略转型。

2.4 生命健康行业及企业案例：上海联影、复兴杏脉

2.4.1 行业特征与发展现状

生命健康产业包含了药物、保健品、医疗器械、保健器械、营养食品、休闲健身、健康管理和健康咨询。从发展趋势上看，健康产业是全球性的潮流，世界各国都很重视健康产业的发展。在按国际标准划分的15类国际化产业中，医药保健是世界贸易增长最快的五个行业之一，保健食品销售额年增长超过13%。在目前全球股票市值中，健康产业相关股票市值约占总市值的13%。在发达国家，健康产业已成为带动整个国民经济增长的强大动力，美国的医疗服务、医药生产、健康管理等健康行业增加值占GDP比重超过15%，加拿大、日本等国也超过了10%。印度、新加坡、韩国等亚洲国家在这一领域也取得了显著成就。近年来，我国健康产业呈蓬勃发展之势，市场容量不断扩大。北京、上海、广州、深圳等城市均已制定健康产业相关发展规划，将健康产业作为支柱产业重点扶持（如图2-15所示）。

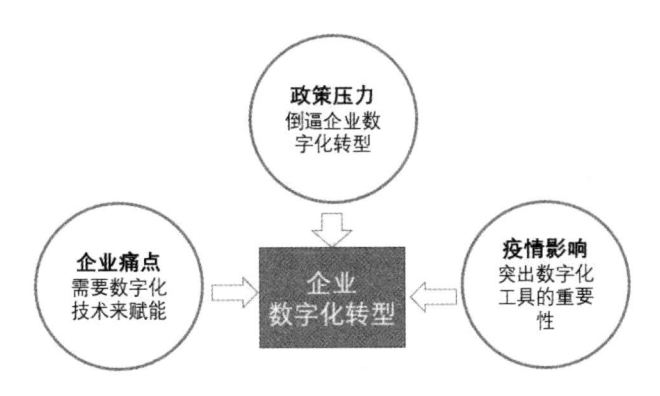

图2-15 三重因素推动生命健康企业数字化转型

随着居民健康意识的提高以及老龄化的加重，我国医疗器械行业得到了快速

发展。虽然我国医疗器械行业发展规模较大,但与美国、日本等位于医疗器械行业上游的国家相比,我国医疗器械行业起步晚且技术落后,在高端市场所占份额较小(如图 2-16 所示)。

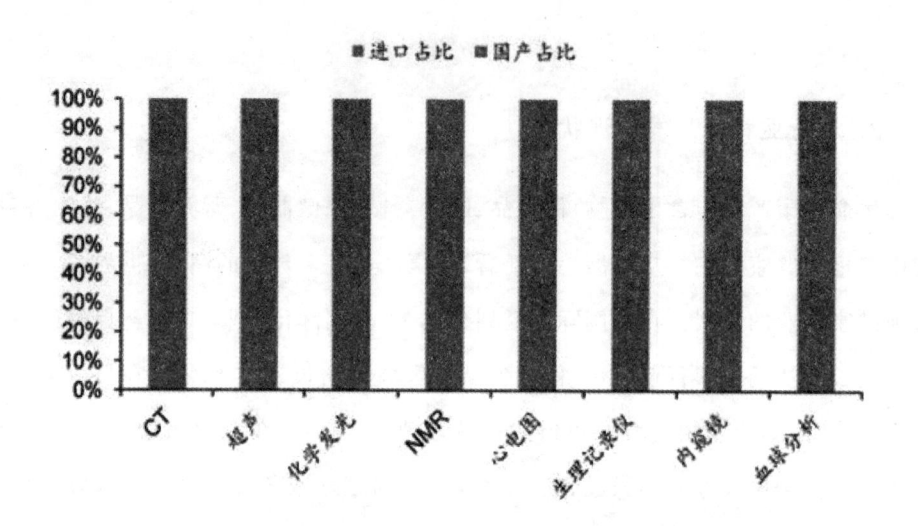

图 2-16　我国医疗器械高端产品市场外资企业市场份额变化

与日本、美国等发达国家相比,我国主要从事中低端基础制造,处于价值链下游,利润率较低。由图 2-17 可以看出,我国必须加大在医疗器械行业的自主研发投入,促进新一代信息技术与医疗器械行业的融合,提高研发、自主创新和创造性转化,向医疗器械高端领域迈进,改变高端医疗器械领域被跨国企业近乎垄断的现状。

全球主要区域医疗器械行业发展阶段分析

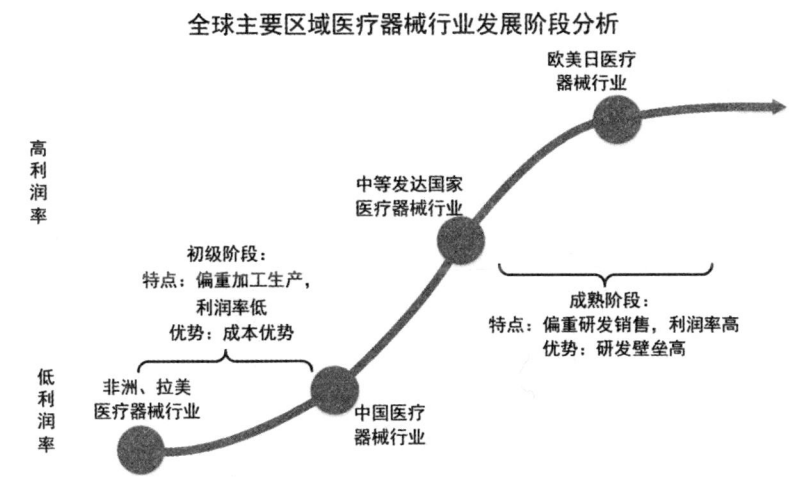

图 2-17 全球主要区域医疗器械行业发展阶段分析图

2.4.2 企业案例

2010年上海联影医疗科技有限公司筹备建立,该公司由其核心管理团队持多数股权,国有企业上海联合投资公司为第二大股东,我国生命科学院则以核心技术、专利等无形资产入股。可以说,国有资产投入体现了上海对医疗器械产业的推动导向,也表明了上海市政府鼓励医疗器械产业自主创新的决心。

①研发阶段:公司特别强调人才的作用,初期创始人主要是业内顶级专家、学者和高级资深管理人才。截至2015年,公司研发团队人员已超过1 000名,其中多数具有优秀的工作履历和丰富的工作经验。超70%的研发人员具有名校研究生及以上学历,还有数位入选"国家千人计划"和"上海千人计划"的专家加盟。

为实现医疗器械全线产品的研发,联影依托其拥有的高层次人才优势建立硬件、软件、服务和产学研医协同创新四大世界级跨产品线平台。联影旗下的研究院分别与我国上海、深圳的科研院所进行密切的交流与合作,为充分利用国内外大城市高层次人才聚集优势,联影在我国上海、深圳、武汉及美国硅谷等地投入大量科研资金设立研发中心,为公司自主研发、颠覆性创新以及高精尖技术的突破持续注入原动能,为企业向高端迈进提供强有力的支撑。经过联影设计团队的不懈努力和创新,公司的全线产品和用户界面设计别具一格,如驰名商标般一眼就能让人辨识出这是联影设计出品(如图 2-18 所示)。

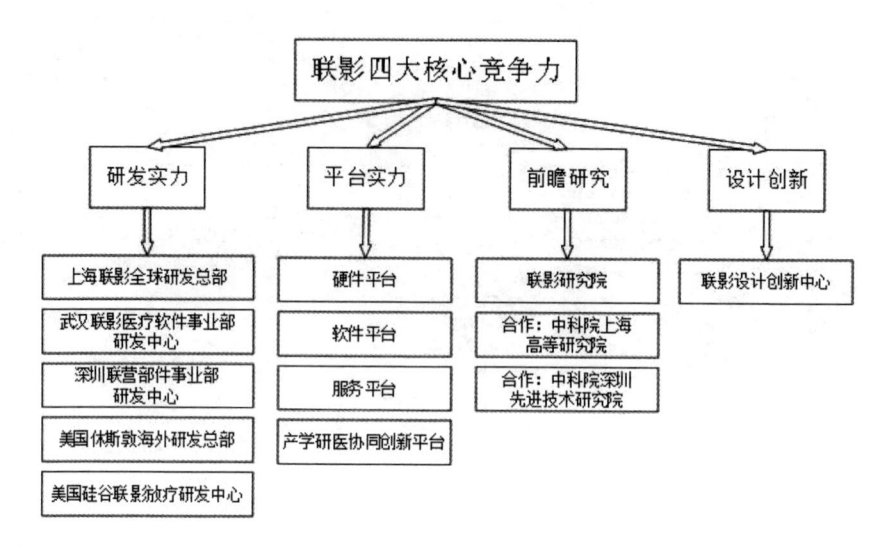

图 2-18　数字化驱动的联影四大核心竞争力图

从 2014 年开始,联影相继推出多款自主研发的医疗器械产品,作为高端医疗产业的一员,联影医疗响应国家建设制造业强国的重大战略,积极推动产业升级发展。它涉及很多高端医疗领域,其中核心组件具有完整的产业链。目前,一些关键层面的核心技术和核心元器件已经实现了自主创新,但在这背后,还有很多元器件和芯片也严重依赖进口。要掌握创新的主动权,芯片是关键。未来要追赶、超越,需要全产业链和创新链的全面发展和深度融合,突破核心高附加区,推动创新链全面创新,通过产业链和供应链的全面调整和核心创新。

分析可知,联影成功的秘诀在于,在上海市政府的支持下,大量的人才和资金投入联影公司,提升了联影的研发和自主创新能力,联影由此建立起一整套完善的产品线,形成强大的自主创新优势,从而设计、开发出一系列高端医疗设备,实现了从"我国制造"到"我国智造"的转变。

②医疗服务环节:推出"U+互联网医疗"战略。2015 年联影携手上海市的七家三甲医院,一起参与上海市科委关于利用人工智能影像学等对肺癌早期患者的

筛查诊断研究重大专项项目。其中联影公司主要负责提供其自主研发的肺癌早期筛查平台,该平台以联影"影像云"技术为依托,为七家三甲医院建立一个案例数据资源共享的互联网云平台数据中心,实现了七大医院早期肺癌患者数据资源的互联共享,并通过其自主研发的肺癌计算机辅助检测(CAD)引擎,智能识别小肺结节,相较于传统医生靠主观诊断的筛查模式,CAD更为精准,人工智能、大数据、互联网等新一代技术的应用提高了医疗诊断技术,大大减少了漏诊误诊概率。

基于早期肺癌筛查平台先期实践的成功,2015年联影初步推出"U+互联网医疗"战略,该战略是一个长远期规划,指的是以联影开发的全线高端影像诊断和放疗设备为基础,依托联影云平台,通过互联网、云计算等新一代信息技术与医疗影像设备的连接,可实现区域影像数据和区域医护资源共享,进一步推动区域内医疗资源协同和诊断智能化,从而完成整个智能医疗生态系统初步的闭环布局。

以联影在上海市嘉定区打造的智能影像中心为例,嘉定区近20家医疗机构全套医疗硬件设备都与影像中心互联,嘉定区居民可以实现看病"足不出户",有问题只需要在社区服务中心拍片,片子通过互联网技术传送到影像中心,区中心医院医生可在影像中心通过片子进行诊断并将诊断结果发送到社区,整个过程花费约半个小时。依托互联网、大数据、云计算相关新一代技术的云端医疗突破了距离、资源等限制,实现了居民远程看病、专家远程会诊等。让患者就近即可享受高水平医疗机构的服务,还免去了时间、人力、物力成本,优化了资源配置,进一步提高了居民医疗条件。

高端医疗器械的研发往往需要大规模的长期人力、物力、财力的投入,仅靠企业自身的技术优势是难以实现的。以联影科技为例,公司于2010年成立,2014年才开始将产品推向市场,一个公司四年的时间只有投入没有产出,如果没有政府各方面的支持,公司是不可能支撑下去的。在政府将大型医疗设备纳入战略性新兴产业重点推动的契机下,联影得到了一系列的政策支持。例如,在联影公司成立之初,就吸引了一大批高端医疗影像界人才的到来,一系列的人才和资金投入促进了联影的创新和自主研发,与欧美、日本相比我国医疗器械行业竞争力不足的主要原因就是研发投入较少,充足的科研资金和人才才能促进创新产品的产出,才能打破高端产品被国外垄断的现状。

除了基本的人才、资金的支持以外,在联影的案例中,政府还从正反两面通过制定激励机制扩大国产医疗器械设备的市场需求,例如,鼓励和引导三甲医院等医疗卫生机构积极主动引进国产设备、采购国产设备给予一定的资金补偿、缩小进口医疗产品减税范围等政策。联影2014年首次推出产品时,绝大部分订单来自国内一流的三甲医院,也正是通过这些三甲医院的示范效应,为联影的全线医疗器械提供了良好的口碑,对联影医疗设备的市场推广提供了帮助。联影科技成功探索高端医疗器械领域,是企业、政府等各方共同努力的成果,给我们树立了一个值得深入研究的示范案例,医疗器械行业向上发展需要企业、专家、学者和政府共同思考和发力,将科学研发更好地转化为临床应用成果,更好地助力我国医疗器械产业转型升级,同时在发展过程中相关部门要做好引导和监管,打造更加健康的行业发展生态,促进我国医疗器械行业向高端市场迈进。

复兴杏脉科技。杏脉科技成立于2018年,是一家专注医疗影像研发、生产、销售的公司,主要使用AI技术对医学图像进行分析。目前,复兴杏脉已经为全国四百余家医疗机构提供影像服务。杏脉科技在进行市场调研时发现,医学影像领域内AI的可应用性非常高,而现状是辅助医疗的准确性特别低,并且给出的解决方案很不成熟。而杏脉科技的CEO何川却很看好AI在辅助医疗中的应用,在成立一年内就推出了两款产品:杏脉锐影-肺部、杏脉锐影-骨科。其中肺部结节检测的平均召回率接近100%,良性判断的准确率也接近95%。

杏脉锐影的设计理念表现为既有广度,也有深度。在广度上,现有的AI产品还不能覆盖医学检验所需要的所有信息,而锐影却一直在扩宽检测的部位,把产品应用从放射科拓展到超声科等科室。在深度上,杏脉利用自身优秀的技术团队对每个检测部位进行分析、优化。具体来讲,锐影这款产品的深度主要表现在对头部、胸部、骨科、乳腺等疾病不断优化解决方案,提升准确率。锐影还会根据每个医院的不同流程进行匹配,以增加应用场景。同时,杏脉锐影也会针对个体的差异动态调整检测范围,以确保获取全面可靠的信息。此外,复星杏脉的研发团队有不同背景的专家,也有医学领域的团队,为企业的发展提供足够的技术支持。

上海复星医药集团实施科创引领的战略,而杏脉科技是这一战略落地的代表企业。杏脉科技把AI技术运用到辅助诊断和病理检验中,为生命健康领域行业提供了思路,未来的医疗服务中复星集团还会探索将大数据、5G等技术运用到生命健康领域(如图2-19所示)。

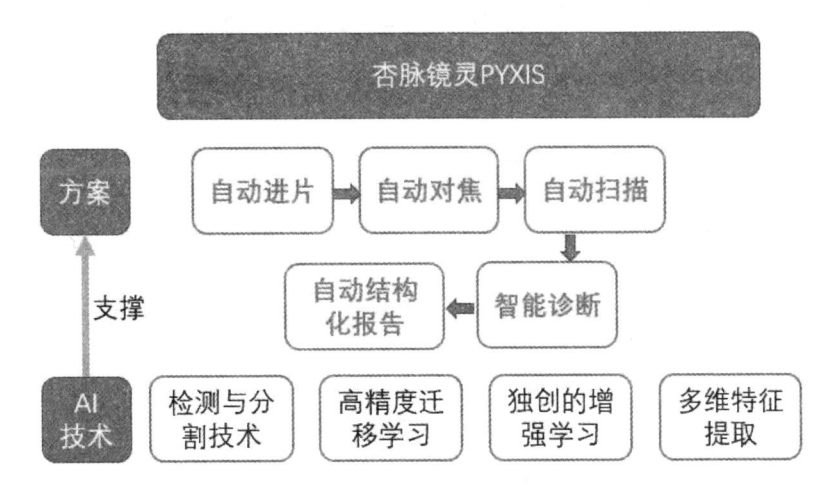

图 2-19 杏脉镜灵人工智能病理检验系统

相关思考:生命健康行业增值模式是环节增值(核心技术和核心元器件自主创新)和价值新生(智能医疗生态系统)模式。联影和杏脉属于医疗器械企业,运用AI技术、大数据等技术赋能医疗影像行业,提高医疗影像诊断效率;联影构建智能医疗检测系统,为顾客提供足不出户的体验,从服务层面为企业带来增值。生命医药产业覆盖人从预防、治疗到保健的全过程,数字化趋势在加快,却也存在一些问题。一是数据安全重视不足。生命健康行业的数字化产生了大量在线医疗数据,一些企业忽视了系统安全、数据安全的重要性导致医疗信息泄露,严重损害了用户隐私与公众利益。二是生产装备国产化程度低。我国生命健康企业的生产设备多是从国外进口,国内的制药机械行业产品竞争力不强、稳定性不高、数字化程度较低;离心机等一些高端医疗设备一直依赖国外厂商。联影和杏脉科技在医疗器械上仍需要努力打造国际一流产品。三是生命健康产业碎片化严重,需要行业领军者。从药品流通来看,中国有48万家零售药店,而连锁药店仅占一半左右,集中化程度低,规模虽大,但自动化程度不高,给数字化带来了巨大挑战;在美国三家药品流通上占据了90%以上的市场,形成了规模效应。生命健康产业需要有行业领军者去驱动。

2.5 汽车制造产业及企业案例：上汽集团智能互联转型

2.5.1 行业特征与升级模式

汽车行业规模巨大，是世界上典型的产业之一，其特点十分鲜明，例如产业关联度较高、范围较广、超高综合性、零件数量多等等。正是因为汽车行业的这些特点能带动工业结构升级和对相关产业发展具有积极作用。作为全球最大的汽车潜在市场，2018年，我国汽车产销量首次下降，2019年和2020年进一步下滑，企业行业转型迫在眉睫。

近年来，新一代信息技术运用于汽车领域，极大增强了汽车的属性，开发了汽车新的使用功能，使一个在过去只能单纯地作为远程代步工具的汽车转化为一个可以移动的方便快捷的生活空间、一个移动的互联网终端和一个海量数据平台。工业互联网催生出的一系列全新技术的智能化设计的典型应用场景，为汽车产业全环节、全链条数字化转型创造了有利条件。与此同时，新一代信息技术在汽车产业的广泛运用，加快了汽车领域与高新数字技术的融合发展。仅仅从汽车产业的价值链上来分析，在数字技术的融合下，使得未来汽车的整体价值呈现出高幅提升的趋势。这越来越映射了"造好车"使得"微笑曲线"趋势向上移，"用好车"使得产业的价值内涵得到扩展延伸。在特斯拉商业模式中，特斯拉在汽车产业中占据相当大的地位，在其引领下，硬件、软件和服务的三轮模式驱动下，国内汽车前端产业也不甘下风，顺应智能网的飞速发展，凭借数字化技术转型升级，慢慢地摆脱了传统汽车产业的经营模式，逐渐转变为一种新的智能商业模式，这不仅仅意味着商业模式的改变，也意味着汽车领域中龙头企业敏锐的洞察力，从汽车前端的研发、生产到中端运营，再到后端售后服务，整个流程慢慢向数字化融合（如图2-20所示）。

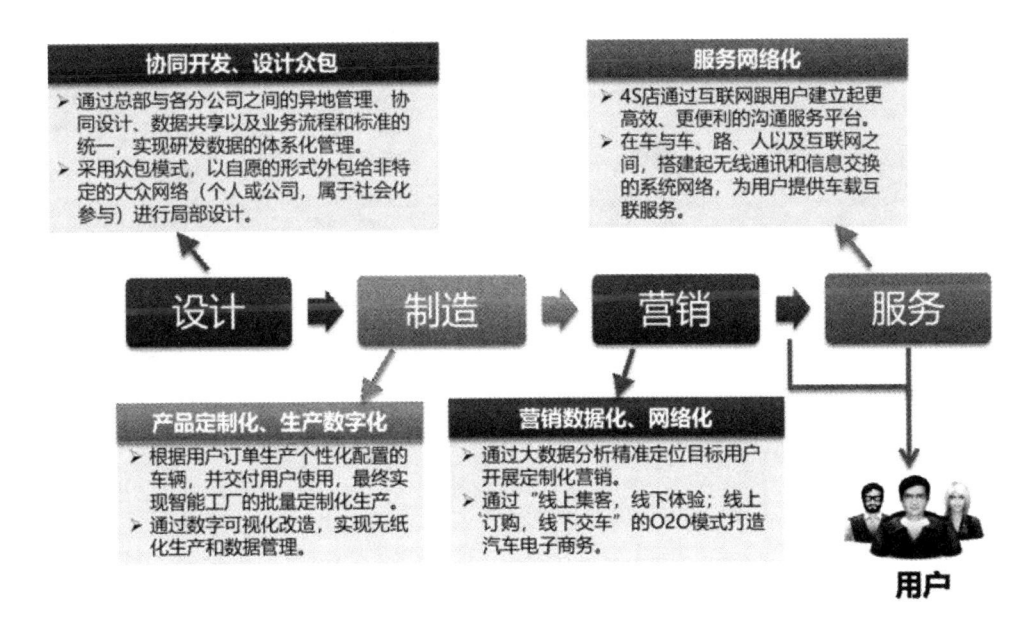

第二章 上海制造业价值重构的案例分析和对比研究

协同开发、设计众包
- 通过总部与各分公司之间的异地管理、协同设计、数据共享以及业务流程和标准的统一，实现研发数据的体系化管理。
- 采用众包模式，以自愿的形式外包给非特定的大众网络（个人或公司，属于社会化参与）进行局部设计。

服务网络化
- 4S店通过互联网跟用户建立起更高效、更便利的沟通服务平台。
- 在车与车、路、人以及互联网之间，搭建起无线通讯和信息交换的系统网络，为用户提供车载互联服务。

设计 ➡ 制造 ➡ 营销 ➡ 服务

产品定制化、生产数字化
- 根据用户订单生产个性化配置的车辆，并交付用户使用，最终实现智能工厂的批量定制化生产。
- 通过数字可视化改造，实现无纸化生产和数据管理。

营销数据化、网络化
- 通过大数据分析精准定位目标用户开展定制化营销。
- 通过"线上集客，线下体验；线上订购，线下交车"的O2O模式打造汽车电子商务。

用户

图 2-20　新一代信息技术全方位提升汽车价值链

汽车产业发展的趋势不仅仅是上述提到的智能化，网联化也是其发展的重要趋势。为了掌握自主技术进行自主创新，完善自身缺点，加快转型升级，汽车行业正积极地迈进互联网大门，同样工程师也不甘落后地想施展拳手，研究互联网汽车和新能源汽车。例如，人工智能与汽车技术融合的典范当属于由上汽与阿里合作研发的上汽自主品牌互联网汽车。车辆通过阿里的云端技术了解车主的驾驶习惯，通过智能分析为车主提供多样化的服务。产品一经推出，受到了市场上大量消费者的欢迎。上海也不负汽车领先城市之名，无条件地为互联网汽车发展大开便利之门，具有国际水准的智能网汽车试点示范区。对获得如此之殊荣，上海不负众望，继续大步前进，为智能网联汽车开放了更多的道路，加快企业能量的聚集（如图2-21所示）。

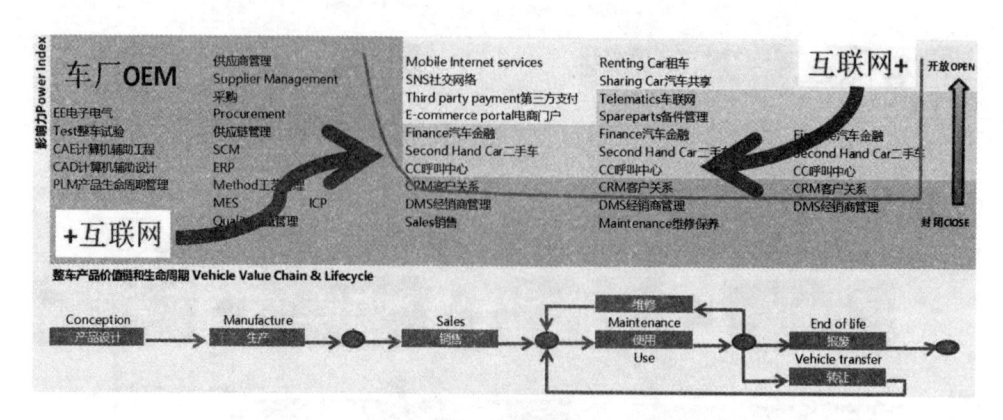

图 2-21 汽车与互联网产业双向深度融合

2.5.2 上海发展现状

上海传统汽车产业实力雄厚、配套齐全,但纯粹机械领域的汽车产业,已经渐渐与这个高速发展的时代脱轨了。随着汽车逐步形成了智能化、网联化和共享化,上海汽车以前所未有的开放和包容的姿态,再次走在了发展前沿,成了开拓者。高端整车环节在上海兴起,这对新工厂的增加起到了极大的促进作用,还给相关的企业管理模式带来了一些质的飞跃。例如,上汽大众引进了大量的数字化流程管理和数字化设备给工厂带来了丰厚的利润。2020 年竣工的具有智能化特点的 MEB 纯电动车,在汽车产业中可谓首屈一指,由此可见,这会给企业带来无法估量的红利。

2.5.3 企业案例与思考

上汽和阿里早在 2014 年就签署了"互联网汽车"战略合作协议,同年,为全面开展并实施合作协议,在上海成立了互联网+汽车项目组,旨在打造高质量的互联网汽车以及汽车生态圈(如图 2-22 所示)。

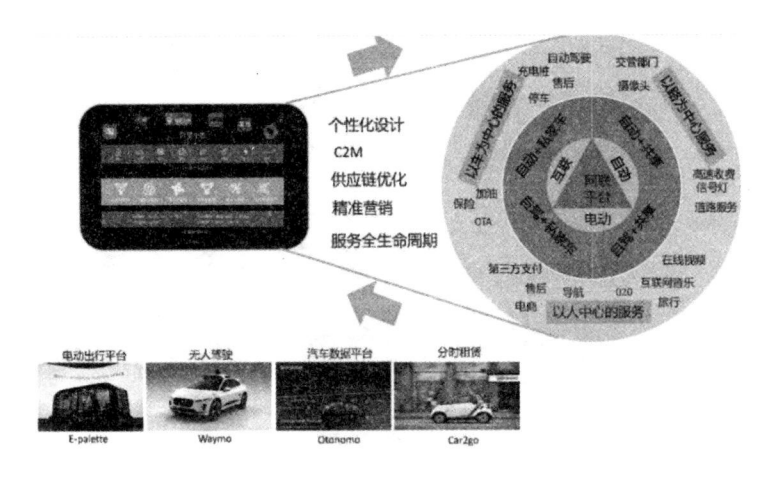

图 2-22 上海汽车集团互联网汽车生态圈

上汽在我国汽车行业居于领先地位,在国民心中有着较高的地位,这源自上汽在整车集成、动力方面、新能源技术、汽车架构等方面具有较强的自主研发能力、生产能力;阿里具有自主开发的 Yun OS 操作系统,拥有庞大的云计算平台和互联网大数据库,这不仅仅形成了一个数字化经济,而且在电子商务、金融、通信、导航等领域中都做出了巨大的贡献,方便了人们的出行和生活,构建了一个生态互联网。

在研发环节,上汽不仅要发挥自己的本职功能那就是汽车的架构与开发,还要考虑汽车如何与阿里的操作系统融合,使新型汽车能运用阿里的互联网数据库、通信及导航等软件。阿里则通过这些软件在后台建立起庞大的互联网汽车云数据库,满足用户的个性化需求。有了云数据库的支撑,用户可以提前预测前方路线的拥堵状况,避开拥堵路段,也可以通过云数据库实时与家人、好友分享自己的生活场景和生活状态,用户对汽车各项功能的使用频率、体验也会在云数据库中记录下来。同时,在售后服务方面,当"用户－汽车－网络"实现三方互联后,汽车出现任何问题,系统都会实时发现,并可以立刻通知距离最近的汽车维修、保养企业(4S店),为其预约检查、维修。最终构建起可以渗透用户选车、买车、用车、卖车全生命周期的开放的汽车闭环经济生态圈,将资金流、信息流、物流、服务流全面打通。

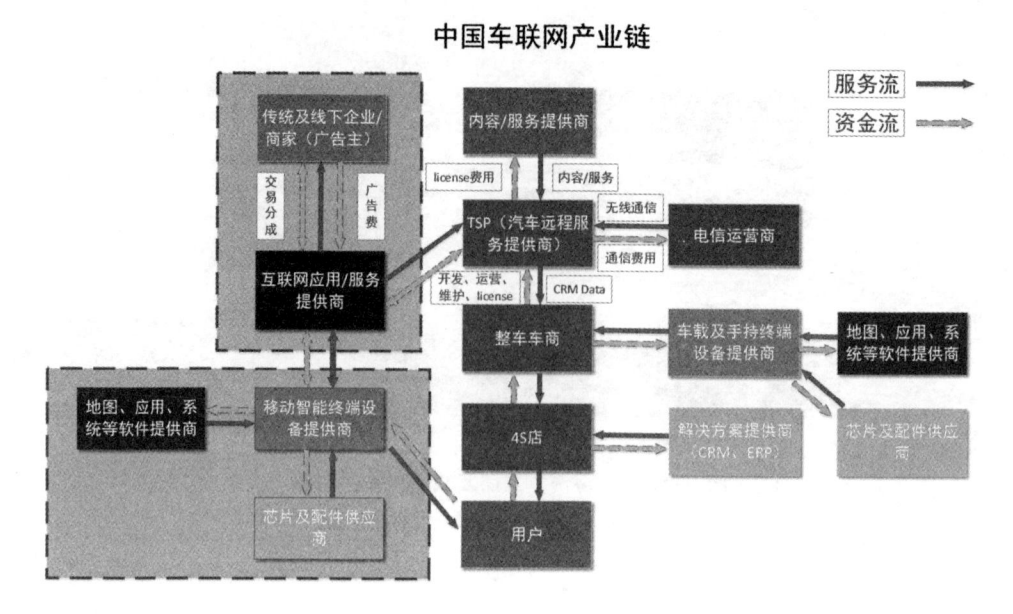

图 2-23 我国车联网产业链

2016年上汽和阿里以"一切以用户为中心"的理念合作研发了一款"互联网汽车"荣威 RX5。荣威的发布,震惊了整个汽车行业,该汽车拥有世界级的设计、技术和互联网应用,显而易见这有可能改变国内传统汽车市场的格局。现已开始预售。与传统汽车盈利模式迥异,未来互联网汽车的盈利模式将不仅仅是整车的销售,更注重的是售后服务费和大数据产品的服务费等。

但同样,在上汽与阿里的合作过程中,也存在一些问题亟待解决。首先,两家企业都是各自领域的龙头企业,都拥有各自不同的文化理念、工作习惯,当阿里的员工希望为汽车增加更多功能的同时,上汽必须更多地考虑汽车的质量和安全问题。这是双方融合必须经过的一个阶段,不能避免也不能逃避,应该面对并努力打破两个平台之间的这种壁垒。这些基础的智能多样化设施应用于汽车本身需要形成一个良好的磨合结果,这就需要双方共同的努力,最终形成一个良性的生态系统循环,这是两家企业合作能否成功的关键因素。事实上,双方的合作目前也只能围绕两方共同具有的智能终端进行探讨,各自展现出自己的优势,共同为用户打造一个良好的生态圈。至于电子商务,双方则是采用各自认为较好的计划,这使得不少人认为两家合作已貌合神离。上汽集团于2014年建立O2O电子商务平台——车享平台。阿里旗下的天猫商城紧跟其后发布了新的汽车电商计划,天猫联合了阿里旗下的其他企业与汽车工厂一起推出"先开后买"的服务优惠政策,这对消费者来说是一个非常有利的讯息。一款新汽车从研发到上市,再到盈利需要一个长时间的过程,而主要依靠后期服务盈利的互联网汽车需要的时间更久。锦上添花不如雪中送炭,对上海市政府来说,可以从研发阶段就予以各种政策支持,推动互联网与汽车制造的融合发展。上汽作为上海的老企业自不必说,如果能留住阿里,让阿里巴巴在上海发展壮大,对实现上海制造业的转型升级会有巨大的帮助。税收优惠、投资补助,尤其是企业建厂选址用地的价格优惠政策,这些都是必不可少的。另外也要考虑软服务政策的支持,帮助企业宣传,鼓励高校毕业生,尤其是上海本地高校毕业生进入阿里、上汽工作,为外地企业员工落户提供优惠,等等。

汽车行业是一个典型的离散行业,其具有供应链高度分散、产品结构精密等特征,但也具有研发设计周期长、供应链管理低效、服务要求高等行业痛点,基于工业互联网平台的数字经济转型升级,汽车行业的发展越来越趋于数字化,其发展趋势有以下转变(如图2-24所示)。

图2-24 新一代信息技术对汽车行业的重构趋势

上海纳铁福传动系统有限公司主要为上海大众、长安福特等生产汽车传动系统总成产品及零件,在国内的市场份额超过45%。上海纳铁福对工厂进行数字化升级,覆盖生产、管理等多个环节,构建自动化、智能化、高效率的数字化体系。纳铁福康桥工厂部署智能化生产线提高生产效率,在流程改造中运用了自动化系统和工业机器人,使装配线的员工数量减到2~3人。在质量管理方面,与上海交大合作运用AI技术进行视觉检测,结合机器学习和识别算法提高识别的准确率,从而提高产品的质量。厂内物流方面,运用机器人代替人工自动上下料,降低人工成本,提升物流自动化水平,解决生产与仓库的"最后一米"。

相关思考:总的看来,上海市汽车产业的升级模式主要有环节增值、纵向聚变(个性化定制)、价值新生(智能产品、智能制造)。上海汽车集团建立移动出行服务平台向服务提供者转型,成立软件开发、大数据、云计算等中心服务于智能驾驶系统和数据工厂,与阿里、华为合作推出智能产品,这些环节都实现了价值的增值;上海纳铁福工厂利用AI和工业机器人等新一代科技对公司生产、物流、质控环节进行数字化升级,减少了人力成本,提高企业生产效率,助力企业实现智能化、自动化、柔性化生产。以上海汽车和上海纳铁福为代表的上海汽车产业,数字化升级已初见成效,但也面临着一些挑战。一是转型方向不清晰。数字化转型涉及整个企业的价值链,资金投入大、持续时间长。上海汽车在转型中付出了大量资源,而众多上下游企业却没有足够的时间与资金进行数字化转型,这不仅是上海市也是全国汽车企业面临的问题。二是内部治理体系不完善。数字化转型需要企业各部门之间的有效协同,而上海汽车内部组织架构复杂,导致对市场响应不足,同时作为国有车企,传统的领导模式导致内部跨部门协作能力不强。三是缺乏核心技术。汽车作为新的智能终端,需要高性能芯片、新能源电池等关键零部件,而上海市汽车产业的关键零部件仍依赖进口,国产高速轴承、电机系统、芯片等零部件与国外比仍有差距。

2.6 高端设备制造行业及企业案例：上海振华重工数字化转型

2.6.1 行业特征

高端装备制造业是现代产业体系的脊梁，是推动工业转型升级的引擎。高端装备制造业的国际分工呈现龙头企业主导产业发展，无形生产控制有形生产，知识技术创新能力强的国家主宰和控制知识技术创新能力弱的国家等特点，从而形成由欧美日发达国家、新兴经济体、欠发达及落后国家共同构成的中心－边缘环状国际分工格局。当前国内高端装备企业的技术创新也多集中于下游改良环节，对关键技术的研发能力不足，大型装备及关键器件高度依赖进口，致使产业链价值流失。

2.6.2 上海现状

上海高端装备制造业在全国处于较为领先的地位，形成了包括智能制造装备、航空航天装备等"7＋X"产业领域，国产大飞机C919等国之重器重点行业表现亮眼，同时生产规模呈逐年上升趋势，2020年实现工业产值达5 800亿元，占全市工业总产值比重超15%，以智能升级为重点，打造世界级智能制造产业中心。

近年来，加快"互联网＋"制造推动产业升级：①上海电气融合高端装备体现在大数据分析技术的运用，该技术在能源方面展现了巨大作用，例如为火电、风电和环保提供了如何建设智慧电厂和电厂整体运营的一些方案，还在其他各地成立了研发中心，并且在上海等地完成了风电智能制造基地的建设；自主研发"风云系统"远程管理平台，接入了近200个风电场数据，使得风电组实现"智能化"的飞跃；上海电气开发了星云智慧工业互联网平台，该平台旨在将风电、火电和储能与新一代信息技术完美融合。②上海商飞凭借5G技术与互联网融合给予工业制造赋能，通过飞机制造与"5G＋工业互联网"融合对飞机制造赋能，通过该技术的使用，商飞可以在复合材料检测环节只需要10%的比对试块，需要5%的人力成本；在检测飞机表面铆钉效率在原有的基础上提升了近3倍。"十四五"时期进一步将全面推进装备数字化转型作为首要任务，实施数字化装备融合工程与数字化生产提升工程"双数"工程，构建面向未来的"数字化"战略优势，建设40家以上市级智能工厂。

2.6.3 企业案例与思考

上海振华重工总部位于上海，位居我国港口重型装备制造行业的前列，上海振华重工近年来在全球港口机械市场占有率超过70%，其市场份额位居首位，但振华重工也面临着挑战。一方面，随着发达国家对传统港机设备的需求趋于饱和，港口机械的市场需求总量有所下滑，原业务领域发展遇到瓶颈；另一方面，新一代信息技术的快速发展给社会带来了巨大变革，重塑了企业的价值链，原来的发展模式亟须进行变革。在此形势下，振华重工选择了数字化技术，实施"五大转型"，从传统的工业2.0时代走向研发、制造、管理和服务一体化的4.0时代（如图2-25所示）。

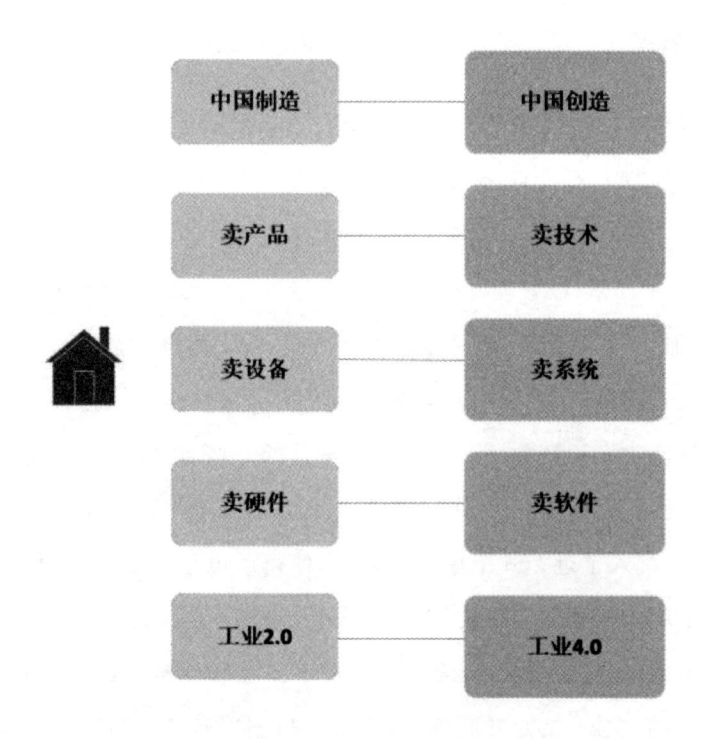

图2-25　新一代信息技术环境下振华重工"五大转型"

智能制造。在新时代,振华重工推动产业升级,发力智能制造。振华重工长兴基地有先进的流动机械智能调度平台,在集控办公室就可以看到整个产区的地图,也可以看到流动机械的具体位置和运行情况。当需要流动机械进行作业时,只需要在系统中操作,附近待命状态的流动机械就会迅速执行命令。这个智能平台运用了云计算、5G和人工智能等新兴技术,每年可以为公司节约燃油成本24%,节省人力成本10%。振华重工先后建造了二十个自动化制造车间和生产线,能覆盖大部分产品的制造、组装。其中南通的桥梁U肋板焊接模块,通过机器人可以完成所有工作,实现了自动化,给公司节约了人工成本72%,合格率高达99%。此外,振华重工还为广州南沙的四期自动化码头定制了IGV(智能引导车),这个设备集成了北斗导航系统、视觉SLAM和多传感器定位技术,使IGV可以高效地完成任务。

制造业服务。2012年,振华重工与厦门远海合作建造中国首个自动化码头。在这个项目中,振华重工没有选择外国的装卸系统,而是采用了自研的系统和设备,为以后自动化码头的发展积累了大量经验。早在1998年,振华重工就有意愿走自动化的道路并且进行了初步研发;2000年参加了德国汉堡的自动化码头建设,并且研制出成品机器;先后为欧洲、美洲等地区提供了自动化设备单品;2006年为鹿特丹自动化码头提供了部分方案。振华重工的内部把"从卖硬件到卖软件、从卖设备到卖系统"作为数字化转型的重要思路。振华重工不仅要保证设备的质量,也要提供配套服务。为此振华不仅延伸了硬件产品的售后服务,在海外开出26个售后服务站,更在系统集成方面下功夫。振华重工已经先后为青岛港、上海洋山港、印度阿达尼等港口提供了智能化解决方案。2017年12月洋山港四期码头开港,这是智能化实施的一个典型例子,码头的面积很大,接近2 227 680平方米,其传送数据的年数据量高达630万,却几乎看不到人,这是振华重工的全自动化管理系统在背后发挥作用。洋山港码头的整个项目从硬件到软件都是由振华重工提供并安装,并且集装箱的装卸、运输都在中央控制室完成,码头的运行效率极大提升。2019年,振华重工与中国联通、爱立信合作研发的自动岸桥吊车在青岛港自动化码头完成了智能化控制,这是全球首次基于5G网络技术进行的远程操控吊车的实践。传统码头向自动化无人码头的升级，5G功不可没，这个方案仅需要传统方案的30%的人工成本。这个项目也被《工业互联网世界》等媒体评为"2020年5G＋工业互联网十大典型应用案例"之一。其中智能港口业务板块弃之糟粕，取之精华，将传统港口的优点予以智能化相融合，还增添了港口与铁路的自动一体化；智慧城市业务板块主要是对城市建设的一些公共设施进行智能化融合，例如停车、仓储和物流等进行智能化，大力推行智慧城市的建设。

2019年振华重工与宝胜科技签署了一份关于高速轨道交通用数字信号电缆和智能制造配套物流和仓储系统项目合同，这份合同的签署标志着振华在智能物流上的重大成果。该项目包含了立体仓库系统和自动导引运输车输送系统，这有利于宝胜的信号电缆生产和储存。近年来振华重工着力于将自动化码头集成经验运用到智慧城市、智慧物流等行业，积极开拓智能物流市场，目的是提供一站式物流解决方案。振华的智能物流掀起了物流发展的开端，同时也显示了振华在智能物流上的巨大成功。智能物流服务项目标志着振华已具备较高的智能物流系统的集成能力，可以为各类行业提供智能物流解决方案。

振华重工身为一家龙头央企，短时间内便做到行业第一，经历了从组装加工到系统设计再到自主建造的创新之路。振华重工作为传统的高端设备制造商进行了数字化转型，这给制造业的转型提供了宝贵的经验。

第一，振华重工通过战略转型倒逼数字化建设。虽然振华重工2015年才开始推进集团层面的数字化转型，但是却制定了清晰的"五大转型"战略，有力推动了公司的转型。2017年1月振华重工主数据管理平台项目（MDG）上线，也标志着SAP MDG产品在国内同行业第一个成功实施案例产生。完成主数据系统的建设后，下一步振华重工正在建设企业的ERP系统、设计研发PLM系统、车间管理MES系统，为推进标准化成果快速落地，夯实企业ERP等系统建设的数据基础，实现"工业4.0"弯道超车，在信息化顶层设计的蓝图下，振华重工选择首先进行主数据系统这一紧要的基础性数据治理工作，并且确定了数据先行、云端部署基础策略指导整个数字化转型的工作。

第二，振华重工以传统产业为基底，不断探索新兴业务。在互联网技术的应用下，振华重工专注于高端装备制造，同时也大力发展智慧产业，构建智慧港口和智慧城市。智慧业务主要涉及海港和空港的自动化、智能化相关业务,以及智慧领域的产品和服务。民生业务依托智能制造,积极布局城镇老旧社区改造升级,解决居民生活和小区居住的"痛点"。振华重工不断地对自动化港口实践分析,积累智慧建设经验,并向其他智慧建设领域不断扩展延伸,在港口、城市的智能化转型升级中发挥其最大的作用。振华重工不断拓展智慧产业,在新一轮科技穿心和产业革命中完美地诠释了"中国制造",响应中国制造2025、"上海制造"3年行动计划,积极服务城市建设、服务民生,为社会创造效益。

相关思考:高端装备行业的价值重构模式主要为环节增值,随着智能制造、工业互联网等技术的成熟运用,有效提高产品、技术和管理等方面的创新。但是高端装备行业在价值链延伸转变的过程中遇到了重大挑战。一是"卡脖子"现象仍然存在,尽管我国高端装备制造得到了较快发展,但距离真正的高质量发展还有一段距离,发达国家处于高端装备产业的核心层。国内企业虽然在高端装备制造投入巨额资金研发,也取得了一些重大成果,如振华重工的自动化生产车间以及IGV,实现"工业4.0",这些突破加快了数字化转型进度,但国内装备制造仍受到一些核心技术限制,依赖进口高端装备。二是科技成果转化不畅。高端装备制造企业处于价值链的中下端,设备场地投资重,投资经济效益不高,科技成果产业化转移转化成功率偏低,目前约为10%,与发达国家30%～40%的科技成果转化率相比有较大差距。三是人才储备不足。高端设备数字化升级趋势不断增长,配套产业也逐渐完善,高端装备制造业需要大量的顶尖人才。数字化转型并非技术和工具的简单叠加即可完成,而是需要兼通信息技术和装备制造行业领域知识的复合型人才。数字化转型阶段可能需几十年,我们需加强人才培养,为转型阶段做储备。

2.7 先进材料制造行业及企业案例:宝钢股份"黑灯工厂"

2.7.1 行业特征与升级模式

新材料产业是材料产业发展的先导,新技术、新产业、新需求不断促进材料技术革新与应用,美国将其称之为"科技发展的骨肉",2020年全球市场需求达到2.74万亿美元。目前,美国、欧洲和日本处于世界领先水平,不断强化对高端材料的技术壁垒和产业垄断;以中国、韩国为代表的国家紧随其后,在部分细分领域全球领先,但仍难以满足本国航空航天、生物医学等高端产业的发展诉求。

新一代信息技术环境下,新材料产业作为催生新能源技术、智能制造技术、新一代生物技术等战略性新兴领域的先导产业,新材料企业不仅面临着数字化转型"必修课",更有责任为行业探索高质量发展的转型新路径,通过应用智慧供应链系统等新一代信息技术,为新材料产业带来颠覆性变革。

2.7.2 上海发展现状

上海新材料产业从"九五"规划就谋划布局,依托宝钢精品钢基地与金山化工基地起步,目前,上海形成了超导、碳纤维和电子化学品三大特色发展方向,在先进钢铁材料、先进有色金属材料、先进石化化工新材料、先进无机非金属材料等方面已形成产业细分优势领域,行业盈利水平全国前三,在高功率双包层光纤材料等关键领域取得突破。

2021年全市规模以上新材料总产值达3 247亿元,仅次于新一代信息技术产业,占全市战略性新兴产业的五分之一左右。上海新材料产业重点企业有547家,其中"专精特新"企业全市占比达到12%,已初步形成"2+3+N"的产业布局,"2"表示宝山先进金属材料和杭州湾北岸化工新材料两大基地,"3"表示三个新材料产业园区,"N"表示环中心城区的多个经济开发区和工业产业园区。

2.7.3 企业案例与思考

新材料的研制需要基础研究和应用基础研究相互融合促进,是一个高风险、复杂和漫长的过程,人工智能可助力新材料研发展现巨大潜能。英国利物浦大学研发了一款可自主设计化学反应路线的机器人,在8天内完成了688个实验,找到一种提高光催化性能的催化剂,若由人工完成将花费数月时间。传统研发体系筛选催化剂需5~6年的时间,日本大阪大学的一名教授通过机器学习算法成功在1分钟内筛选出有潜在应用价值的化合物结构。

宝钢股份冷轧厂的"黑灯工厂"。上海宝山基地冷轧厂通过大数据、人工智能等综合智慧手段,把车间变成了一座24小时运转却不需要多人值守的"黑灯工厂",入选世界经济论坛评出的全球"灯塔工厂"。疫情期间,原先冷轧产线上各个工段上至少两名工人值守,交叉感染的风险剧增,难以满足疫情防控的要求,改造后12台机器人完成所有工作,人员实现"不碰面生产",既保证了疫情期间的病毒防控,也实现了高效的生产运转。此外,基于人工智能的视觉检测提升了70%的检测效率;基于数字孪生的智能生产,一年削减了1500万美元材料成本。

同时宝钢股份围绕数字化研发设计、数字化转型服务等,还形成了华峰创享、鸿之微科技等一批新材料领域的互联网科技服务商,与国内多家新材料行业企业沟通对接,疫情期间平台中为复工的设备实现远程运维与操作,将工厂实时需求变化直观地传递给上游企业,产业链上下游的材料库存共享,稳产率达90%以上,产业生态赋能明显。

相关思考:新材料行业技术高度密集,研究与开发投入高,产业链相对较短,新一代信息技术给先进材料行业带来的影响仍处于初步阶段,价值重构模式主要是环节增值和价值网络重生。在新一代信息技术与制造发展的背景下,一方面新基建加速了新材料产业成长"5G"基建、特高压、大数据中心等七大领域的新型基础设施建设由下游需求端拉动化工材料的转型升级,给上海特定新材料产业的发展带来了新机遇,实现质量稳定性提升和生产成本降低,全面提升产业能级和核心竞争力。另一方面,推动企业智能化改造,优化品种结构,如随着新材料产业规模增大,新兴企业数量增长,传统试错模式在新材料行业的痛点暴露得也愈发明显。每一种新材料的研发都需要大量琐碎的基础实验数据作为底层支撑,但因为各新材料企业可能互为竞争关系、实验室数据未进行留存公布、工业试验数据跨行业不流通等问题,低效试错的现象很难避免,强化新一代信息技术对先进材料行业赋能。

2.8 时尚消费行业及企业案例：上海家化的全产业链数字化

2.8.1 行业特征与升级模式

时尚消费行业是传统行业之一，主要包括时尚服饰、彩妆、食品等制造领域。近年来，传统的时尚消费产业面临着互联网经济带来的冲击，传统模式已经不能适应新的形势。从采购、制造到仓储、销售，整个产业链条都在智能化、数字化的背景下发生了巨大的变化。时尚服饰行业共同面临着一些共性问题：研发体系不完善、开发成功率低、潮流趋势变化快、进度信息滞后，而这些问题可以通过数字化改革解决。

时尚消费领域近年来受疫情影响较大，产业结构也发生了变化，行业内竞争日趋激烈，许多企业进行数字化升级以寻求内外部增量。从时尚服饰行业看，时尚服饰行业已经进入了调整期，疫情加速了行业的洗牌，在此背景下一些服装企业在积极探索数字化转型。从制造方面看，因为疫情原因需求减少、竞争也更加激烈，许多厂商都更加注重成本的降低，对规模化和供应链更加重视。从规模化来看，智能制造是比较好的选择，但大部分产品属于非标准化产品，对柔性化的需求就更高，这会导致投资过高。工厂在提升其智能化、自动化、柔性化水平时就要扩大需求，提升智能生产效率，形成规模效应，减少生产成本。从下游的销售环节来看，传统的分销体系已经不能适应新的市场趋势，而传统时尚消费企业对新消费了解不深，导致经营效率不高、现金流量，需要加速拥抱数字化，发展数字化营销，拓宽分销渠道，并且运用数字化技术提高服务质量，增加客户的服务满意度。早在2013年美特斯邦威就开始布局新零售，美邦对线上和线下进行有机结合，运用数字化工具形成了大数据资源池、会员系统统一化、供应链数字化、线上电商布局等，在新冠肺炎疫情来临之际能快速调整，着重线上销售，通过数字化手段营销并提供服务。通过以上的分析可以发现，智能制造可以使微笑曲线向上移动，而数字化营销与服务使

"微笑曲线"两端上扬。通过数字化手段对时尚服饰行业转型升级,从上游的原材料及印染到中游的服装设计、生产再到下游的服装销售,整个价值链都进行了重新分配,为企业创造了新的价值(如图 2-26 所示)。

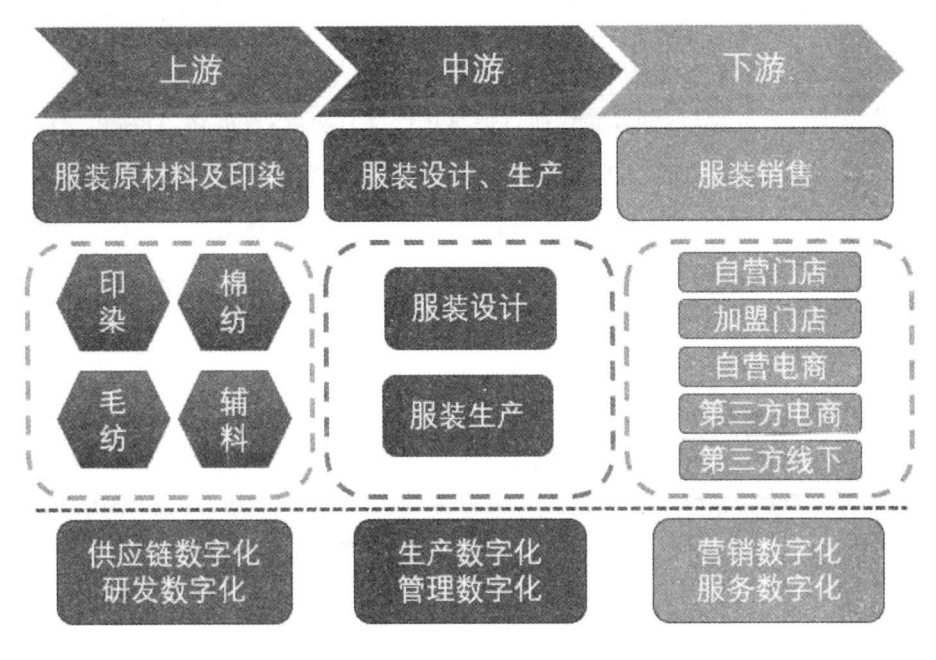

图 2-26 时尚服饰行业产业链及数字化转型方向

2.8.2 上海发展现状

上海作为面向世界的国际化都市,有着强大市场消费能力,也有时尚消费品的供给。上海市作为中国品牌的发源地,在 20 世纪 30 年代上海的品牌数量占国内的 80% 以上。上海拥有独特的海派文化,也一直是中国时尚的代表城市,在时尚服饰领域诞生了美特斯邦威、三枪、劲霸男装等知名品牌。而国际品牌在进入国内市场时也都会首先考虑上海,据统计近 3 年内国际品牌在上海的首店比例领先全国。上海拥有南京路、新天地、淮海路等顶级商圈,这些也都成为时尚消费品牌入驻上海的首选。根据上海市的规划,到 2025 年时尚消费品工业总产值将达到 3 600 亿元。

上海市全力打造时尚消费产业链的流程闭环,主要有设计、制造与消费三个环节。在这三个环节,上海市的时尚消费业都面临不同的数字化转型压力。在设计方面,无论是服装、彩妆还是食品行业都应该注意到大规模定制化的趋势,定制产品往往更受消费者的青睐,这就给各个细分行业的设计环节带来了挑战,让企业思考如何对现有流程进行数字化改造。在制造环节,上海还有一部分企业仍沿用劳动密集型生产模式,对这部分企业而言信息化还没有实现,智能化、自动化、数字化还有很长的路要走。在消费方面,上海市拥有庞大的消费力和成熟的商业体系,但也应该看到传统的时尚消费业存在营销渠道单一、服务水平不高的问题。总的来说,上海市的市场消费产业在国内处于引领地位,但各环节仍有问题亟待解决,在各个领域也涌现出一批数字化转型的典范。

2.8.3 企业案例与思考

上海家化是一家有百年历史的大型美妆日化企业,拥有玉泽、美加净、六神等知名品牌,是国内时尚消费行业的代表企业之一。2022年公司提出了"123"战略规划,提出了拥抱数字化,拓宽营销渠道,对公司的流程进行优化,以数字化为助推器对公司全流程升级(如图2-27所示)。

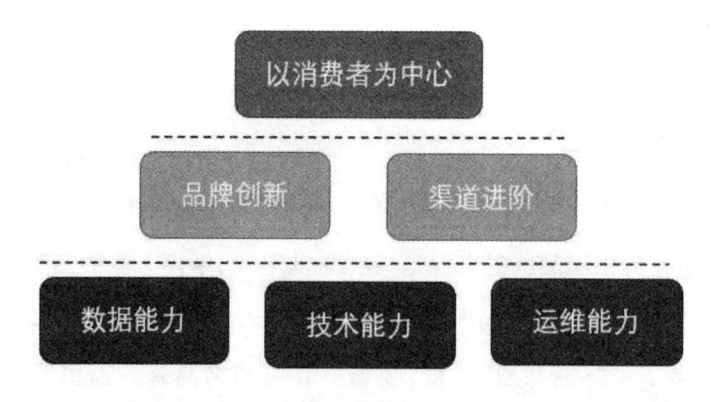

图2-27 上海家化集团"123"战略规划

在研发方面,上海家化结合人工智能、大数据等信息技术赋能研发工作。在护肤市场,一款产品通吃的现象早就改变,消费者追求个性化、定制化的产品。旷视科技是一家国内 AI 公司,为消费、交通等行业提供解决方案。上海家化下一步将与旷视科技进行合作,通过人脸的 AI 识别,与后台大数据库结合分析,搭建专属国人的人脸皮肤标准体系,根据标准体系为国人提供定制化产品。同时,上海家化还将运用超级计算机,对产品配方进行优化。超强的计算能力将赋能产品开发,通过大量模拟分子结构的运动,辅助产品的研发设计。

在制造方面,上海家化早在 2017 年就与阿里开展了合作,加入了 TMIC 生态圈,实施数字化转型。2022 年,上海家化与天猫进一步深度合作,打造新一代 C2B 智能工厂。TMIC 帮助上海家化打造柔性化产业链,帮助企业适应用户更多样化的需求、适应消费者年龄结构的变化。阿里帮助上海家化建立了智能化产线,从生产管理、质量管理、维护管理到厂内物流系统的一整套生产体系,实现了生产过程的可视化、透明化、智能化、自动化(如图 2-28 所示)。

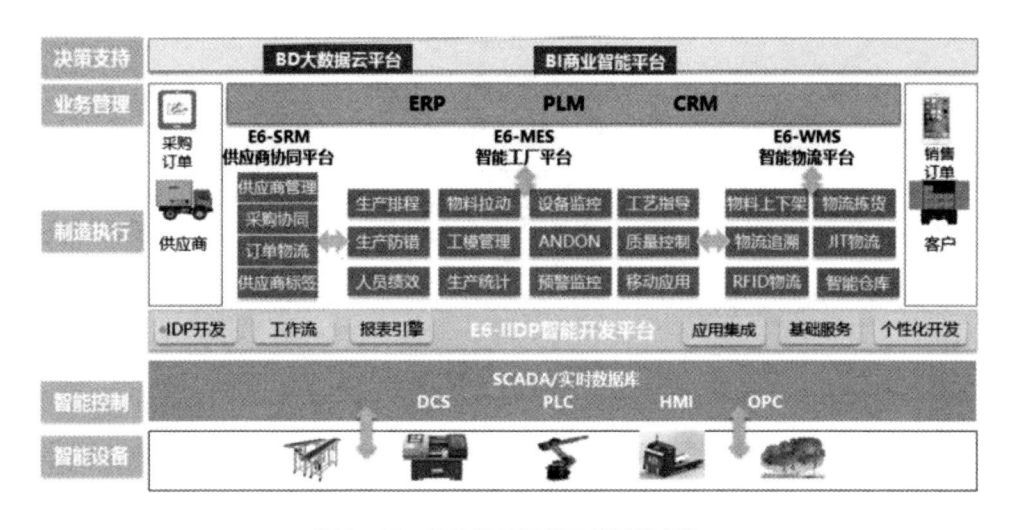

图 2-28 美妆行业智能工厂系统架构

在公司的业务方面,上海家化打造了高效智能的数字化系统和流程。底层架构方面,上海家化完成了从机房到公有云+IDC 架构的部署,确保了 99.95% 的业务在线办理。公司的 50 多套系统中,面向客户的系统数不断增加,根据实际情况加速升级更新,保持每周更新的频率。同时,也建立了公司的数据安全体系,保护公司系统安全、研发数据安全、运营数据安全、客户资料安全,为公司的信息化保驾护航。业务数字化方面,上海家化在2021年对采购模块进行数字化改造,保障了采购业务的全流程数字化。此外,仓库的库存周转期降低了44天,大大减轻了库存的压力;在销售门店安装巡店APP,加强总部对40万门店的考核与管理;在研发审批方面,重新梳理业务线,缩减83%的审批流程;对公司的整体流程进行优化,通过合并调整审批节点,使整体业务效率提升近50%。数据可视化方面,与传统的管理模式不同,上海家化的数据可视化权限给予到不同层级的人员,职级不同权限也不同,通过数据可视化赋能企业的各个业务部门,例如销售部门、财务部门、采购部门。在连接方面,上海家化通过企业微信把人与人连接起来,使客户、员工、供应商可以便捷地沟通,同时也可以让员工随时随地运用智能终端实现业务的处理,提升人机协同效率,为员工提供更便利的工作条件(如图2-29所示)。

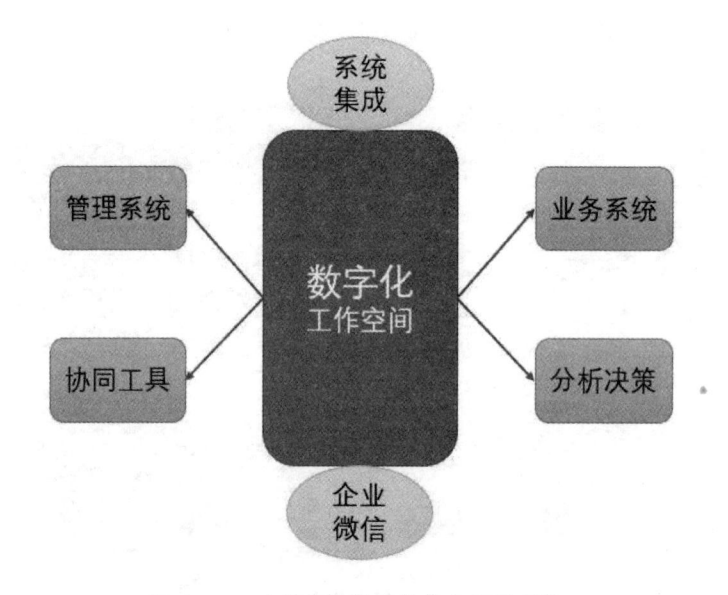

图2-29　上海家化数字化业务管理系统

在渠道方面,上海家化运用大数据、物联网等新一代信息技术预测消费趋势、科学扩展渠道,实现智慧零售;通过数据赋能,将渠道和用户等多维度信息进行分析,实现精细化运营;建立渠道可视化系统,通过对渠道数据的可视化,提高公司运营效率,并能根据可视化系统实现渠道的优化。上海家化的分销渠道主要可以概括为"3+3"策略,对客户和商家都进行了布局。对客户,发展如京东到家、饿了么、美团等平台,并结合大众点评等到店平台和云商店构建 B2C 体系;对商家,基于大型商超、社区团购与零售平台构建 B2B 体系。此外,上海家化也注重线上线下的协同,全面考虑各渠道的用户,对数据进行沉淀、挖掘、综合分析,赋能线上线下的数字营销、内容运营(如图 2-30 所示)。

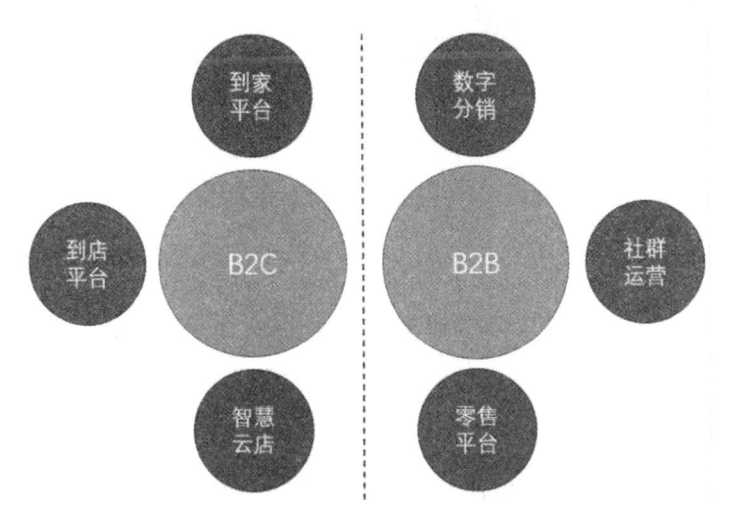

图 2-30　上海家化"3+3"新零售体系建设

在营销方面,上海家化依托大数据分析和天猫 TMIC 平台分析商业数据,建设数据驱动的研发和营销体系。根据消费者的消费习惯、消费趋势等因素反馈到研发部门,推出受消费者欢迎的产品。上海家化通过多维度进行品牌推广,结合各大电商与 KOL 等数字化平台实现数字营销,为顾客提供更优质的服务。2021 年年底,上海家化与天猫合作,打造了一套受年轻人追捧的 IP,通过这次合作为公司增加了 6 000 万的流量,其中年轻人占大多数,拉新率达到了 77%。上海家化抓住新国潮趋势,旗下品牌玉泽与抖音合作定制了航天礼盒套装,收获了大批新客户,玉泽的抖音受众人群增长了 6 倍以上。上海家化通过新营销,改变了原有的价值模式,为公司找到了新的利润增长点(如图 2-31 所示)。

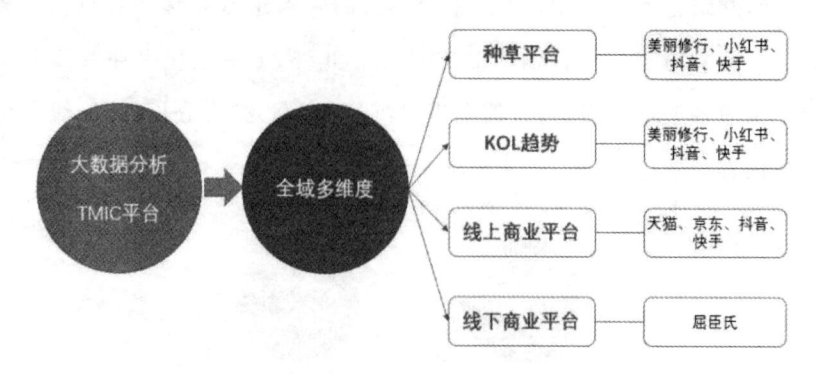

图 2-31　上海家化企业多维度营销战略

2021年,整个化妆品行业都面临巨大的压力,一方面宏观压力不可控制,另一方面消费市场快速变化。在这种背景下,上海家化实现营收76.5亿元,同比增长8.73%,达到历史最高水平;净利润6.49亿元,同比增长50%。上海家化能取得优秀的成绩离不开企业的数字化转型。首先上海家化的数字化变革重塑了价值创造模式,上海家化的业务链条从研发、生产、渠道到销售实现了全覆盖,研发由传统模式转变为AI和大数据赋能,改变了原有的价值创造模式;在制造方面,上海家化引进智能工厂,实现生产自动化、智能化;在销售方面,传统线下销售已经不能适应新的变化,线上加线下的新零售格局成为新趋势,实现了新的价值创造。然后数字化改革催生了新的商业模式,在渠道方面,上海家化对原有渠道进行升级,实现"3+3"战略布局,运用京东到家、大众点评、阿里巴巴等平台多渠道分销。最后,数字化也推动了价值链的重构,上海家化对各业务板块进行数字化改革,以往低附加值的生产制造通过技术赋能改变其原有价值,对研发与销售环节运用数字化工具实现了新的价值创造。

在时尚服饰行业,上海赛趋科软件公司根据服装企业的现状开发了PLM软件,对90%以上的客户会关注商品的上市周期、原材料的精确管理等问题有效地进行解决。据统计,赛趋科PLM使上市周期缩短15%到50%,增加产品5%到10%的销售收入,较少销售成本5%到15%,提高10%到50%的管理和开发效率。赛趋科软件通过数字化帮助用户创造了更多的价值,尤其是研发和销售成本降低,使服装企业的微笑曲线上扬,打破了传统的价值链,使价值进行了重新分配。

相关思考:时尚消费产业数字化模式有纵向聚变(个性化、定制化)、环节增值(智能工厂)、价值新生(新零售体系)。上海家化在研发方面使用 AI、大数据等技术赋能,缩短研发周期;在生产方面,上海家化打造智能工厂提高公司的智能制造水平;在渠道和营销方面建立新零售体系,为公司带来新的利润增长点。以上海家化和上海赛趋科软件为代表的时尚消费产业进行数字化转型,但面临新消费趋势和新一轮疫情冲击的背景下,消费行业数字化转型面临着挑战。一是面临不确定的外部环境。时尚消费产业面临着产业链条宽泛化,技术进步加速化,产业整合纵深化的特点,上海市作为国内时尚消费产业的优等生没有样本和模式可以参考,只能不断创新中国特色的新消费模式。二是本土消费品牌数量与质量都有待提升。上海市的"首店经济"领跑全国,国际品牌聚集度在全国第二,但上海本土品牌发展却不尽人意。在上海时尚消费领域,还没有一家消费类品牌的营业收入过千亿。光明乳业、锦江之星、晨光等品牌影响力较大,但也始终在百亿、两百亿元左右,离世界级消费品牌还有很大的差距。三是企业供应链面临挑战。用户是新零售的核心,传统的人、货、场发生重构,跟随着企业的供应链也需要跟着变化。传统供应链主要关注企业内部的协同,而数字化背景下的供应链要求能快速响应市场需求,这时不仅需要关注企业内部,同时也涉及上游供应商和下游顾客。四是数字化服务商难以快速全面响应企业需求。企业对数字化的需求多、变化快、个性化强,服务商很难快速响应,不能提供完全满足这些需求的解决方案。有的大型企业自建团队自己开发,虽然能最大限度服务自身的个性化需求,但需要大量投资支撑,吞噬了有限的利润空间。大部分企业是通过打补丁的方式,即在原有的系统上进行补充对接开发,能基本满足当下的一些需求,问题是系统越来越复杂,梳理难度越来越大。

2.9 新一代信息驱动下上海制造业价值重构与转型升级关联分析

制造业一直是上海经济发展的基础所在,尽管工业总产值仅占全国比重的2.51%,但是由于其引领功能和辐射带动作用,在我国制造业的区域价值链中占据重要地位。在各国围绕新一代信息技术的竞争日趋激烈的背景下,制造技术、商业模式、产业业态等加速涌现,全球、国内制造业的全要素、全产业链、全价值链深度调整,形成以国内需求为战略支点的"双循环"发展新格局,对上海制造业发展产生双重影响。

一方面,上海制造业面临发达国家传统技术优势和新兴经济体低成本优势的"两端挤压"。尽管中国等新兴制造体不断崛起,发达国家的比重有一定程度的下降,但其仍然牢牢把握着技术创新和品牌创造的顶端和产业核心竞争力,在高端制造业的优势仍远远强于后发制造业大国。在国内价值链方面,上海由于劳动力、土地等成本的持续提高,要素禀赋优势逐渐削弱,制造业持续外流,中西部经济体快速崛起,与上海在诸多产业领域展开同质化竞争。另一方面,新一代信息技术引起的全球价值链调整成为制造业转型升级的强大动能。上海拥有制造业门类最齐全、体系最完备的优势,同时长三角客户群体和海量的用户数据,与新一代信息技术的渗透融合更容易催生了新产品、新模式和新业态,最终形成新兴产业。传统情况下,上海需要较长的实践才能追赶上发达国家长期积累的技术、人才和营销优势,而在新技术催生的新兴产业领域,上海与发达国家都处在大致相同的起跑线上,提供了"换道超车"的机遇。

工业互联网平台是新一代信息技术与制造业深度融合的突破口和载体,打造一种开放共享的价值网络,成为新情景下制造业价值链重构和治理的核心环节。工业互联网平台呈现IaaS(基础设施即服务)寡头垄断,PaaS以专业性为基础拓展通用性,SaaS(软件即服务)专注专业纵深的发展态势。国家工业信息安全发展研究中心信息化研究与促进中心调研了GE、西门子、航天云网、海尔、华为、阿里、腾讯等20多家国内外主流工业互联网平台后认为,工业PaaS(平台即服务)正逐渐成为平台发展的聚焦点和关键突破口。工业互联网广泛用于通用设备、石化、家电、能源等多个行业,有力地推动了工业企业数字化、网络化和智能化转型。工业互联网的行业应用情况如图2-32所示。

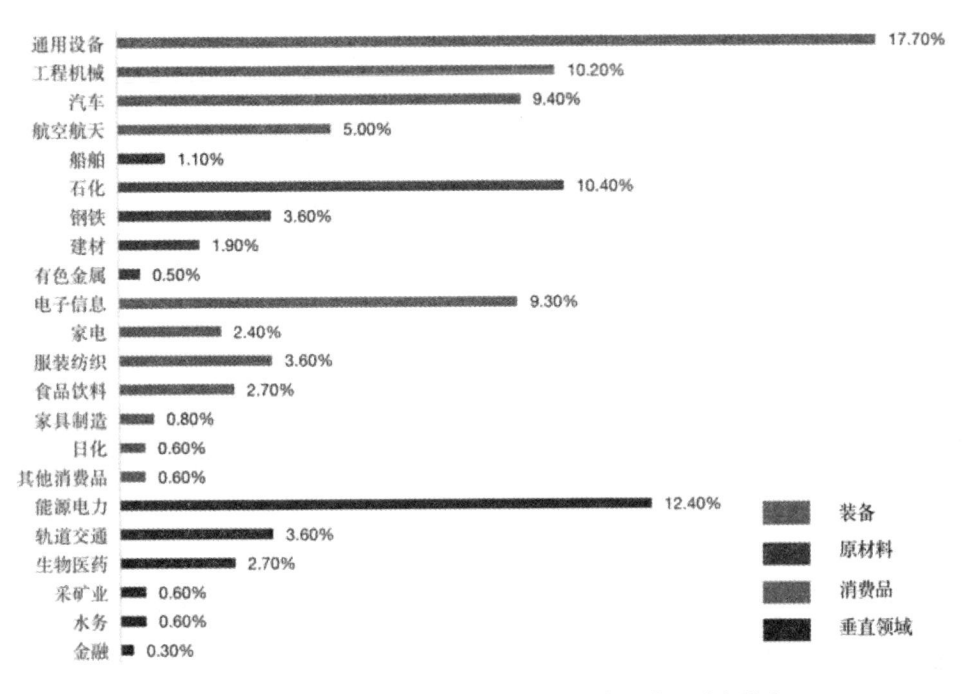

行业	占比
通用设备	17.70%
工程机械	10.20%
汽车	9.40%
航空航天	5.00%
船舶	1.10%
石化	10.40%
钢铁	3.60%
建材	1.90%
有色金属	0.50%
电子信息	9.30%
家电	2.40%
服装纺织	3.60%
食品饮料	2.70%
家具制造	0.80%
日化	0.60%
其他消费品	0.60%
能源电力	12.40%
轨道交通	3.60%
生物医药	2.70%
采矿业	0.60%
水务	0.60%
金融	0.30%

分类:装备、原材料、消费品、垂直领域

图2-32 人工智能与制造业不同行业融合现状和融合潜力

在新一代信息技术的驱动下,制造业的细分行业转型升级呈现三个梯队:以通信设备、计算机、电子元器件、家电和汽车制造为代表的新一代信息技术"领导者",以钢铁、机械制造为代表的"探索者"和以纺织、食品、轻工为代表的"观望者"。在新一代信息技术"领导者"中,通信设备、计算机制造等行业适逢中国制造快速发展的机遇期,两化融合基础好,快速实现融合发展。"领导者"中的汽车制造业工艺流程复杂、环节繁多,车企的技术、资金实力雄厚,如汽车打造智能工厂,利用"传感器+物联网"实现汽车生产全过程的实时监控、自动协同,信息化技术价值凸显。新一代信息技术"探索者"中的机械、石化化工等行业大多属于流程工业,生产过程要求严苛,工业自动化基础较好,但行业更新换代较慢,融合进程落后于"领导者"。

新一代信息技术"观望者"中的食品、轻工等行业,多数为劳动密集型产业,信息化基础薄弱,新一代信息技术融合能力和动力皆不足,发展相对落后。"三梯队"中不同行业呈现"领导者"全面引领、均衡发展,"跟随者"重点突破、快步前进,"观望者"开始觉醒、启动摸索的融合加速转型态势(如图2-33所示)。

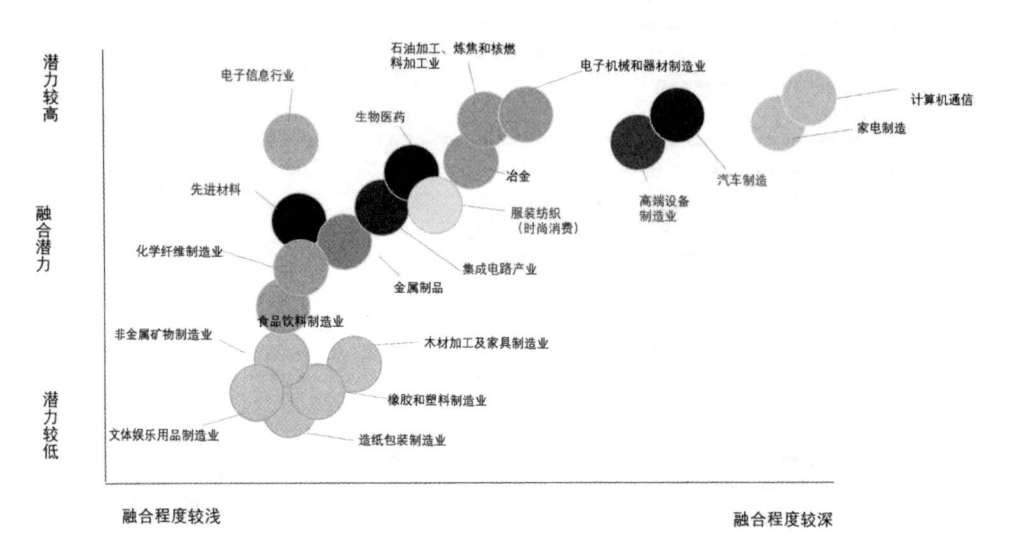

图2-33 人工智能与制造业不同行业融合现状和融合潜力

上海制造业行业众多,每种行业特征差异巨大、同时行业内企业发展阶段也不同,通过案例分析转型升级其实具有一定的基本规律。根据价值链理论可将制造业分为研发、生产与销售三个主要阶段,尽管不同行业有不同的转型升级历程,但在新一代信息技术驱动下呈现出环节增值、纵向聚变、横向聚变和价值新生4种重构模式和有效途径。其中环节增值切入包括多企业间协同制造和个性化定制,纵向聚变、横向聚变和价值新生(如表2-1所示)。

表 2-1　新一代信息技术驱动下上海制造产业价值链重构特征

行业	上海现状	行业痛点	主要趋势	价值链重构方式
集成电路	规模全国领先、产业链完整,仍处于技术积累阶段,产业的贡献度较低	技术壁垒高、西方对高端装备全面封堵	设计制造数字化、设备国产化、探索关键核心技术攻关新型举国体制	环节增值为主(设计制造数字化),以价值新生为辅(价值生态)
生物医药	中国现代生物医药行业的发源地、产业基础环境较好、技术成果转化率较低	关键核心技术和产品攻关、基础研究相关性强、产品与用户关系间接、流通体系复杂	辅助研发、数字化管理	环节增值为主(辅助研发、数字化管理)
电子信息	产业平台建设有成效、公共服务平台多元,但生态尚未完全形成	产业链附加值低、固定成本高、可变成本低,研发投资高、生产制造成本相对低	分工进一步细化、跨国公司主导地位突出,产品界限和产业界限日趋模糊、产品之争向平台之争的转变	环节增值(技术密集)、价值新生(搭建密切协作的产业网络、智能制造)
生命健康	起步晚且技术落后,在高端市场所占份额较小	核心技术和核心元器件自主创新、智能医疗生态系统	促进生命健康和信息技术融合发展,提升产品智能化水平,发展智慧引领、普惠民生的健康服务新业态、新模式	环节增值(核心技术和核心元器件自主创新)、价值新生(智能医疗生态系统)
汽车制造	供应链高度分散、生产工艺复杂、研发周期长、同质竞争	供应链高度分散、生产工艺复杂、研发周期长、同质竞争	产品智能化、服务盈利、网络化协同、定制生产、	环节增值、纵向聚变(个性化、定制化)、价值新生(产品智能、智能制造)

续　表

行业	上海现状	行业痛点	主要趋势	价值链重构方式
高端装备	重点领域国内领先优势,但对标国际,还存在较大差距,不少关键战略环节受到制约	工业"四基"薄弱,核心零部件缺乏、软件能力不足	全面推进装备数字化转型,实施"双数"工程	环节增值(提升产品精度、可靠性和生产效率)、价值新生(产品智能、智能制造)
先进材料	先导性明显增强、平台引领带动,隐形冠军企业不断涌现	高端材料问题突出,部分领域产能高、效率低,同质化竞争激烈、高端供给不足	数字化关联、材料工业核心软件、数字赋能研发的平台建设和业态创新、行业专业服务商	环节增值(智能工厂)、横向延伸(科技服务商)
时尚消费品	市场消费产业在国内处于引领地位	大规模定制化的趋势、部分企业仍沿用劳动密集型生产模式营销渠道单一、服务水平不高	拥抱数字化,拓宽营销渠道,对公司的流程进行优化	纵向聚变(个性化、定制化)、环节增值(智能工厂)、价值新生(新零售体系)

在所有8个产业部门中,产业具有环节增值功能,这说明新一代信息技术能显著提升制造业的研发设计、制造和销售等环节的价值增值能力;汽车制造与时尚消费品等属于与消费者直接关联的产业,客户个性化、定制化是企业转型升级的主要抓手,首先应用互联网技术实现用户定制化设计模式。然后以这些行业中的龙头企业为核心,发展网络化协同的制造模式,实现定制化的柔性、低成本制造;对于集成电路、高端装备制造、生命健康等技术密集、我国产业起步晚的产业,可利用新一代信息技术的联结功能接近终端的特点抢占接口、标准等话语权,鼓励互联网企业与硬件、芯片企业合作,形成新的价值创新生态;对先进材料制造业等上海中小企业众多的厂商来说,先进企业可以发展横向延伸,从制造商向科技服务商转型。

第三章 新一代信息技术环境下上海制造业重构的现状和影响机制分析

本部分从国内价值链的角度测度新一代信息技术背景下我国4大区域板块的11个重要制造业省份重构现状进行评估,通过对比归纳形成上海制造业价值链特征、问题和对策。

2010年我国制造业增加值首次超过美国,成为全球制造业第一大国,2019年占比达到全球30%,连续十年稳居世界第一。我国全国工业产能主要集中在东部沿海、中部和西南省份,其中长三角、广东福建、中部五省合计超全国制造业增加值的60%。从图3-1可以看到,广东和江苏为第一梯队,2021年两省在全国工业增加值中的占比分别高达12.2%和12.1%,上海约占2.51%。

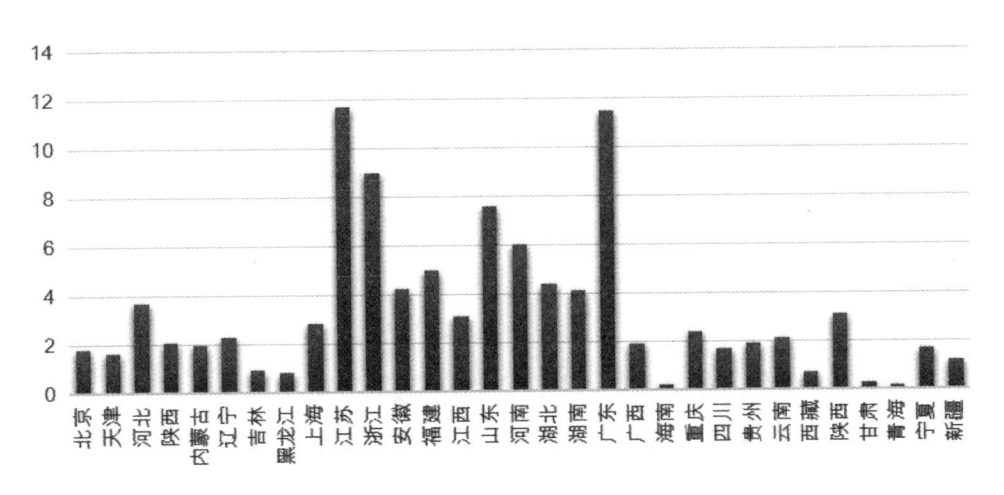

图3-1 2021年全国各省份工业增加值全国占比(单位:家)

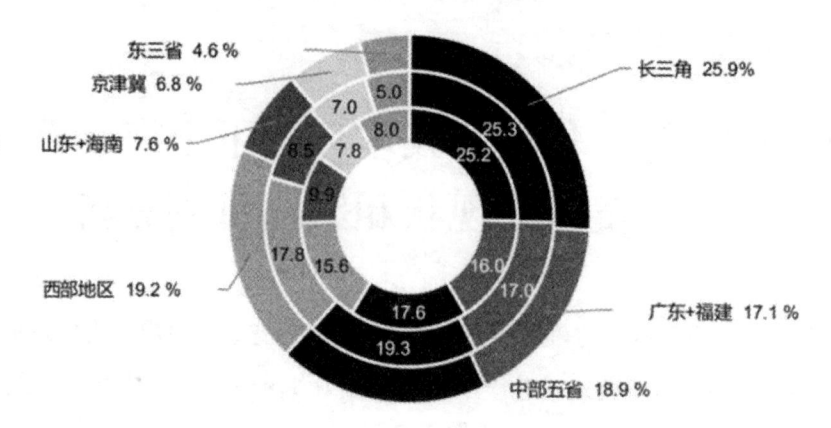

图 3-2 2021 年全国各区域制造业工业增加值全国占比

上海处于工业化发展的后期,制造业整体向外转移,工业增加值占全市生产总值的比重由 2016 年的 29.1% 下降至 2021 年的 26.5%,但结构升级,先进制造和装备制造业占比超过三分之二,国家核心的芯片生产企业将关键产能布局在上海,加之特斯拉超级工厂落户上海,上海在交通运输设备、电子产业链方面的重要性实际上进一步提升。

3.1 新一代信息技术环境下上海制造业创新发展的特征分析

3.1.1 新一代信息技术驱动的制造业创新应用历程及特征

不同于发达国家先工业化,再信息化的模式,我国制造业的工业化与信息化具有同步性。我国的两化融合发展到今天,可以概括为以下 4 个发展阶段。

(1) 两化融合孕育萌芽阶段

2002 年,党的十六大首次提出"以信息化带动工业化,以工业化促进信息化"的发展战略。2007 年,党的十七大首次提出"大力推进信息化与工业化融合"的概念,这标志着两化融合成为我国提升制造业竞争力的重要手段。

(2) 两化融合快速发展阶段

2012年,党的十八大在此强调"坚持走中国特色新兴工业化、信息化、城镇化、农业现代化道路,推动信息化和工业化深度融合"。两化深度融合是两化融合的进一步提升,不是重新开辟一条新道路,而是在两化融合已有的实践基础上,在一些关键重要领域进行深化、提升。要促进产业转型升级、构建现代产业体系,两化深度融合是一个必不可少的重要举措。

(3) 两化融合深入发展阶段

2015年,国务院发布《中国制造2025》全面推进实施制造强国,工信部相继出台了一系列相关的政策配套措施,特别强调互联网、云计算、大数据、物联网等与制造业相结合,两化融合已经迎来了深入发展的新阶段。

(4) 新一代信息技术与制造业深度融合阶段

党的十九大提出"推动互联网、大数据、人工智能与实体经济深度融合",5G、大数据、云计算、人工智能、边缘计算、区块链、AR/VR等新一代数字技术开始全面渗透到制造业价值链的各个环节,成为制造业效能提升的持续推动力。其中,5G技术保证海量工业数据的实时回传,网络切片技术有效满足不同工业场景连接需求;大数据和云计算全面重塑制造业数据的生产、存储过程,深入挖掘和释放数据价值;人工智能技术与制造业融合的工业AI实现知识工程路径,OT经验显性化,实现生产和服务流程的智能化;边缘计算技术提高工业数据计算的实时性和可靠性;区块链技术辅助制造业不同主体间高效协同。

长江三角洲、珠江三角洲地区不仅是我国制造业信息化融合发展的先行区,也是新一代信息技术的两大产业聚集地。按企业数量排列,前十大企业聚集城市中,5个城市来自长江三角洲地区,共有企业数量1460家,全国占比超过四分之一;3个城市来自珠江三角洲地区,全国占比超过五分之一;两个地区的企业数量接近全国的一半(如表3-1所示)。

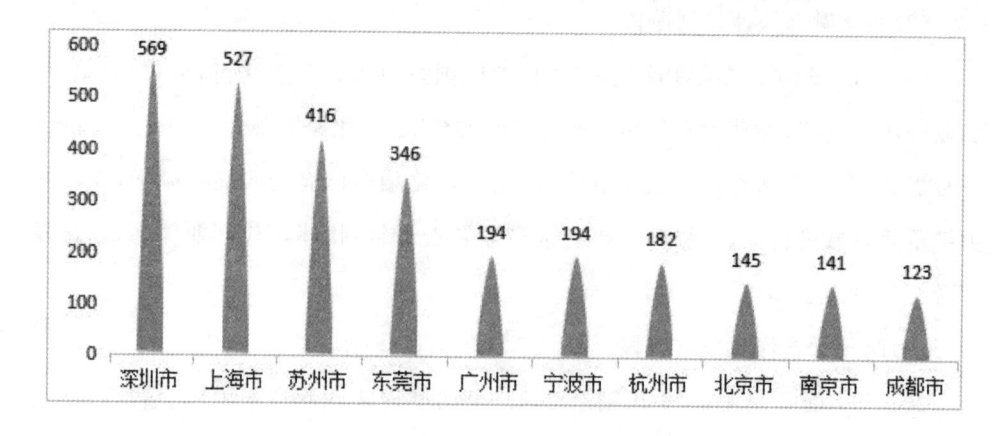

图 3-3　长三角新一代信息技术上市企业数量排行(单位:家)

表 3-1　长三角主要城市典型新一代信息技术的企业数量(单位:家)

	上海	杭州	南京	无锡	苏州	常州
工业互联网(50强)	6	6	4	3	0	0
人工智能(100强)	15	5	3	1	1	0
大数据(100强)	9	7	1	0	2	0
云计算(100强)	15	5	3	1	1	0
集成电路(100强)	11	3	0	2	1	0

3.1.2　新一代信息技术驱动下上海制造业转型升级的主要内容

新一代信息技术与制造业支撑融合发展的基础不断夯实,融合发展水平迈上了新台阶,从主要内容来看,包括信息化基础设施、制造业数字化、政策及平台和产业集群数字化 4 个主要方面。

①"信息化基础设施"是衡量一个城市整体制造业信息化转型基础设施的建设水平,包括"网络基础设施""算力基础设施""数据运营基础",以及"安全基础"四部分。其中"网络基础设施"是制造业数字化转型的"高速公路","算力基础设施"是发展的动力引擎,"数据运营基础"为制造业数字化提供机制保障,"安全基础"则是制造业数据产生、流转并产生价值的必要前提。本指标评估重点考察 5G 网络、千

兆宽带和工业互联网的建设情况,考察工业数据中心、工业云平台以及工业大数据平台的建设水平,分析数据运营长效机制,工业互联网安全以及工业企业数据的灾备保障措施的保障力度等。

工业互联网是国家"十四五"重点布局的新型基础设施,是实现各领域数字化转型的关键路径和方法论。2020年中国城市工业互联网发展总指数前三的城市分别为北京、上海、深圳,工业互联网发展总指数分别为90.6、78.8、73.3,杭州、广州、南京、武汉、济南、重庆、西安分别以工业互联网发展总指数得分66.2、66.1、62.3、62.3、61.2、61.1、61挤进全国前十。上海形成了宝信、上海电气"星云智汇"、中科云谷等15个工业互联网平台,带动12万中小企业上平台(如图3-4所示)。

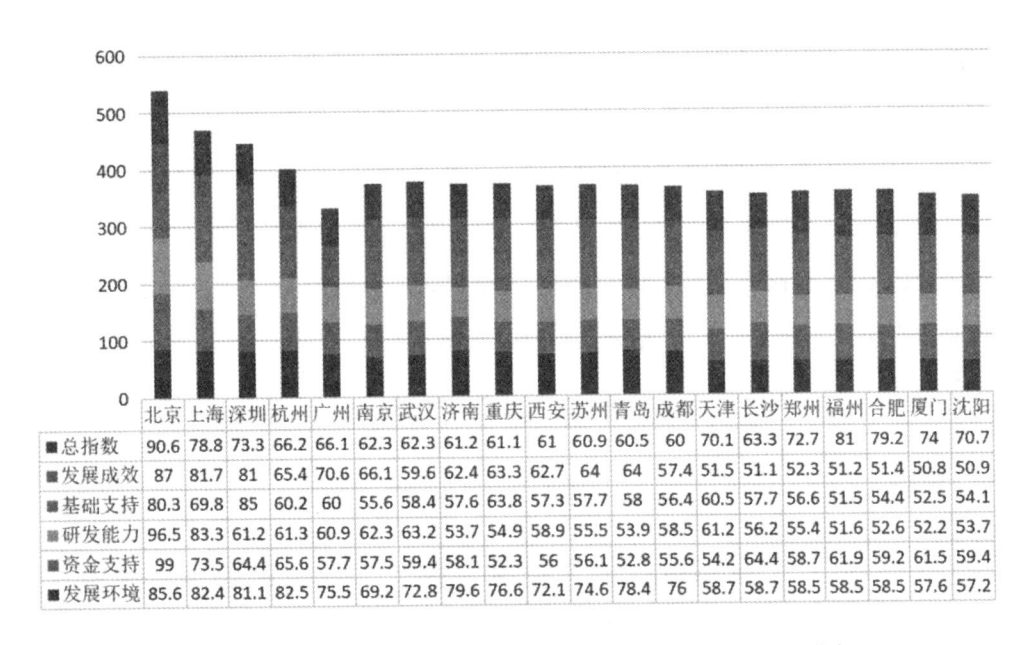

	北京	上海	深圳	杭州	广州	南京	武汉	济南	重庆	西安	苏州	青岛	成都	天津	长沙	郑州	福州	合肥	厦门	沈阳
总指数	90.6	78.8	73.3	66.2	66.1	62.3	62.3	61.2	61.1	61	60.9	60.5	60	70.1	63.3	72.7	81	79.2	74	70.7
发展成效	87	81.7	81	65.4	70.6	66.1	59.6	62.4	63.3	62.7	64	64	57.4	51.5	51.1	52.3	51.2	51.4	50.8	50.9
基础支持	80.3	69.8	85	60.2	60	55.6	58.4	57.6	63.8	57.3	57.7	58	56.4	60.5	57.7	56.6	51.5	54.4	52.5	54.1
研发能力	96.5	83.3	61.2	61.3	60.9	62.3	63.2	53.7	54.9	58.9	55.5	53.9	58.5	61.2	56.2	55.4	51.6	52.6	52.2	53.7
资金支持	99	73.5	64.4	65.6	57.7	57.5	59.4	58.1	52.3	56	56.1	52.8	55.6	54.2	64.4	58.7	61.9	59.2	61.5	59.4
发展环境	85.6	82.4	81.1	82.5	75.5	69.2	72.8	79.6	76.6	72.1	74.6	78.4	76	58.7	58.7	58.5	58.5	58.5	57.6	57.2

图3-4 2021年中国城市工业互联网发展指数前20强及关键指标

人工智能是新一代信息技术的典型代表和集中体现,2021年7月8日,世界人工智能大会在上海举行,全球人工智能排名前10的国家依次为:美国、中国、韩国、加拿大、德国、英国、新加坡、以色列、日本和法国。其中,中国的综合得分为50.6分,美国为66.31分。人工智能已广泛应用于各个行业,由于行业特征不同,发展成熟度差异较大,如图3-5所示,明显制造业成熟度较低,但市场体量最大。

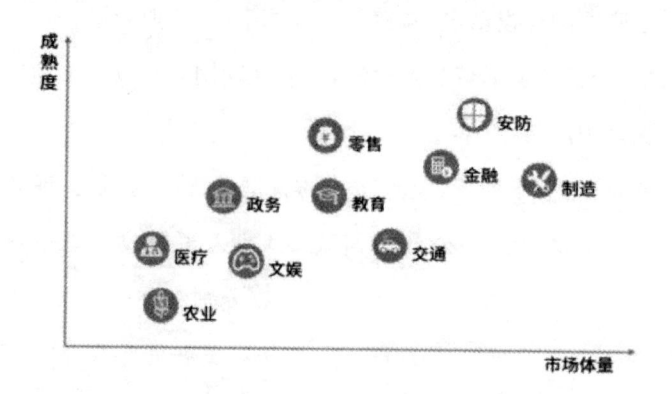

图 3-5　人工智能技术各细分应用领域发展成熟度

上海提出了"4+X"的人工智能产业布局规划，即以张江、滨江、马桥、临港四大人工智能产业聚集区为核心，打造领先的人工智能产业集群，同时加快建设市北高新、长阳创谷等多个特色园区和创新示范基地。

上海聚集 1149 家人工智能重点企业，2020 年，上海市人工智能骨干企业数量位居全国第三，仅次于北京市和广东省，占全国企业数量的 14.08%。上海市人工智能重点企业产值实现 2246 亿元，较 2019 年增长超过 50%。

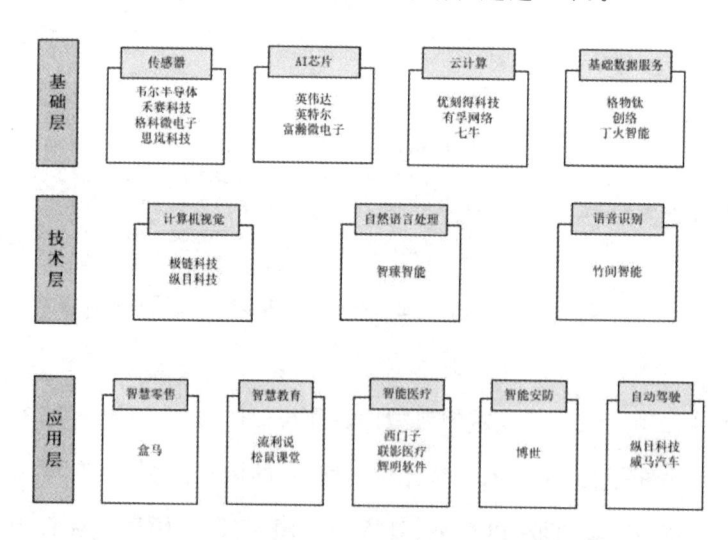

图 3-6　上海市人工智能产业链相关企业布局情况

创新能力位居全国前列。近年来,上海人工智能创新能力也进一步提升。从知识产权看,截至 2022 年 3 月 14 日,上海人工智能企业申请专利 3932 件,在全国各省域中位居第四。其中近 80% 为发明专利。

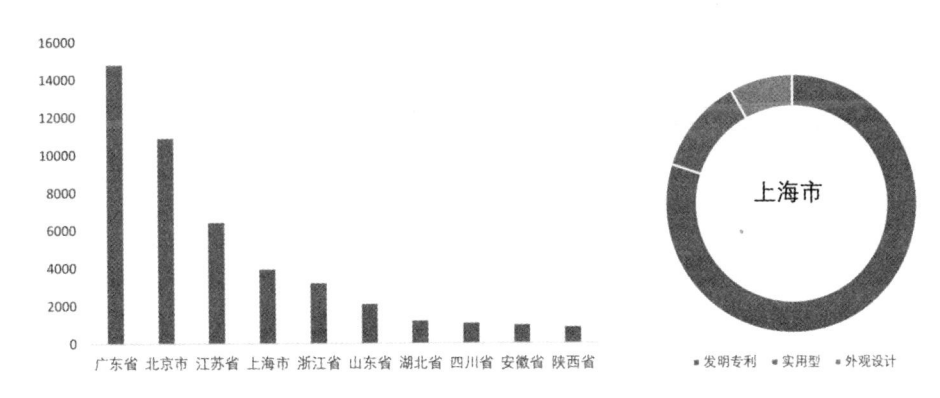

图 3-7 上海市人工智能产业专利申请情况(截止到 2022 年 3 月)

工业大数据技术作为大数据中的一个重要细分领域,工业数据具备更强的专业性及关联性,价值实现要求与难度均高于互联网大数据。

表 3-2 2020 年中国工业大数据价值链分布情况

	上市企业数量(家)	总营业收入(亿元)	行业利润率(%)
应用层	6	117.5	12.1%
平台层	9	139.3	12.5%
基础层	4	106	9.4%

工业大数据产业集聚特征也开始初显,其中珠三角、长三角地区和北京、山东等环渤海地区发展水平较高,不同区域工业大数据产业发展各具特色。从各省分布来看,2019 年广东工业大数据产业规模为 11.6 万元,占比为 7.9%,位居全国第一,北京、上海、浙江和江苏位居前四(如图 3-8 所示)。

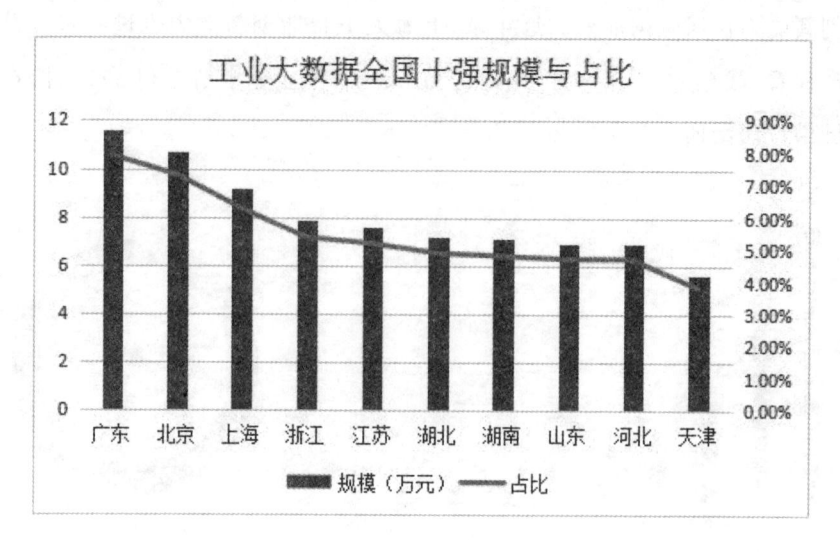

图 3-8 中国工业大数据全国十强规模与占比(%)

从全球范围来看,美国数据中心的数量最多,其占比达 44%。其次是中国、日本、英国、澳大利亚、德国,其占比分别为 8%、6%、6%、5%。截至 2019 年中国数据中心数量大约有 7.4 万,北京及周边、上海及周边和西部地区的数据中心机架数量排名前三,分别为 53.8 万台、52 万台、36.9 万台;北京、上海、广州及周边等东部数据中心机架数量合计 65.3%。

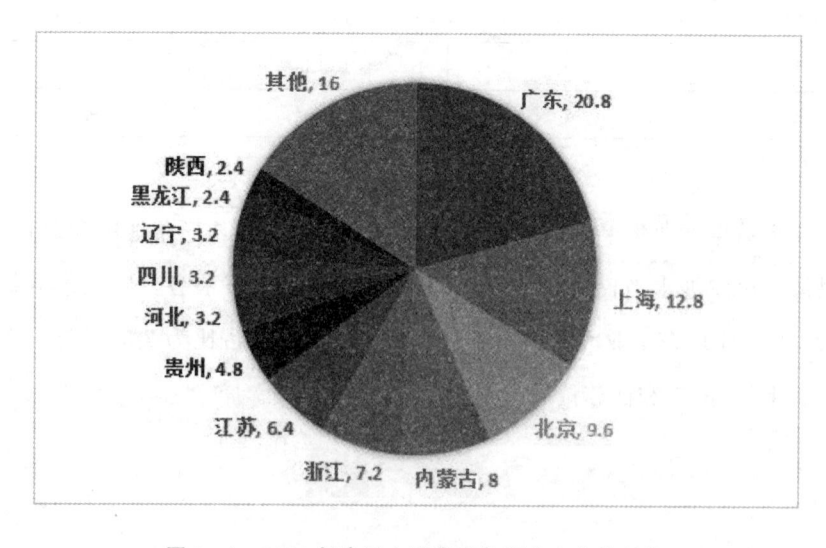

图 3-9 2020 年我国主要省域数据中心占比(%)

区块链通过与数字经济、人工智能、工业互联网以及物联网相结合,赋能新基建,在提升治理能力、构建可信新型基础设施等等方面呈现出巨大的价值和广阔场景,应用领域主要包括金融、供应链等(如图3-10所示)。

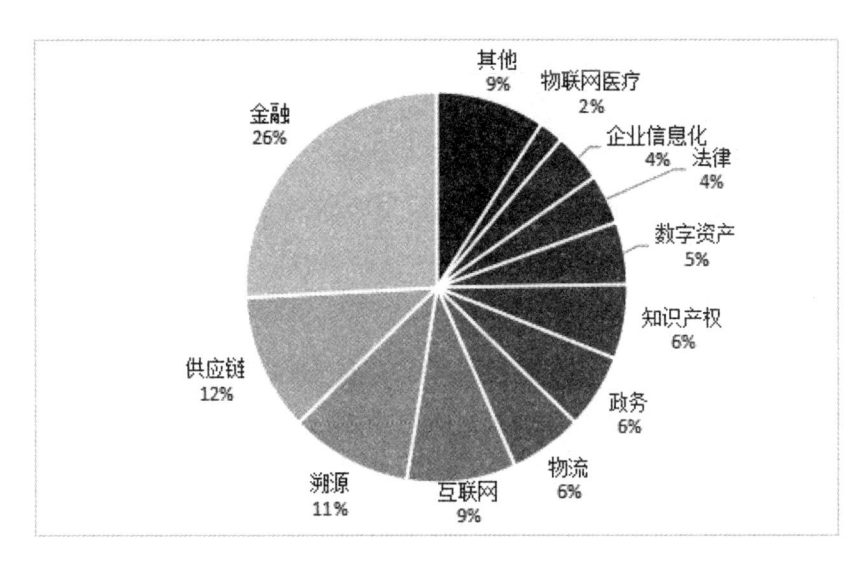

图 3-10　2021 年中国区块链产业应用领域分布

从企业数量而言,截至 2021 年 10 月底,全国共有区块链相关企业 91 976 家,其中非加密数字货币企业约有 1 374 家。头部城市的区块链上市企业活跃,北京、深圳、杭州、上海共有 120 家,占比 56.87%;11 家上市公司所属行业多样,其中,信息传输、软件和信息技术服务业(99 家)、制造业(57 家)、金融(19 家)的上市企业数量最多(如图 3-11 所示)。

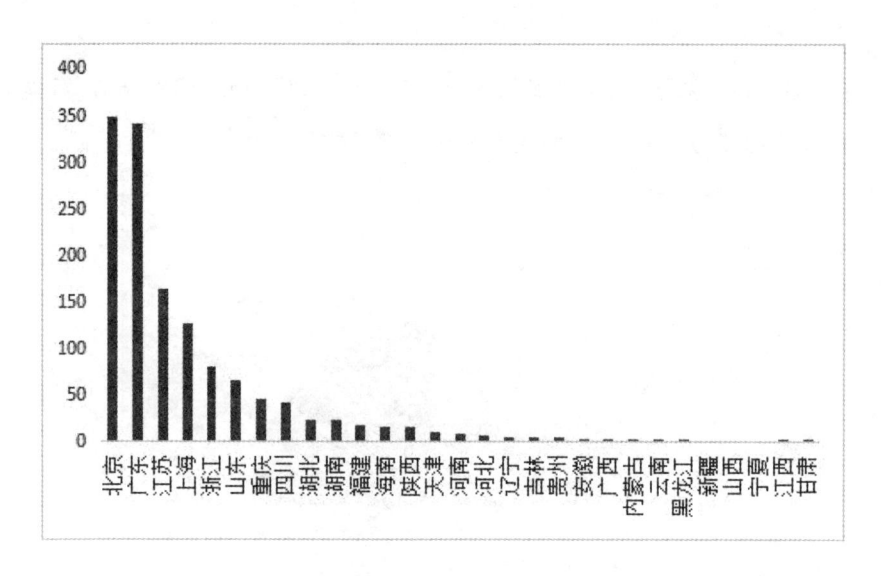

图 3-11　2021 年中国区块链开发企业地区分布情况(单位:家)

上海区块链产业园区在杨浦、虹口、嘉定等地先后成立,目前有超过 300 家的区块链研发的相关企业;我国 8 家区块链联盟中,北京 2 家,深圳 2 家,上海有 4 家;蚂蚁金服、平安集团、宝武集团、中远海运、万向区块链、众安保险、中信信息等一批企业纷纷选择上海布局区块链技术研发和产业化。

一线、新一线城市工业大数据中心落地情况良好,大部分城市均积极建设工业大数据公共服务平台,并且出台数据治理相关政策或发展规划。2021 年北京国际大数据交易所和上海数据交易所相继成立。2020 年上海公共数据开放平台已开放 64 个数据部门 2 086 项政府数据集,初步建成长三角工业互联网公共服务平台,推动数据立法和数据交易赋能制造业。三、四线城市相关规划以继承和执行上一级政府相关规划为主,数据管理能力以及运营机制有待进一步提升和完善。

机器人被誉为"制造业皇冠顶端的明珠",根据国际机器人联合会(IFR)统计,2021 年全球制造业中有 300 万台工业机器人投入生产,其中中国安装量为 16.8 万台,总安装量突破 100 万台大关,约占全球的 1/3。制造业中世界平均水平从 2015 年的 66 台每万人,增长到 2020 年的 126 台机器人每万人,中国机器人密度为 246 台每万人,位列全球第九,与美国 255 台每万人已较为接近(如图 3-12 所示)。

图 3-12 2020年全球各国机器人安装量和密度

目前至少有48个国家涉及工业机器人制造,包括美国、德国、日本、中国和韩国等,2020年我国的机器人产量占全球的三分之一,而上海的机器人产量占我国的三分之一,机器人产业逐渐成为上海引领科技创新、推动高质量发展的重要驱动。牛津经济研究院认为,全球大概两千万个制造业就业机会在10年内将会被机器人代替,每个机器人所提供的劳动力相当于1.6个工人的劳动力(如图3-13所示)。

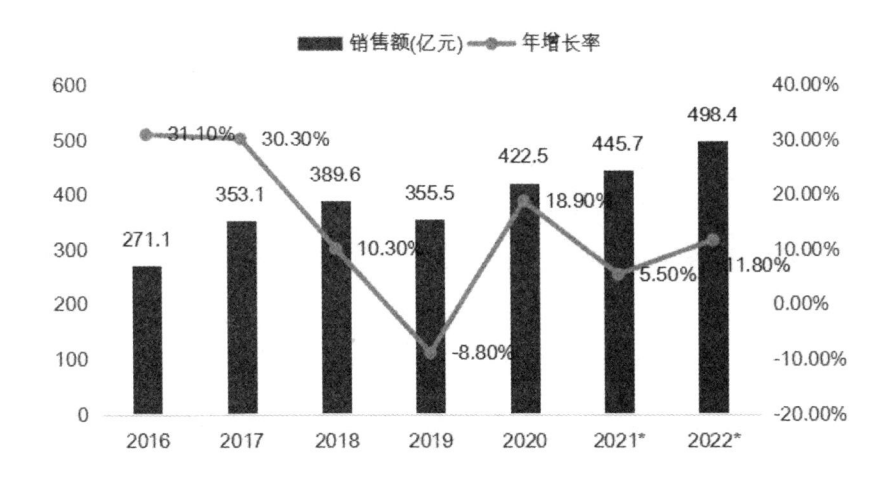

图 3-13 2016—2022年我国工业机器人销售额及增长率

我国的工业机器人市场发展迅速,但工业机器人在设计理论和应用开发方面仍显不足,绝大多数仅停留在仿制层面这些低端领域,而中高端领域则由外资品牌垄断。我国机器人企业主要是一些技术壁垒低、市场竞争激烈、低附加值的机器人系统集成商。他们的数量占到了机器人企业数量的90%以上。因此，虽然我国是全球第一大工业机器人消费市场，但是市场供应几乎主要由外资企业完成。目前工业机器人最具代表性的厂商便是来自国际机器人四大巨头——发那科、ABB、安川、库卡，四大巨头基本上占据了全球工业机器人约60%的市场份额。我国机器人产业划分为京津冀、长三角、珠三角、中部、西部和东北共6大机器人产业集聚区域。

目前长三角已形成以上海和昆山机器人产业基地为核心，覆盖无锡、苏州、常州、常熟、徐州、南京、张家港等中心城市的放射状机器人产业布局体系。上海的机器人形成了成熟的产业链，目前既有ABB、库卡等国际机器人产业龙头，也有新松、新世达等国内知名公司。

②"制造业数字化"，新一代信息技术对制造业企业的设计、生产、服务等流程进行全方位的改造，将物联网、云计算、人工技能等新技术与制造业企业的业务流程进行深度融合的数字化应用，是制造业数字化的核心价值体现。

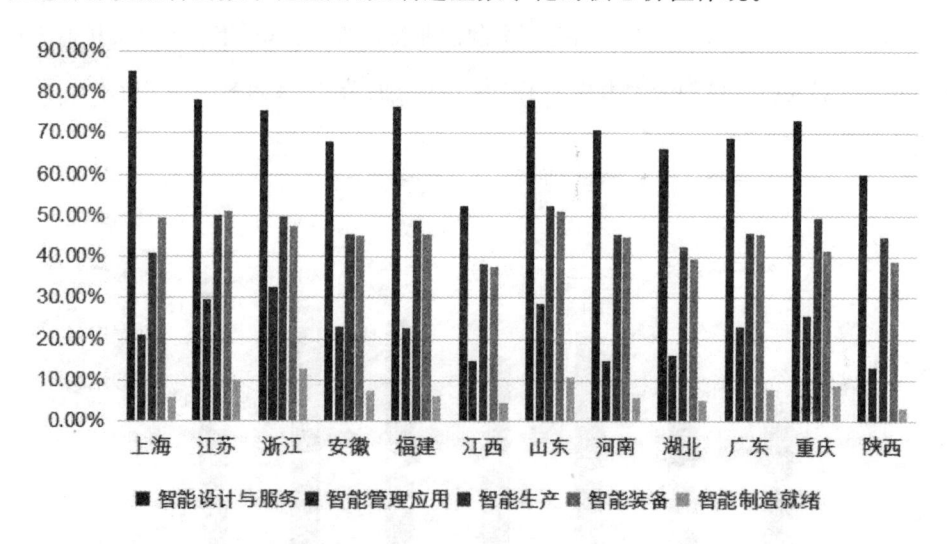

图3-14 2021年我国主要工业省域制造业数字化情况对比

由于制造业发展指标数据的统计口径、可获得性等原因，评价年度主要采用2020年数据，数据来源于《中国统计年鉴（2020）》《中国信息化年鉴（2019-2020）》《中国工业统计年鉴（2020）》《中国科技统计年鉴（2020）》《第47次中国互联网络发展状况统计报告》全国及部分地区国民经济和社会发展统计公报,以及工信部、科技部等相关部委公布的试点示范项目等公开信息。

从图3-15可见,我国区域间制造业数字化发展的阶梯性差异仍然存在,东南部沿海省域位居前列,随着向西北内陆省份推进数字化水平逐渐下降。在指标方面,所有省域中智能设计与服务的水平普遍较高,其中上海的比例在全国范围内位居第一,比例达85.2%,山东、江苏、广东、重庆在各指标水平方面均处于前列,这些省域不仅整体发展水平较高,其内部的发展结构和发展状态也比较健康,为其稳定向好的发展提供了保障。同时可见,尽管新一代信息技术普遍采用,但智能制造就绪率仍相对较低。

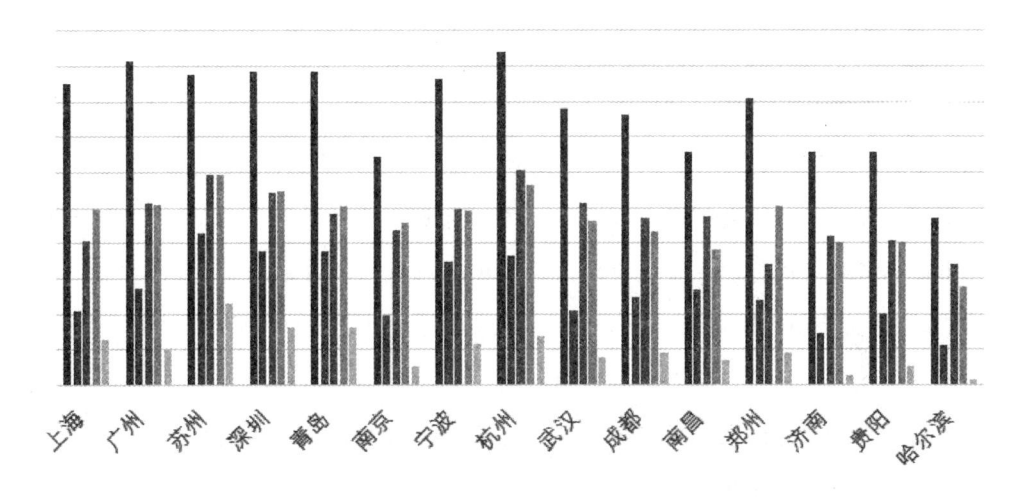

图3-15 2021年我国主要工业城市制造业数字化情况对比

进一步分析全国各重点制造业城市的情况,对比可见,各重点城市的数字化水平普遍高于省域平均水平,其中苏州、深圳、杭州、上海名列前四,杭州的数字化管理水平名列全国首位,这也与其互联网平台发展水平有较强的相关性。

③"政策及平台"反映该城市政府相关部门在制造业数字化方面的规划与监管能力,包括新一代信息技术政策扶持、数字化监管服务、企业上云水平三个部分。本指标重点考察制造业专项数字化政策发布、资金投入情况,制造业企业扶持与监

管力度、数字化试点示范建设情况以及企业上云水平。

政策扶持包括通用性政策、制造业数字化专项政策及资金投入保障。从省级（含直辖市）数字经济补贴政策来看，广东、江苏、福建、贵州、上海、重庆等多个地区出台了针对细分领域的财政补贴政策，支持人工智能、工业互联网、大数据等产业发展。河北、山西、湖北、山东、安徽五个省份出台了数字经济专项补贴政策，政策覆盖范围包括整个数字经济产业。

省级层面，河北、山西、湖北、山东、安徽五个省份出台了面向整个数字经济产业的专项补贴政策。其中，山东省补贴力度最大，最高给予 3 000 万元的支持，且在技术攻关、平台建设方面支持力度较大；山西省在项目引进方面更具政策优势；河北省对制造业数字化转型以及技术攻关方面的支持力度更大。

市级层面，温州、福州、济南、抚州四个城市出台了比较全面且面向整个数字经济产业的专项补贴政策。其中济南市政策覆盖面更广且力度更大，最高给予 1 亿元的综合资助；温州市对点项目引进采取"一事一议"政策，且对企业上的规模、研发平台建设等补贴额度超过 1 000 万元；福州市则在企业数字化改造、公共平台建设方面具备政策优势。一线城市均出台了细分领域专项补贴政策，且这些城市财力雄厚，政策实施力度更大，其中，北京、上海对人工智能产业的最高扶持力度分别达到 2 亿元和 1 亿元。结果显示，一线、新一线和二线城市均出台相关扶持政策，专项资金投入力度也在不断加大，而三线和四线城市的相关政策有待进一步完善。

监管服务表现在政府对制造业行业的服务和监管水平，主要包括服务和监管平台建设、人才引进和产业交流以及数字化试点示范建设情况。从数量上看，全国 21 个省域制定了 46 项涉及创新中心的政策文件。北京市制定相关政策 6 项，数量最多，天津市和安徽省次之，各制定 5 项，湖北省排名第三，制定 4 项。从类型上看，各省域制造业创新中心政策主要分为综合类和专项类，综合类政策主要是把制造业创新中心政策纳入推动本地经济和社会创新发展的总体战略文件中，目前全国共有北京市、安徽省等 15 个省域发布综合性政策 33 项。专项类政策是推动制造业创新中心建设的专门政策，目前共有天津市、山东省等 11 个省域发布专项政策 13 项。省级财政对省级创新中心的财政奖补额度通常为 100~2 000 万元不等，北京财政奖补总金额最多，最高可补助 2 000 万元，天津、重庆次之，补助总金额为1 500万元。

2018年,工信部印发《推动企业上云实施指南(2018—2020年)》,上海、广东、浙江、江苏等各省域纷纷响应,相继推出企业上云补助政策。因为基础不同,各地政府的目标不尽相同。浙江提出到2020年拥有"上云"企业40万家,山东、广东等的目标是20万家,四川、山西、福建、辽宁、河北等的目标则是1万家。上海的互联网数据中心已建机架数达到35.9万个,利用率、服务规模处于国内第一梯队。上海市大数据平台规模国内领先,累计已汇集全市200多个单位340亿条数据。启用了全国首家市域物联网运营中心,第一批近百类、超过510万个物联感知设备,每日产生数据超过3 400万条。另外,多地政府采用财政补贴的形式支持企业上云。例如,山西省采用电子"云服务券"的形式支持上云企业使用购买云服务和产品,奖励上限为100万元。天津市也采用了电子凭证"云惠券"的形式,推动制造企业购买服务、租用系统,应用成熟的云应用软件和云服务。对投资不少于150万元的企业,按照实际投资额的20%进行补贴,补贴上限最高可达50万元。

④"产业集群"需要基于良好的产业基础,而数字化技术的应用也会在集群内部、产业链内部进行持续的扩散。本指标主要从自主创新、制造园区数字化、制造业数字化龙头企业三个部分衡量本城市制造业数字化相关企业、试点示范及产业园区的数字化转型情况。

创新是制造业发展的源动力和主引擎,我国已逐步形成以制造业创新中心为核心节点的制造业创新链条。2016—2020年,我国已论证通过和启动建设16家国家制造业创新中心,北京分布有3家,上海(集成电路创新中心和智能传感器创新中心)、湖北、江苏、广东各分布有2家;19个省区市共认定132家省级制造业创新中心,形成东快西慢的区域格局,上海有4家,创新中心建设布局与地方优势领域的产业基础和创新资源相吻合(如图3-16所示)。

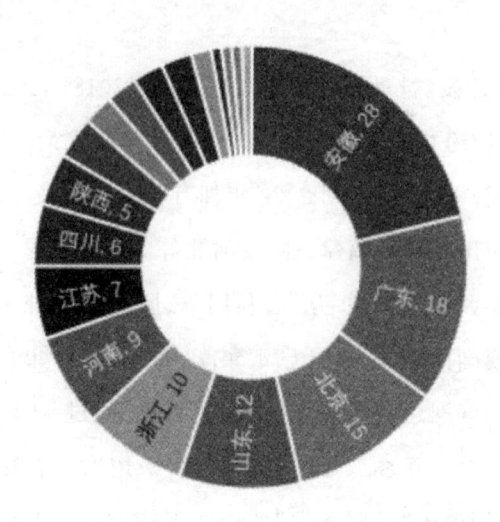

图 3-16 18 个省区市共认定 132 家省级制造业创新中心

龙头企业是产业链和产业集群的主导者和标杆,推进制造业龙头企业数字化转型,可以有效通过榜样力量和辐射带动产业集群整体数字化升级进程。这 100 家标杆智能工厂分布在中国的 22 个省区市的 18 个制造行业,其中,江苏、山东、浙江、广东四省最为集中,上海市有 3 家,汽车整车及零部件、机械装备、电子通信三个行业的智能化水平领先。

智能制造产业园已经成为中国智能制造产业的重要承载地和孵化器,目前中国总共有 537 个,分布在全国 27 个省域,长三角地区最为发达,相关园区达 152 家。其中,智能制造产业园区数量超过 10 家的城市有 14 个,分别是:重庆(23 家)、北京(18 家)、南京(15 家)、上海(13 个)、天津(13 家)、杭州(13 家)、苏州(12 家)、深圳(12 家)、广州(12 家)、成都(12 家)、武汉(11 个)、长沙(10 家)、无锡(10 家)、佛山(10 家);这些城市是"中国智带"的核心城市,也将成为未来中国智能制造领域的排头兵。

3.2 新一代信息技术环境下制造业转型升级的区域评估与上海现状

评估指标的科学性是提高评价客观性、精确性,以使评价结果为人们所接受的必要措施之一。同样的,融合指标的构建是开展科学的评价活动的基础,建立科学合理的指标体系是开展融合评价活动的必要环节。

新一代信息技术与制造业深度融合是一个涉及多层级、多方面的复杂系统工程,参考德国工业4.0、美国先进制造战略、中国制造2025以及《"十四五"信息化和工业化深度融合发展规划》等体系架构,从价值、组织和技术三个视角将3.1节中新一代信息技术驱动下制造业深度融合的4个方面基本内容进行分类,建立以价值重构为主线的双螺旋模型——坚持技术支撑和组织落地双轮驱动,实现技术和组织双向迭代。价值重构是逻辑起点,技术支撑是工具,组织落地是内核,构建新一代新信息技术与制造业深度融合的"T-O-V"评估参考架构,如图3-17所示。

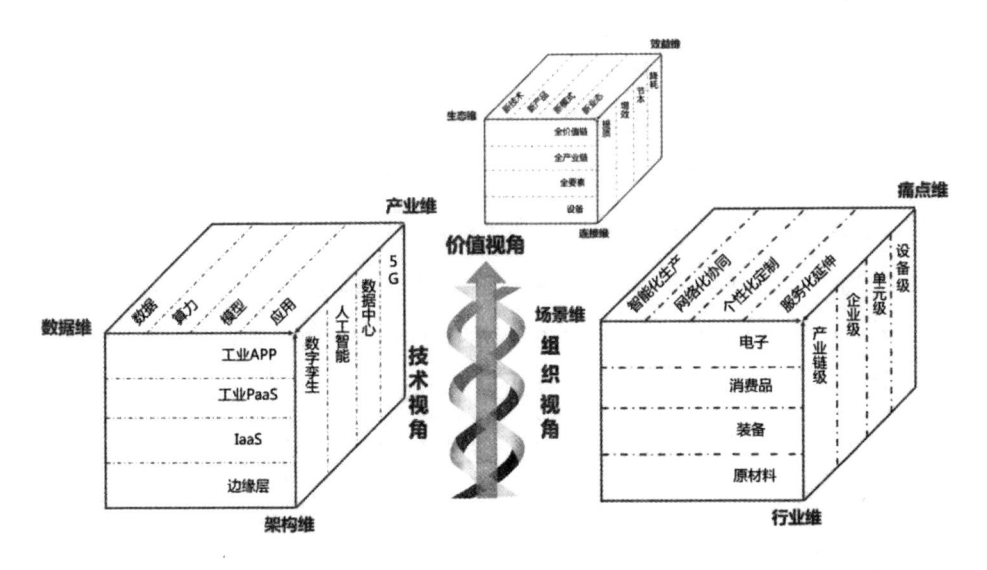

图3-17 新一代信息技术驱动下制造业转型升级的"T-O-V"评估参考架构

技术视角（T）：包括新一代信息技术产业、制造业数据和平台技术架构3个维度。新一代信息技术产业维度包括5G、数据中心、人工智能到数字孪生等方面，形成新一代信息技术与制造业融合的技术基础产业支撑，同时这些技术概念不可割裂，环环相扣，构成了制造数据采集、传输、计算、分析、应用的产业闭环，数据正在成为制造业新经济模式的关键生产要素；数据维涉及数据、算例、模型与应用的4个方面，成为制造业数字化、智能化转型的应用方案；工业互联网平台是制造业数据集成与应用集成的支撑，其面向制造业数字化、网络化、智能化需求，将工业互联网与云计算、大数据、物联网相结合，构建出具有存储、集成、计算、分析、管理等一体化功能的新平台，最终以工业APP的形式来实现各类创新应用，形成包括边缘层、IaaS、PaaS和工业APP在内的4层架构。

组织视角（O）：组织驱动的演进包括新一代信息技术与制造业的深度融合提升传统产业改造升级和新兴产业发展，典型场景打造与示范、解决产业组织中设备、生产单元、企业和产业（集群）发展中的痛点，打通组织瓶颈。注重制造业细分行业与新一代信息技术在研发、生产、服务等全流程和产业链各环节融合过程的差异性，提出推动制造业实现数字化转型、网络化协同、智能化变革等不同发展模式，全面提升制造业的发展水平，探索建设"未来工厂"，贯通消费与制造、打通全环节数据链路和典型应用场景，形成具有技术水准较高、解决方案完整、应用模式成熟、赋能效益明显等特点，让制造业的效率和准确度大幅度提高，可为相关行业提供可复制、可推广的示范经验。加快工业互联网平台建设，加强工业互联网在重点行业的推广应用，形成设备、生产单元、企业和全产业链等层面工业设施与数据的连接融合，通过智能制造系统解决方案供应商、工业互联网创新发展工程等项目，培育和打造出一批系统解决方案供应商，为制造企业的整体优化能力提供必要的服务支撑。

价值视角（V）：明确价值主张是转型发展的起点，基于新一代信息技术的制造业组织变革，应瞄准基于工业大数据闭环的"价值赋能"体系与"智能技术＋创新应用"融合赋能体系建设，为利益相关方提供创造价值的产品和服务。从实践来看，一批企业通过新一代信息技术应用，解决了自动排产、生产溯源、设备预警预测、能耗实时监测等实际问题，实现了提质、降本、增效等目标。同时，以工业互联网平台技术优势为基座，打通"消费—零售—制造"环节，重构完整的制造行业生态体系，实现消费互联网与工业互联网的深度融合、叠加和倍增。进一步加强数据维向制造业全要素、全价值链、全产业链的渗透和融合，催生出数据这一新的生产要素，并以数据集成、流程协同、数据驱动、业务/场景驱动带动技术、业务流程、组织结构的互动创新和持续优化，不断提高制造资源的生态配置效率。

以图3-17的"技术（T）－组织（O）－价值（V）"的评估架构为基础，分析影响新一代信息技术与制造业深度融合评估的相关因素。因此，在建立两化融合效率评价指标体系时，应该遵循以下几个原则。

3.2.1 实效性原则

一套好的评价指标体系的构建不仅仅体现在它能很好地反映评价对象过去和现在的状况，还应体现在它能对现在相关因素把握的基础上有效地对被评价对象的未来发展趋势做出恰当的适宜性调整。信息技术与制造业融合经历了4个阶段，伴随新一代信息技术与制造业深度融合，应及时调整选取的评价指标，剔除不合适的以及增添其他更适宜的指标，反应指标的适宜性。

在起步阶段和快速发展阶段，由于信息化基础薄弱，评估时多将"百人计算机拥有量"等作为关键表征指标。两化深度融合阶段，信息化基础已经奠定，企业层面的业务数字化和集成化改造则成为关键表征指标，这一阶段将"数字化研发设计工具普及率""管控集成"等作为关键表征指标。现阶段，新一代信息技术推动制造业生态级融合，这一阶段主要通过跨企业的业务协作和发展模式创新，对原有制造体系、产业结构和价值链条产生全方位、颠覆式变革，实现产业级、生态级两化融合，形成两化融合升级版，以数据中心、智能计算中心为代表的算力基础设施等、"工业互联网平台""产业生态"等是这一阶段的关键表征指标。

3.2.2 可操作性

新一代信息技术与制造业深度融合处于快速发展阶段，但很多指标的数据基础仍较为薄弱，难以有效收集和整理，因此指标在建立时也应该考虑数据收集的难易程度，以及收集到的数据的真实性。数据收集有困难的指标准确性与真实性难以保证，且易对结果产生影响，如"十四五"期间工信部和多个制造业先进省市较为关注的工业机器人使用密度由于缺乏数据，暂未纳入评价体系。

3.2.3 重点突出原则

由于在新一代信息化与制造业融合的过程中，涉及的设计与评价因素复杂多变，因此可运用重点突出原则，从宏观入手，抓住融合过程的直接矛盾设计指标，对结果影响不大或几乎无影响的指标可以直接忽略，突出重点指标，使之便于衡量和检测，增强针对性、包容性、综合性，确保选取的指标简单实用。如经济效益和社会效应两项指标是制造业转型升级中价值评价的重要内容，但由于新一代技术与制造业的深度融合属于与其他信息技术的集成式创新，对其独立的经济效益和社会效益则难以计量，必须借助于典型应用场景、灯塔工厂等其他形式来间接考核。

基于"T-O-V"的评估架构，遵循区域信息化与工业化逐步融合发展渗透的一般原则，结合新一代信息技术与制造业深度融合新发展阶段的技术特征、组织状况和价值特点，以省级区域为评估重点，指标的选取参考如下内容。

①充分吸收中央全面深化改革委员会制定的《关于深化新一代信息技术与制造业融合发展的指导意见》、工信部制定的《国家智能制造标准体系建设指南》《工业互联网平台应用数据地图》、两化融合公共服务平台等国家部委的发展政策、意见或计划，吸纳当前符合新一代信息技术和制造业技术特点和国家政策导向的适宜性要求。

②对北京、上海、广东省、重庆市和浙江省等制造业强省市的相关政策文件进行分析和解读，如上海"十四五"先进制造业发展规划、浙江省数字经济发展"十四五"规划、江苏省制造业智能化改造和数字化转型三年行动计划（2022—2024年）、北京市"新智造100"工程实施方案（2021—2025年）等，对指标体系的普适性和地方性进行适当的折衷，重点选取苗头性、趋势性和倾向性对的融合指标，同时注重数据的可获得性。

③借鉴和总结国内外关于制造业数字化、智能制造和工业互联网评估等的相关文献以及赛迪顾问等制造业专业咨询机构的评估实践，把握新一代信息化和工业化融合的创新点，吸纳相关研究机构的创新成果。

模型将3.1部分的内容重新整合，采用三层指标评估体系，将3大核心要素

(技术支撑、组织变革和价值提升)、7个核心能力分别作为一级指标、二级指标。三级指标充分考虑了评估的简单易行,力求突出重点,从50多个评估指标中选取了24个,最终形成了省市区域层面的评估指标体系,具体见表3-3和图3-18。

表3-3 新一代信息技术与制造业深度融合评估指标体系

一级指标	二级指标	三级指标
技术支撑	基础设施	工业互联网标识注册量(亿)
		1000Mbps及以上接入速率的宽带接入用户
		5G基站规模
		人工智能企业数
		数据中心机架数
	数字化改造	数字化研发工具普及率
		生产设备数字化率
		关键工序数控化率
组织变革	政策规划	工业互联网规划情况(万家)
		智能制造产业园数
		企业上云发展规划企业数
	业务平台化	工业电子商务普及率
		工业互联网平台普及率
		工业云平台应用率
	新模式新业态	开展个性化定制的企业比率
		开展服务型制造的企业比率
		开展网络化协同的企业比率
		智能制造就绪率
价值提升	工厂示范	国家智能制造示范工厂数
		智能制造示范工厂数量
		世界灯塔工厂数
	生态价值	国家智能制造优秀场景数
		工业互联网优秀APP
		工业软件和信息技术服务业收入情况

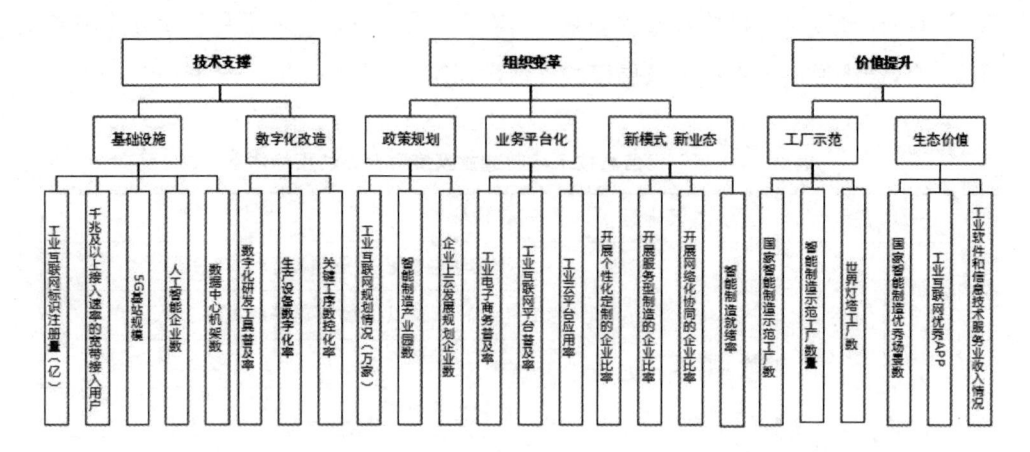

图 3-18 新一代信息技术与制造业融合的"T-O-V"评估指标体系

(1) 技术支撑力

新一代信息技术是制造业转型升级的驱动力，只有打牢新一代信息技术产业基础，才能为制造业融合发展提供强有力的支撑。从外部看，5G、工业互联网等新一代信息技术是制造业数字化、网络化和智能化的基础条件，为制造业的创新行为提供技术资源的支撑；从内部看，依附于新一代信息架构，全局业务实施交互数据，联动运作，充分融合，以提高整体效率，加速推进制造业数字化转型工程。本项内容选取（新一代信息基础）基础设施和（制造业）数字化改造 2 项指标进行评价。

① 基础设施。新一代信息化基础设施是制造业外部进行数字化转型的基石，选取工业互联网标识注册量、千兆以上主干网介于用户数、5G 基站规模、人工智能企业数和数据中心机架数作为新一代信息技术基础设施的主要评价指标。如工业互联网标识是对产品、设备赋予的唯一编码，是支撑工业互联网互联互通的关键，因此，工业互联网标识注册量代表一个区域工业互联网正在越来越多的领域得到实际应用。

② 数字化改造。业务、流程数字化改造是制造业内部信息化提升的支点，也是当前两化融合的主要任务和工作重点。数字化研发是企业转型升级的主要动力，选取数字化研发工具普及率、生产设备数字化设率和关键工序数字化率 3 项指标

作为制造业数字化改造的评价指标。其中,生产设备数字化率和关键工序数控化率体现了中央企业的自动控制与感知水平;数字化研发设计工具普及率体现了中央企业的工业软件应用水平。

(2)组织变革力

新一代信息技术以互联、协作为基础,主张"开放、共享、互利、对等、协作"的产业组织理念,驱动制造业产业模式和企业形态发生根本性转变。这不仅需要相关部门做好顶层设计高位推进,新一代信息技术在工业互联网平台的交叉融合应用趋势明显,新模式新业态竞相涌现,推动了制造业的经济和社会组织方式的根本变革。本项内容政策规划、业务平台化和新模式新业态对组织层面3项指标进行分析。

①政策规划。我国各级部门通过采取一系列政策措施,积极打造工业互联网、人工智能、5G等新一代信息技术产业生态高地,优化基础设施建设,培育发展新动力,支撑我国制造业向形态更高级、分工更优化、结构更合理的阶段演进。政策规划包括工业互联网规划情况、智能制造产业园和企业上云发展规划3个方面。

②业务平台化。平台化指的是通过新一代信息技术建立不同的个体、组织、企业和平台之间的连接机制,形成"点－线－面－体"的平台协同合作模式。工业互联网平台基于工业云平台实现制造资源的连接、汇聚、配置的枢纽,按照应用层次可分为工业电子商务普及率、工业云平台应用率和工业互联网平台普及率3个方面。

③新模式新业态。新一代信息技术通过对制造业聚集、整合、优化要素资源的优势,促进制造业技术、产品、模式、机制创新,推动制造业高质量发展。在生产模式方面,从传统生产方式向智能化、绿色化、服务化方向转变;在组织关系方面,从产业链上下游企业间的生产关系向各类主体网络化协同配合转变,包括开展个性化定制、服务型制造、网络化协同和智能制造就绪率4个方面。

(3)价值提升力

新一代信息技术与制造业全要素、全产业链、全价值链的深度融合,产生了显著的经济效益和社会效益,形成了一批带动能力强、示范效应显著的项目和工厂,产业生态加速形成。由于我国各省域之间制造业差异较大,因此新一代信息技术的经济效应和社会效应仍难以有效衡量,本项内容运用示范效应和生态价值两项指标对价值层面进行分析。

①工厂示范。随着制造业智能的进行,探索标准化、模块化、精准化的实施路径和试点示范,有助于发挥先进典型带动作用,形成技术能力、解决方案与先进经验的迁移效应。此指标包括智能制造示范工厂、国家智能制造示范工厂数和世界灯塔工厂3个层级。

②生态价值。生态价值也是新一代信息技术与制造融合的价值体现,以典型场景为基本要素,推动从企业层面到制造环节的智能化改造,探索智能制造最佳实践的标准化、模块化、精准化的推广路径,实现智能制造由点及线、由线到面系统发展;工业APP是工业互联网平台应用生态的价值体现。此部分国家智能制造优秀场景数、工业互联网优秀APP和工业软件和信息技术服务业收入情况3项内容。

我国已连续11年成为世界最大的制造业国家,对世界制造业贡献的比重接近30%,但与此同时,区域和省际的高质量发展水平仍存在差距。按照2021年中国规模以上工业营收排行,以省级行政区为单位,规模以上工业营收超过10万亿的共有3个,依次为:广东、江苏、山东;处在9万亿的共有1个,即:浙江;处在6万亿级的共有1个,即:福建;处在5万亿级的共有3个,依次为:河南、四川、河北;处在4万亿级的共有5个,依次为:湖北、安徽、上海、江西、湖南;处在3万亿级的共有2个,依次为:辽宁、山西;处在2万亿级的共有6个,依次为:陕西、北京、重庆、内蒙古、天津、广西;处在1万亿级的共有4个,依次为:云南、新疆、吉林、黑龙江;不足1万亿的共有6个,依次为:贵州、甘肃、宁夏、青海、海南、西藏。综合考虑工业营收等级和区域差异,筛选出东部(上海市、江苏省、山东省、浙江省、广东省)、中部地区(河南省、湖北省)、西部地区(重庆市、四川省)和东北地区(辽宁省、吉林省),共对11个观察省市进行研究。在区域评价中,用各省市规模以上工业营收描述各省市的权重,而工业互联网标识注册量、千兆以上主干网介于用户数等指标考虑企业数量后更加科学。

表 3-4　2021 年中国 11 省市规模以上工业营收和企业数量(单位:万亿元和万家)

区域	东部					中部		西部		东北	
省份	广东	江苏	山东	浙江	上海	河南	湖北	重庆	四川	辽宁	吉林
工业营收	16.98	14.99	10.23	9.80	4.42	5.400	4.922	2.71	5.26	3.52	1.13
企业数量	58 763	51 323	30 647	49 177	8 879	20 133	16 181	7 011	15 611	7 937	3 109

3.2.1 新一代信息技术与制造业深度融合的省域评估分析

数据来自公开统计数据与专家打分,主要数据来源包括中国两化融合服务平台、《中国智能制造产业园区地图》。部分指标虽与本指数体系具有相关性,但由于数据无法统计获得,因此并未纳入指数体系中。指数体系虽未完全达到指标穷尽要求,但重要指标已全部包含在内,且完全可以反映 11 个省域单位的融合发展水平,故本水平评价体系计算结果具有科学性和可信性。

不同于消费互联网的域名机制,标识是支撑工业互联网互联互通的"神经中枢",将制造业中的设备、机器和物料等要素通过解析技术建立统一的身份认证。目前,我国标识解析体系建设取得了阶段性成果,已形成北京、广州、上海、武汉、重庆五大国家顶级节点,27 个省区累计注册量超千亿,接入企业节点超过 9 万家。

中部地区百兆及以上接入用户渗透率小幅领先,东部地区千兆用户发展较快。截至 2022 年 44 月末,东、中、西和东北地区 100Mbps 及以上固定宽带接入用户渗透率分别为 93.1%、94.4%、93.1% 和 93.5%。东、中、西和东北地区 1000Mbps 及以上接入速率的宽带接入用户分别达 2 728 万、996.4 万、1 233 万、93.4 万户(如图 3-19 所示)。

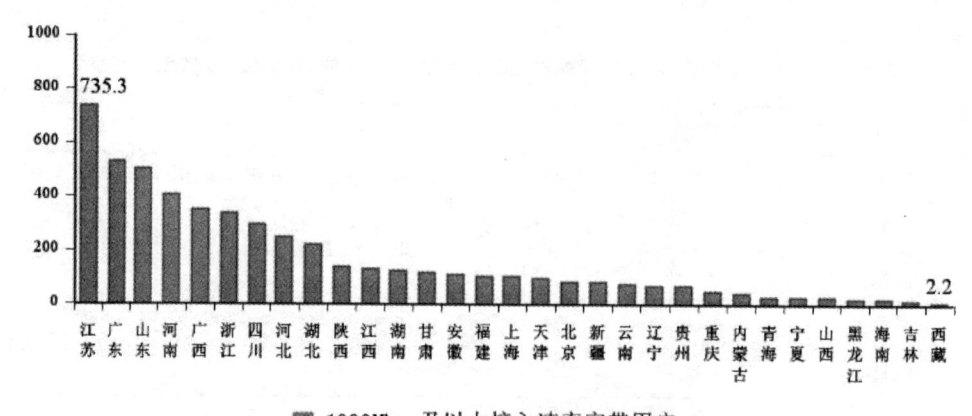

图 3-19　中国各省 1000Mbps 及以上接入速率的宽带接入用户情况

2021年，我国累计建成并开通 5G 基站 142.5 万个，网络规模世界第一。5G 用户数超过 3.55 亿，"5G＋工业互联网"项目超过 2 000 个。截至 2022 年 4 月末，东、中、西部和东北地区 5G 基站数分别达到 79 万、33.5 万、38.6 万、10.4 万个，占本地区移动电话基站总数的比重分别为 18.1%、15.2%、13.5%、15.2%。5G 移动电话用户分别达 18 569 万、9 545 万、10 517 万、2 624 万户，占本地区移动电话用户总数的比重分别为 25.7%、24.9%、24%、22.4%。

表 3-5　2021 年底中国各省市 5G 基站数量排名

基站排名	省份	5G 基站数量（万）	每万人拥有基站数量	人均基站排名
1	广东	17.00	13.39	9
2	江苏	13.00	15.28	7
3	浙江	11.60	17.74	6
4	山东	10.10	9.90	16
5	河南	9.71	9.77	17
6	重庆	7.00	21.81	3
7	四川	6.60	7.89	26
8	河北	6.25	8.38	23

续 表

基站排名	省份	5G基站数量(万)	每万人拥有基站数量	人均基站排名
9	江西	6.00	13.27	10
10	湖南	5.60	8.42	21
11	北京	5.54	25.30	2
12	湖北	5.50	9.43	19
13	上海	5.40	21.69	4
14	福建	5.25	12.53	11
15	安徽	5.10	8.35	24
16	辽宁	5.00	11.74	13
17	广西	4.30	8.53	20
18	天津	4.00	29.20	1
19	黑龙江	3.70	11.82	12
20	贵州	3.20	8.29	25
21	云南	3.00	6.36	29
22	陕西	2.70	6.82	28
23	吉林	2.30	9.58	18
24	山西	2.18	6.26	30
25	内蒙古	2.02	8.42	21
26	新疆	1.93	7.45	27
27	甘肃	1.55	6.22	31
28	海南	1.50	14.85	8
29	宁夏	0.76	10.54	15
30	西藏	0.67	18.33	5
31	青海	0.64	10.77	14

从工商统计数据来看,北京、上海、广东、山东、江苏、浙江六省市拥有人工智能企业均超过1万家,分布较为密集。尤其广东超过4万家,江苏超过2万5千家,位居前两位。

机架数是衡量数据中心规模的核心指标。2020年中国数据中心机万架数为428.6万架,北京及周边地区93.7万架;上海及周边地区108.9万架;广州、深圳及周边地区 58 万架;中部地区 67.1 万架;西部地区 88.1 万架;东北地区 12.8 万架（如图 3-20 所示）。

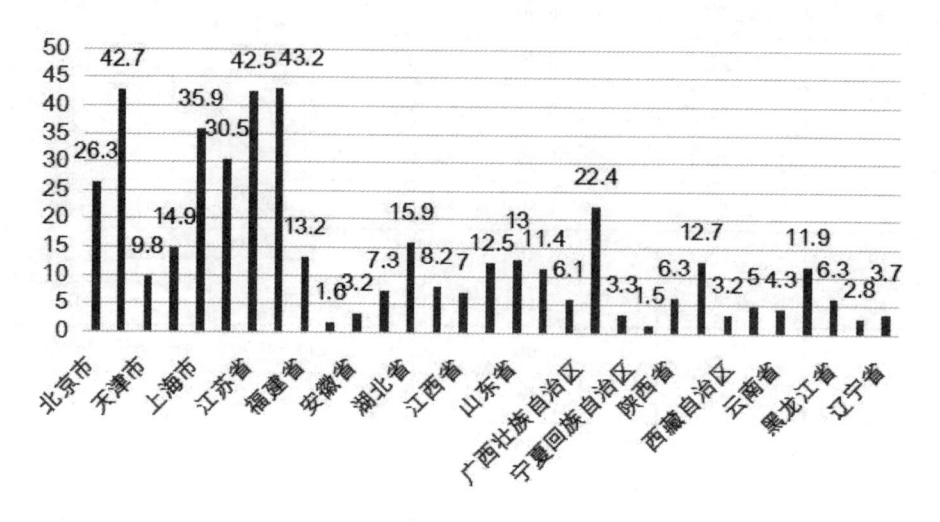

图 3-20　2021 年中国各省市数据中心机架数

全国各省市响应国家政策号召,陆续出台政策规划来促进工业互联网行业的发展。根据"是否有明确指标"可将这些省市划分为三类:有明确指标、无明确指标但是最新政策出台时间为 2020 年以及无明确指标但是最新政策出台时间为 2020 年前。

可以看出我国工业互联网规划表现最为积极的是南方地区以及中部地区;其中有明确指标的省市区更是达到了 17 个。如广东省规划到 2025 年将再形成 1~2 家达到国际水准的工业互联网平台,在工业互联网创新发展、技术产业体系构建及融合应用方面达到国际先进水平（如图 3-21 所示）。

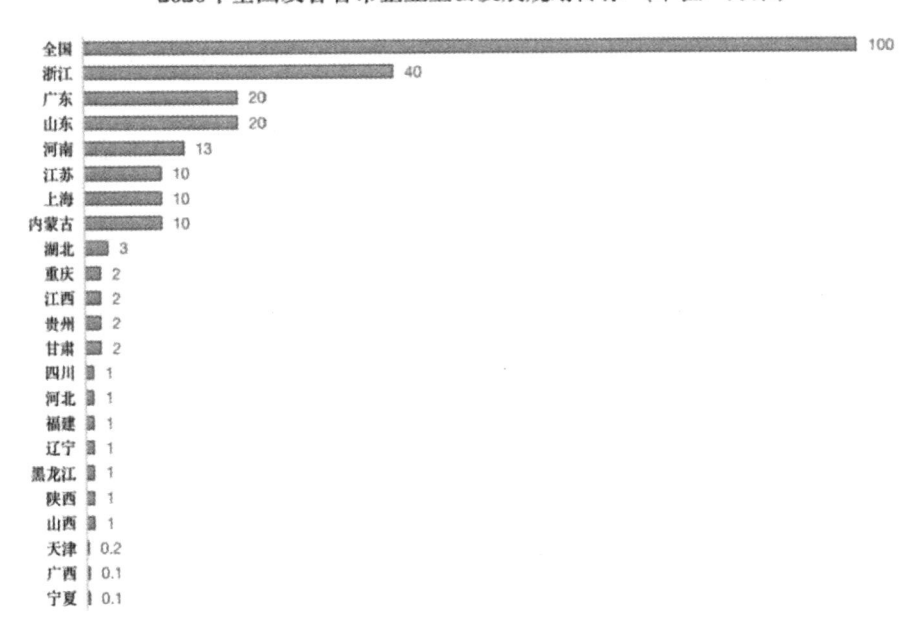

2020年全国及各省市企业上云发展规划目标（单位：万家）

全国	100
浙江	40
广东	20
山东	20
河南	13
江苏	10
上海	10
内蒙古	10
湖北	3
重庆	2
江西	2
贵州	2
甘肃	2
四川	1
河北	1
福建	1
辽宁	1
黑龙江	1
陕西	1
山西	1
天津	0.2
广西	0.1
宁夏	0.1

图 3-21　2020 年中国各省市企业上云发展规划目标

智能制造产业园作为我国智能制造产业的重要承载地和孵化器,发展迅速,风头正盛。我国共有 537 家智能制造类产业园区,范围涉及全国 27 个省市。具体来看:环渤海地区,北京和山东撑起了大部分份额,天津智能制造园区多集中于"世界级先进制造产业基地"滨海新区,河北省存在感依旧不强;长三角地区智能制造产业最为发达,相关园区达 152 家,占全国近三成,其中南京、上海、杭州、苏州、无锡五城的园区数量已超过 60 家;珠三角地区作为传统制造业重地,智能制造实力可观,广东省智能制造园区有 59 家,仅广州和深圳两城就贡献了近半份额。中部六省共有智能制造类产业园 109 家,占比达 20.2%,表现抢眼。

纵观全球,工业软件巨头均诞生于工业制造强国,我国作为全球唯一具有完整工业体系的国家,具备诞生全球工业软件巨头的基础。2019 年,我国工业软件产品收入为 1 680 亿元,市场规模仅占全球的 5.73%,远低于工业产值规模在全球 28.4% 的占比,渗透率提升空间非常大。发展到目前,软件对社会发展的影响越来越大,而软件产业也成了信息产业的核心,是信息社会的基础性、战略性产业。

2021年中国软件和信息技术服务企业超过4万家,其中:软件和信息技术服务业企业数量最多的是江苏省,有6 573家;其次是广东省,有5 138家;第三是山东省,有4 437家(如图3-22、3-23所示)。

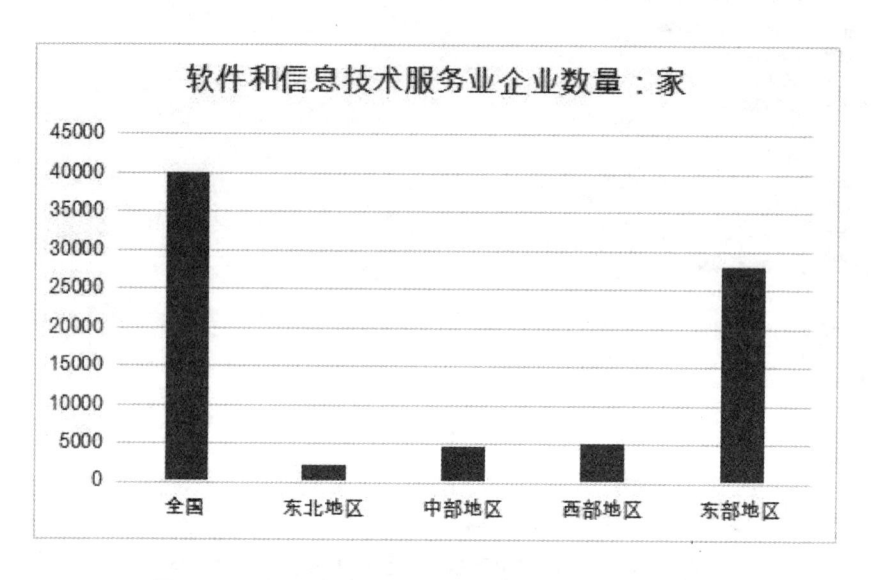

图3-22　2021年中国各区域软件和信息服务企业数量

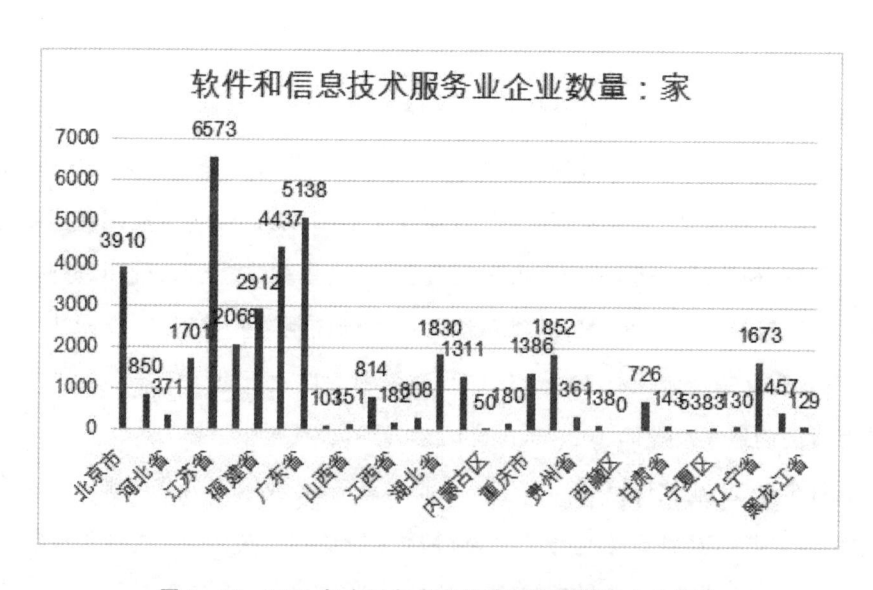

图3-23　2021年中国各省市软件和信息服务企业数量

进一步从利润总额来看,2021年我国累计完成软件业务收入94994亿元,其中广东省完成利润总额1191亿元,位于全国第一;其次是北京市,完成利润总额806亿元;江苏省排名第三,完成利润总额782亿元(如图3-24所示)。

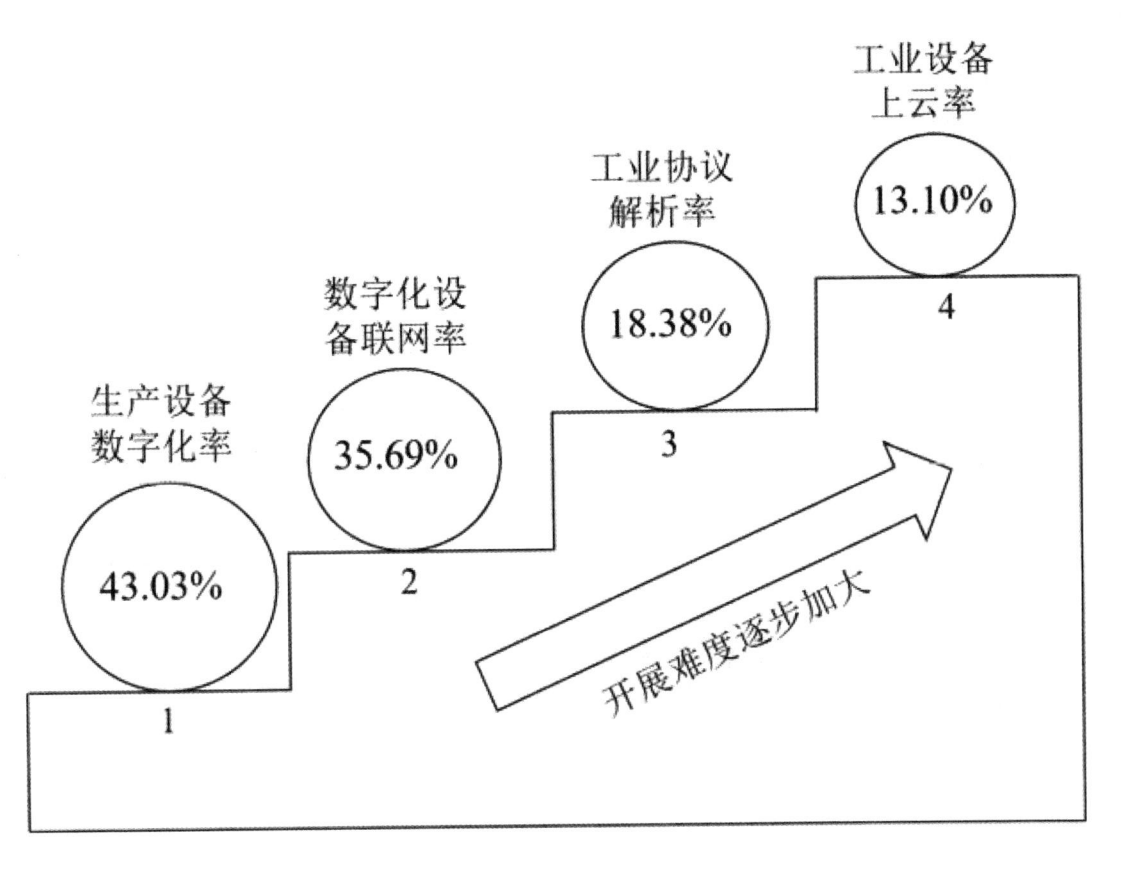

图3-24 2021年中国各省市软件和信息服务企业利润

智能制造示范工厂在制造技术突破、工艺创新、场景集成和业务流程再造等方面发挥示范带动作用,也体现了省份的科技创新能力和智能化产业发展水平。工信部公示的2021年度示范工厂共110个,除了云南、青海、西藏3省份外,其中数量最多的为广东省有13家,第二名是山东省,共12个,浙江(10家)、江苏(9家)尾随其后。

智能制造优秀场景是针对生产过程新一代信息技术的深度融合的关键需求和

发展着力点,一般可分为八大场景,其中自适应控制、生产工艺优化等六大场景着眼于产线的微观环节,数据移动在线、产销协同与柔性制造两大场景着眼于宏观智能。2021年工信部公布的国家级智能制造优秀场景241个,其中数量最多的为山东省共21个,第二是上海市共20个,第三是河南省共18个。除此之外,河北省、江苏省、浙江省、江西省、湖北省、广东省智能制造优秀场景都超过10个(如图3-25所示)。

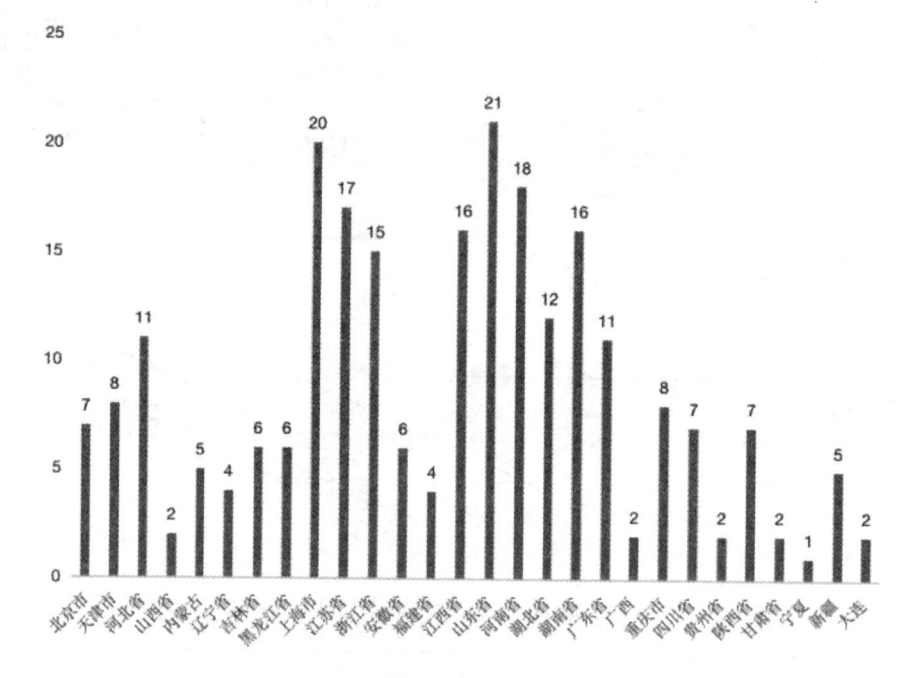

图 3-25 2021年度国际级智能制造优秀场景省市分布(单位:个)

工业互联网APP是基于工业互联网,承载工业知识和经验,满足特定需求的工业应用软件,是工业技术软件化的重要成果。工业和信息化部从2018年开始评选工业互联网APP优秀解决方案89项,2019年共评选125项,2021年评选除132项,经整理,我国各省市2018、2019和2021三年度以及总入选数(如图3-26所示)。

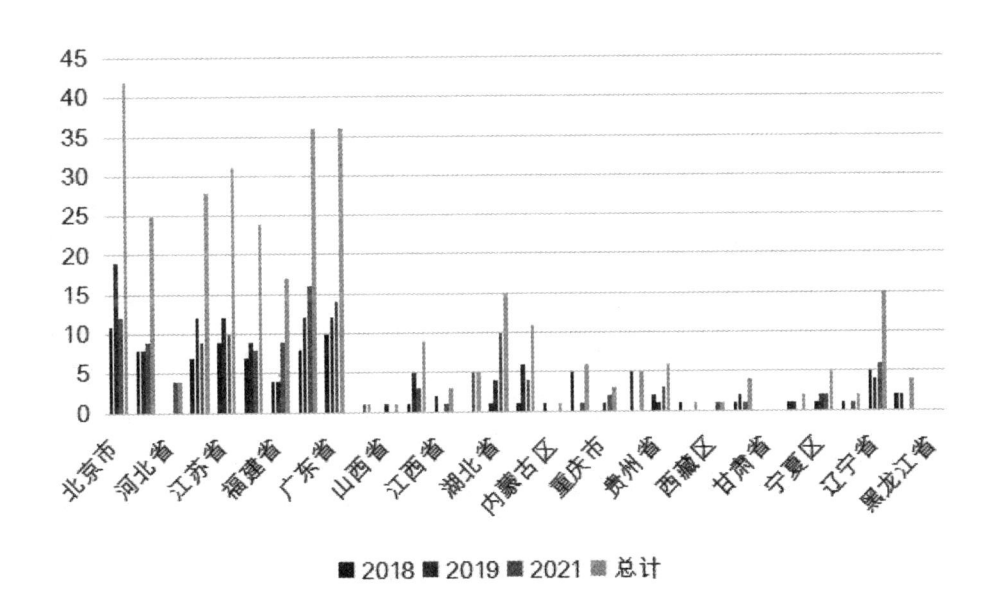

图 3-26　2021 年国家级工业互联网优秀 APP 省份分布

"灯塔工厂"有智能制造"奥斯卡"之称,是由达沃斯世界经济论坛和麦肯锡咨询公司共同遴选的"数字化制造和全球化 4.0 示范者,代表全球制造业领域智能制造和数字化最高水平"。自 2018 年起,世界经济论坛联合麦肯锡从全球上千家工厂中评选认证具有表率意义的"灯塔工厂",自 2018 年,,目前全球已经有 103 家灯塔工厂,其中 37 家位于中国,占比超过 1/3,为世界第一(如表 3-6 所示)。

表 3-6　中国 37 家"灯塔工厂"名单

企业名称	所在地	入选时间	企业名称	所在地	入选时间
京东方科技集团	福建福州	2022.03	青岛啤酒	山东青岛	2020.09
博世	湖南长沙	2022.03	纬创	江苏苏州	2020.09
海尔	河南郑州	2022.03	阿里巴巴	浙江杭州	2020.09
美的	湖北荆州	2022.03	美光科技	台北台中	2020.09
美的	安徽合肥	2022.03	美的	广东广州	2020.09
宝洁	广东广州	2021.09	联合利华	安徽合肥	2020.01

续 表

企业名称	所在地	入选时间	企业名称	所在地	入选时间
友达光电	台湾台中	2021.09	宝山钢铁	上海	2020.01
宁德时代	福建宁德	2021.09	福田康明斯	北京	2020.01
中信戴卡	河北秦皇岛	2021.09	海尔	辽宁沈阳	2020.01
富士康	湖北武汉	2021.09	强生医疗	江苏苏州	2020.01
富士康	河南郑州	2021.09	宝洁	江苏苏州	2020.01
海尔	天津	2021.09	潍柴	山东潍坊	2020.01
群创广电	台北高雄	2021.09	上海大通	江苏南京	2019.07
三一	北京	2021.09	但凡斯商用压缩机	天津	2019.01
施耐德电气	江苏无锡	2021.09	富士康	广东深圳	2019.01
联合利华	江苏苏州	2021.09	博世汽车	江苏无锡	2018.09
博世	江苏苏州	2020.09	海尔	山东青岛	2018.09
富士康	四川成都	2020.09	西门子工业自动化产品	四川成都	2018.09
美的	广东佛山	2020.09			

从省份来看，和"灯塔工厂"的分布一样，三大经济强省——广东、江苏、山东上榜工厂数依然稳居全国前列；不同的是，三省之间的差距有所缩小——分别上榜13家、9家、12家，并且相比"灯塔工厂"数遥遥领先的江苏，广东和山东在"示范工厂"揭榜单位数量上更具优势。"灯塔工厂"数量相对较少的浙江，入选"示范工厂"揭榜单位数达到9家，与江苏并列全国第三。此外，湖南、陕西、内蒙古、宁夏等上榜单位数位列全国省份前十强，均为4家或以上（如表3-7所示）。

表3-7 我国各省市新一代信息技术与制造业深度融合评估指标数据

省份	上海市	江苏省	浙江省	山东省	广东省	河南省	湖北省	重庆市	四川省	辽宁省	吉林省
工业互联网标识注册量（亿）	82	65	50	64.5	98	30	36	31	25	1.5	1.11

续 表

省份	上海市	江苏省	浙江省	山东省	广东省	河南省	湖北省	重庆市	四川省	辽宁省	吉林省
1000Mbp及以上接入速率的宽带接入用户	100	735.7	333	467	500	367	200	50	283	60	16
5G基站规模	5.4	13	11.6	10.1	17	9.71	5.5	7	6.6	5	3.7
人工智能企业数	17516	25733	17516	17743	44307	7230	6881	3985	7025	3276	1371
数据中心机架数	35.9	42.5	30.5	13	43.2	7.3	15.9	11.9	12.7	3.7	6.3
数字化研发工具普及率	87.8	87.9	87	87	80.9	79.8	76	80.7	79.6	73.8	51.5
生产设备数字化率	55.6	58.4	57.1	56.2	51.8	54.4	51.1	51.5	50.2	44.4	44.8
关键工序数控化率	55.2	60.1	59.7	59.2	55.2	52.9	57.9	58.8	52.6	55.2	43.6
工业互联网规划情况（万家）	2	2	2	2	3	3	3	3	3	3	2
智能制造产业园数	13	79	39	43	59	38	22	23	22	12	8
企业上云发展规划企业数	10	10	40	20	20	13	3	2	1	1	1
工业电子商务普及率	67.2	76.2	72.5	76.1	68.4	69.7	64.4	68.4	72	52.8	47.6
工业互联网平台普及率	19.1	18.1	19.1	17.8	19.5	7.6	9.3	8.1	12.1	5.5	4.1

续　表

省份	上海市	江苏省	浙江省	山东省	广东省	河南省	湖北省	重庆市	四川省	辽宁省	吉林省
工业云平台应用率	62.7	58.2	66.1	62.3	47.5	49.5	50.8	50.7	57.1	36.3	41.3
开展个性化定制的企业比率	16.1	18	20.7	17.9	12.3	10.1	9.9	10.9	17.8	4.7	3.6
开展服务型制造的企业比率	44.4	44.9	48.1	45.9	34.2	27.6	27.6	31.9	43.3	18.6	32.8
开展网络化协同的企业比率	45.4	50	41.4	50	41.2	31	31.4	39.4	40.6	33.1	28.4
智能制造就绪率	15.1	19.9	20	19.8	12.9	12.9	12.4	16.2	18.9	8.2	7.7
国家智能制造示范工厂数	9	31	24	36	36	5	11	3	5	15	0
智能制造示范工厂数量	51	24	22	28	24	20	14	8	8	8	7
世界灯塔工厂数	1	8	1	3	4	1	2	0	2	1	0
国家智能制造优秀场景数	20	27	15	21	11	18	12	8	7	6	6
工业互联网优秀APP	28	31	24	36	36	5	15	3	5	15	0
工业软件和信息技术服务业收入情况	1701	6573	2068	4437	5138	308	1830	1386	1852	1672	129

采用熵权法进行指标权重求解,24个指标的权重如表3-8所示,在计算过程中,为了科学性和合理性,工业互联网标识注册量、5G基站规模、智能制造产业园数量等6项指标进一步考虑了各省市企业数量的差异。需要指出的是由于归一法的不同会略有差别,本书为了求解方便没有对零值进一步处理。

表3-8 中国新一代信息技术与制造业深度融合评估指标权重

指标	权重(%)
工业互联网标识注册量(亿)	4.0
1000Mbps及以上接入速率的宽带接入用户	3.9
5G基站规模	6.7
人工智能企业数	5.8
数据中心机架数	5.1
数字化研发工具普及率	1.4
生产设备数字化率	3.0
关键工序数控化率	1.5
工业互联网规划情况(万家)	7.1
智能制造产业园数	3.9
企业上云发展规划企业数	5.0
工业电子商务普及率	2.0
工业互联网平台普及率	3.6
工业云平台应用率	2.5
开展个性化定制的企业比率	3.0
开展服务型制造的企业比率	2.3
开展网络化协同的企业比率	3.5
智能制造就绪率	3.2
国家智能制造示范工厂数	4.7
智能制造示范工厂数量	6.6
世界灯塔工厂数	6.5
国家智能制造优秀场景数	5.8
工业互联网优秀APP	4.2
工业软件和信息技术服务业收入情况	4.7

根据熵的特性,熵值可以用来判断一个事件的随机性及无序程度,也可以用熵值来判断某个指标的离散程度,指标的离散程度越大,该指标对综合评价的影响(权重)越大。由表3-8可见,二级指标新一代新基础设施中5项三级指标5G基站规模、人工智能企业数和数据中心机架数3项指标的权重都大于5%,这说明对现阶段各省市在这三项的差异较大,属于融合水平的关键因素,1000Mbps及以上接入速率的宽带接入用户权重为39%,属于次要指标;二级指标政策规划中工业互联网规划情况(万家)、企业上云发展规划企业数权重也超过5%,合计超过12%,这说明各省市的政府决策也会在较大程度上影响权重;此外智能制造示范工厂数量、世界灯塔工厂数权重都超过6%,这说明各省市在高水平智能工厂建设及示范效应方面存在较大差异,此外国家智能制造优秀场景数5.8%,证明了新一代信息技术与制造业融合的场景探索已处于积极探索的爆发期,工业软件和信息技术服务业收入情况4.7%的权重则说明成为新的价值增长点。

将制造业融合水平定为100分值,将指标权重与11个城市的24项指标相乘,获得表3-9中的融合水平指数以及11个省市的融合水平排名。

表3-9 我国各省市域的新一代信息技术与制造业融合水平指数

省市	融合水平指数	11省份融合水平排名
上海市	60.1	2
江苏省	67.0	1
浙江省	48.5	5
山东省	59.4	3
广东省	53.7	4
河南省	32.4	8
湖北省	29.4	9
重庆市	34.4	6
四川省	33.2	7
辽宁省	18.7	11
吉林省	19.8	10

如表3-9所示,我国新一代信息技术与制造业深度融合整体仍处于探索和试点示范阶段,其中江苏省融合水平暂列各省市第一,但融合水平指数也仅为67.0

分,上海市、山东省、广东省分别属于前4位,重庆市、四川省、河南省、湖北省相对处于同一水平,辽宁省和吉林省则由于人工智能企业数量、数据中心建设、工业互联网平台普及率、智能工厂和信息软件服务业等因素存在不足,评分相对较低。

3.2.2 我国新一代信息技术驱动下制造业转型升级的现状和主要特征

2020年中央全面深化改革委员会审议通过了《关于深化新一代信息技术与制造业融合发展的指导意见》,2021年工信部正式印发了《"十四五"信息化和工业化深度融合发展规划》,加快新一代信息技术与制造业的深度融合,但实现整体融合任重道远,存在着诸多挑战。充分把握新一代信息技术与制造业融合的现状有助于进一步推动符合我国国情的融合路径并给出应对建议。

3.2.2.1 融合基础不断夯实,深度融合整体仍处于探索阶段

我国加快新型基础设施建设,数字化产业支撑能力获得显著成效,如2021年5G基站建设规模居全球第一,5G终端连接数在全球占比超过80%,工业互联网标识解析体系已经完成夯基架梁,位于全球前列。同时,技术产业基础日益坚实,规模以上电子信息制造业实现营业收入14.1万亿元,软件业务收入达到9.5万亿元,相比于2012年,分别增长2倍和3.8倍,支撑制造业生产方式、企业形态、业务模式等加速变革。

尽管融合基础建设不断深入,但新一代信息技术和制造业深度融合整体仍处于探索阶段,从图3-26可见,2021年我国11个主要工业省市平均分为41.5分,除了江苏省评分超过60分,上海、山东和广东3省市评分接近60,河南省、湖北省、重庆市和广东省基本相近,辽宁省和吉林省低于20分,但总体来看所有省市评分仍需进一步提升,这说明我国新一代信息技术与制造业深度融合整体仍处于探索阶段。

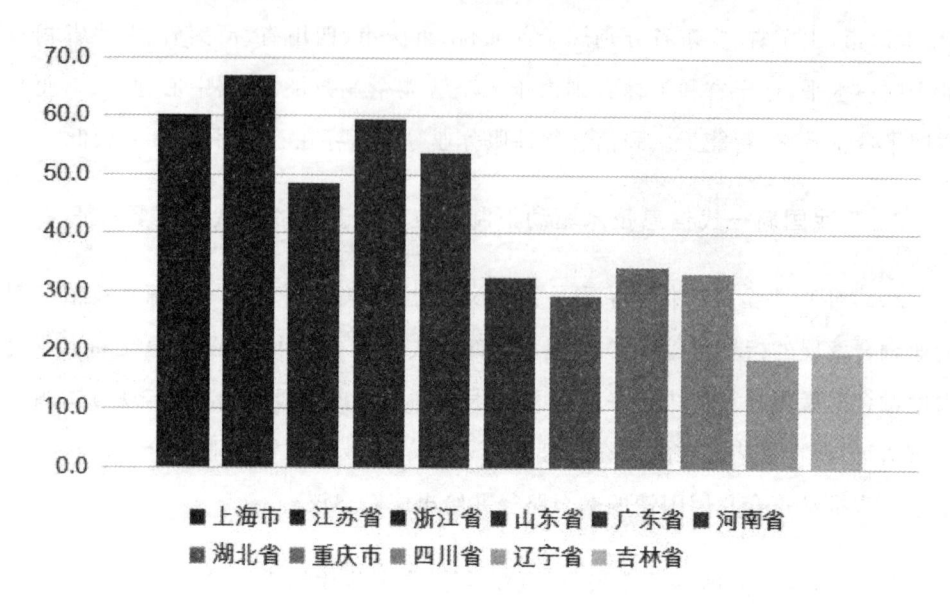

图 3-27 我国各省市新一代信息技术与制造业融合水平及对比

3.2.2.2 我国新一代信息技术与制造业深度融合的区域之间发展不平衡

进一步考虑区域的差异性,由于我国各区域信息化基础和制造业基础存在差异,我国区域间的不平衡问题在新一代信息技术与制造业的融合中也有体现。东部地区融合水平最好,为 57.7 分;中部和西部制造业先进省份基本相当,分别为 30.9 分和 33.8 分,由于中部省份较多,且本书选取的都是较为先进的省份,可能仍需进一步分析更多省份,但由于所选省份在各区域制造业份额中占比较大,所以结论具有一定的代表性(如图 3-28 所示)。

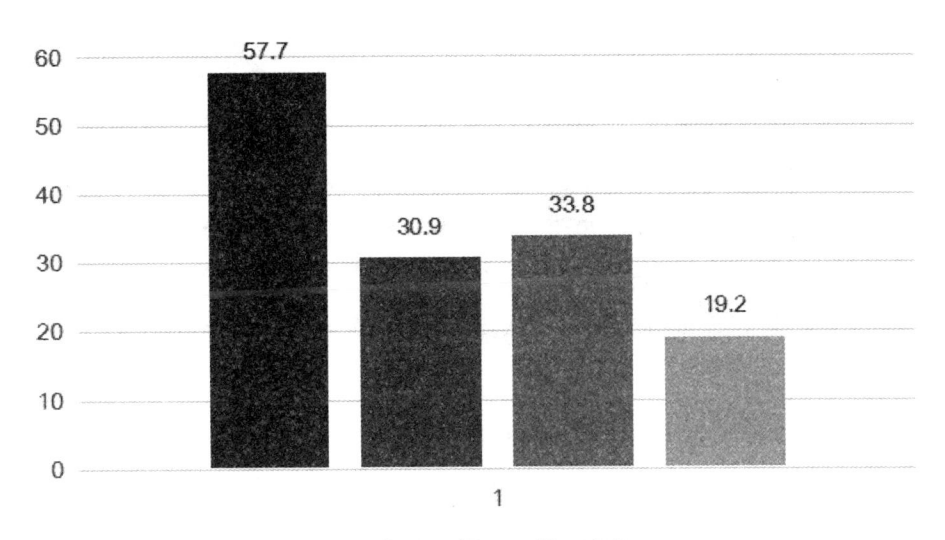

图 3-28　中国各区域新一代信息技术与制造业融合水平

3.2.2.3 我国新一代信息技术与制造业深度融合的"T-O-V"要素发展不均衡

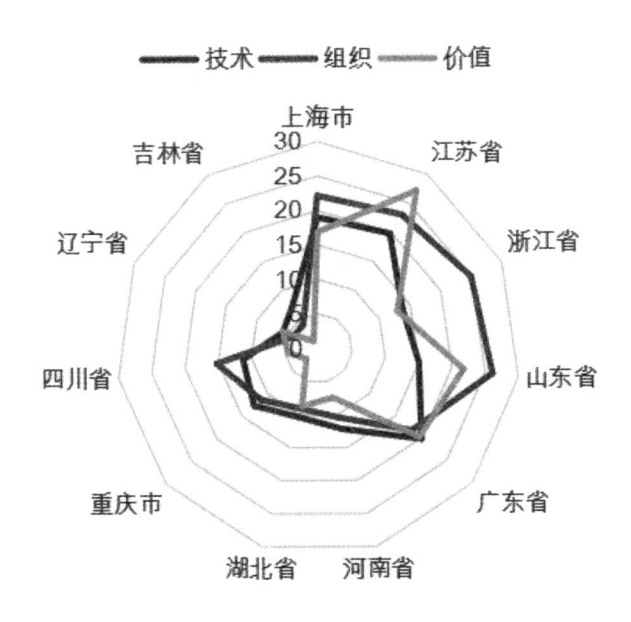

图 3-29　中国各省市新一代信息技术与制造业融合"T-O-V"要素雷达图

从图 3-29 的"T-O-V"雷达图可见,我国整体的新一代信息技术要素"T"

相对于组织要素"O"和价值要素"V"相对较低。"十三五"以来,我国全面部署5G、工业互联网、数据中心等新一代信息通信基础设施建设,以数据中心、云计算、边缘计算等设施构成的多层次算力融合协同体系正在形成。生产全过程的数字化水平不断提升,2021年制造业重点领域关键工序数控化率、数字化研发设计工具普及率分别达70.9%和74.7%,比2012年提高46.3个和25.9个百分点,新一代信息技术使用的基础能力不断提升,但目前除上海市、江苏省和广东省相对较强外,其他省份仍需持续推进新一代信息技术的融合应用,将新成果广泛应用到生产制造领域。

进一步,计算量"技术－组织－价值"三要素的耦合度及耦合协调度,由表3-10可见,其中江苏省为优质协调,这说明制造业中的新一代信息技术、产业组织和价值实现三个方面发展得较为充分、平衡,上海市、山东省和广东省三个区域为良好协调,辽宁省和吉林省则处于严重失调水平,需要进一步提升。

表3-10 各省市"T-O-V"三要素协调程度

地区	技术	组织	价值	耦合度C值	协调指数T值	耦合协调度D值	协同度	协调程度
上海市	0.93	0.83	0.60	0.98	0.79	0.88	9	良好协调
江苏省	0.99	0.87	1.00	1.00	0.95	0.97	10	优质协调
浙江省	0.57	0.96	0.45	0.95	0.66	0.79	8	中级协调
山东省	0.66	1.01	0.79	0.98	0.82	0.90	9	良好协调
广东省	1.01	0.65	0.71	0.98	0.79	0.88	9	良好协调
河南省	0.46	0.30	0.24	0.96	0.33	0.57	6	勉强协调
湖北省	0.33	0.24	0.29	0.99	0.29	0.53	6	勉强协调
重庆市	0.49	0.34	0.05	0.67	0.29	0.44	5	濒临失调
四川省	0.40	0.52	0.13	0.86	0.35	0.55	6	勉强协调
辽宁省	0.01	0.01	0.18	0.40	0.07	0.16	2	严重失调
吉林省	0.11	0.01	0.00	0.27	0.04	0.11	2	严重失调

同时,东部地区整体的技术、组织和价值三要素都超过中部、西部和东部区域的水平,并且上海市、浙江省三要素的协调度较高,浙江省、山东省组织要素较为突

出,但技术要素方面有所欠缺。

3.2.2.4 新一代信息技术自身成熟度不足,与制造业的深度融合进入深水区

从技术角度来看,新一代信息技术本身仍有不少关键技术问题亟待解决,应用场景主要集中于商业领域,因受专用性限制以及数据量的影响,融合场景主要是在非制造的研发、售后服务等环节,其集成应用实践以点状探索和增量式创新为主,应用的深度不足。如人工智能则主要聚焦在视觉识别领域,在智能研发、设备预测性维护等与工业机理深度融合的领域实践还有待提升。我国制造业发展水平参差不齐,新一代信息技术应用的前期投入较高,大中小企业发展水平参差不齐,仍需形成融通开放的产业生态,以实现大规模的商业化发展。

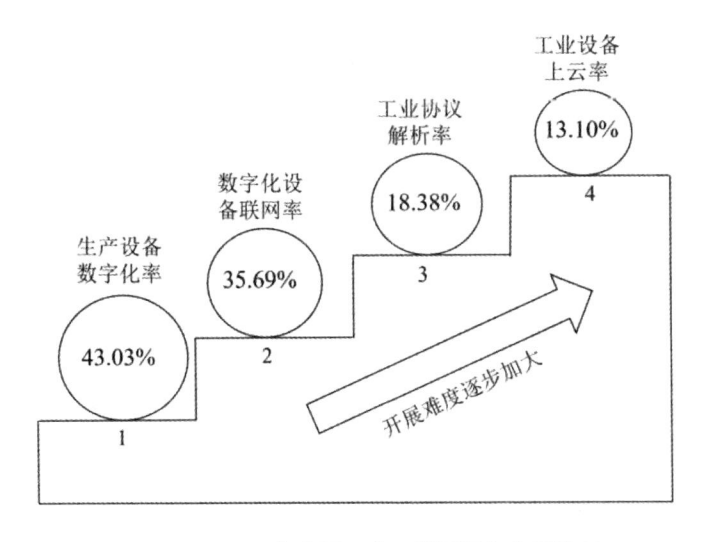

图 3-30 2020 年中国工业互联网设备上云情况

此外,我国新一代信息技术与制造业深度融合进入深水区,技术难度开始加大。如 2020 年我国工业设备上云率总体为 13.1%。工业设备上云的前置条件依次是生产设备数字化、数字化设备联网与工业协议解析。在我国工业设备领域,生产设备数字化和数字化设备联网已经初具规模,工业协议解析率偏低,严重制约了工业设备上云。

3.2.2.5 顶层规划发挥重要作用,融合发展的战略部署愈加全面深化

早在2016年习近平总书记就指出,要加强信息基础设施建设,强化信息资源深度融合。《中国制造2025》指出,以加快新一代信息技术与制造业融合为主线,创新、发展、转型成为与制造业融合推进的关键词。工信部在打造试点示范项目、提升行业服务能力、加快工业互联网平台建设等领域制定了系列行动计划和实施方案,各省市地方部门也因地制宜出台了一批支持融合发展的政策措施。

随着两化融合工作的深入推进、优秀企业的示范带动,技术的扩散和成效开始显现,社会各界对两化融合对经济高质量发展的重要促进作用的共识不断加强,从表3-9可见政策规划的综合权重为16%,可见现阶段政策对新一代信息技术与制造业融合的影响仍较为关键。另外,政策促进一些两化融合发展水平相对落后的中西部省份企业参与并推进企业两化融合的主动性、积极性不断提高,融合发展水平正加快追赶,重庆和四川等省份融合水平明显快于同水平省份。

3.2.2.6 工业互联网平台赋能作用持续显现,应用推广深度广度仍不够

工业互联网平台正成为制造业数字化转型的基础支撑和生态载体,主要体现在体系架构完善、平台体系建设、工业软件研发、标识解析布局、企业应用实践、安全保障构筑等方面。我国目前具有行业、区域影响力的工业互联网平台超150家,连接工业设备超过7 800万台(套),服务工业企业超过160万家,工业APP达到2 120个,赋能企业加速转型的作用日益彰显。

表3-11 我国工业互联网发展成效

方面	具体内容
网络方面	标识解析体系:五大国家顶级节点,工业互联网标识注册量超千亿,日解析量超过9 000万次,二级节点数已达180个,辐射范围覆盖27个省(区、市),34个行业,网络方面接入企业节点超过9万家等
	"5G+工业互联网"稳步推进,时间敏感网络、边缘计算等新产品处于探索应用阶段

续表

方面	具体内容
平台方面	平台建设:较大型工业互联网平台已经超过了150家,平台服务的工业企业超过了160万家
	设备上云:重点平台的工业设备连接数突破69万台
	平台应用:平均工业模型数突破1 100个,平均工业APP数2 120个
	产业生态:工业互联网产业联盟(AII)成员单位2 190家
安全方面	国家、省、企业三级协同的安全技术监测体系基本建成,全国21个省建立省级安全检测平台

工业互联网平台应用总体得分是表征工业互联网平台发展水平的重要指标,测算结果表明目前我国工业互联网平台应用水平整体偏低。工业互联网平台应用水平总体得分为31.76分,有14.19%(A级)的企业尚未做好应用平台准备,71.14%(B级)的企业工业互联网平台应用处于初级水平,仅有2.21%(D级+E级)的企业基于工业互联网平台开展业务模式创新,大部分企业尚未有效获取工业互联网平台应用成效(如图3-31所示)。

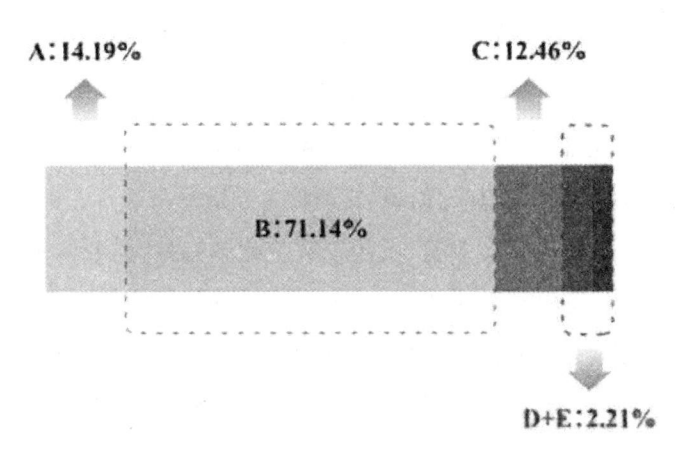

图3-31 我国工业互联网平台应用总体水平分布

各省市因地区经济基础、产业结构、政策扶持和资源条件等先天因素不同,工业互联网平台应用水平也存在显著差异,全国各省工业互联网平台应用水平总体得分阶梯分布特征明显,整体呈现东南沿海区域向西部地区逐渐降低的态势。其中,中西部工业互联网平台发展进程迟缓,东南沿海地区的工业互联网平台发展水平遥遥领先全国,长三角地区围绕浙江与江苏两省形成了工业互联网平台应用高地,有力推动了长三角区域一体化协同发展。此外,北京地区工业互联网平台发展辐射效应明显,对推动京津冀一体化发展起到了重要的支撑作用。

尽管我国工业互联网已初步建立起网络、平台、安全三大体系,但是企业的"不敢用、不会用、用不起"是目前工业互联网领域面临的最大问题。一是平台专业化服务能力不足,生态培育滞后。我国工业互联网产业联盟 2000 余家,但一般都聚焦在工厂的一个特定环节,尚未形成完整的产业生态,工业 APP 开发与工业用户双向迭代的双边市场生态远未形成。二是高商业模式仍不够成熟,企业营利手段较为单一,大多以项目交付的方式提供服务。由于我国中小企业普遍信息化基础薄弱,数字化智能化改造成本高,付费意愿不强,中小企业规模化推广仍存在困难。

3.2.2.7 新一代信息技术与制造业细分行业的结合呈现不同特征

随着新一代信息技术在工业各场景应用中的深入融合和创新应用,数字化管理、智能化生产、网络化协同、个性化定制、服务化延伸等一批具有代表性的新型制造模式加速形成,为制造业转型升级不断注入新动能。其中数字化管理最为普遍,特别是在电子、交通设备制造、机械行业价值提升效果更为明显。开展智能化生产、网络化协同的企业比例分别达到 7.7% 和 35.3%,保持年均 7%~9% 的增速稳步推进,其中网络化协同在电子、纺织、交通设备制造等离散行业中应用广泛,而智能化生产则在电子、交通设备制造、石化等数字化基础好、业务集成水平高的行业快速发展。服务化延伸的企业比例分别达到 8.1% 和 25.3%,年均增速均超过 20%,在诸多新模式中增长最为迅速。从行业来看,与终端用户紧密接触的纺织、轻工行业积极布局个性化定制,而电子、交通设备制造行业企业大力推进服务化延伸,着力提升用户精准服务水平。

3.2.2.8 开放价值生态正在形成,但新模式新业态应用潜能未真正发挥

新一代信息技术驱动制造业新的管理理念和发展方式,以用户为核心的价值创造、开放协作等一系列商业模式和业态创新不断被催生,经产业要素重构融合而

形成业务新环节、产业新组织、价值新链条,我国实现网络化协同、个性化定制和服务型制造的企业比例分别为36.2%、8.8%和26.2%(如图3-32所示)。从机械、轻工、纺织和电子等典型行业可见,新模式新业态应用潜能未真正发挥。

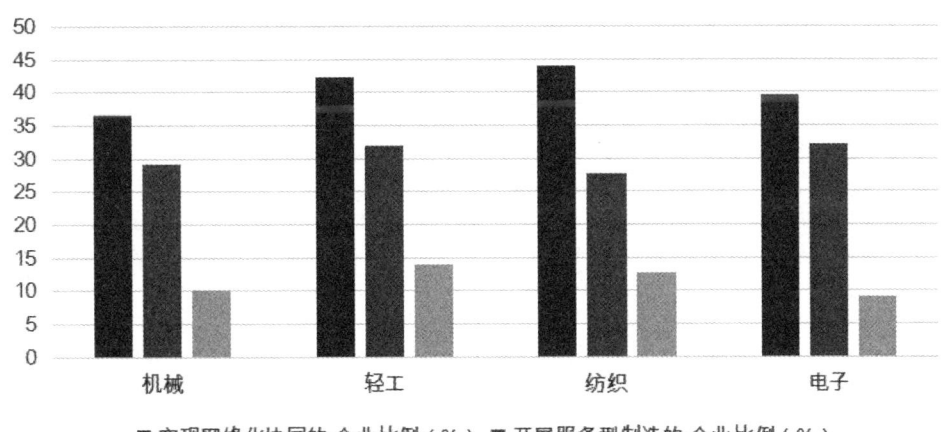

图 3-32 典型行业领域新模式新业态使用比例

工业 APP 是工业互联网平台价值实现的关键手段,将工业技术、经验、知识和最佳实践模型化、软件化和封装。2021年,规模以上电子信息制造业实现营业收入14.12万亿元,软件业务收入达到9.499万亿元,分别是2012年的2倍和3.8倍。但我国工业软件相比发达国家起步较晚,技术储备不足。数据显示,中国工业软件产值仅占全球软件业产值的6%,与我国工业产值全球第一的地位严重不匹配,高端工业软件领域则主要由外资主导。随着个性化制造模式的不断扩大,高端的PLM和研发类软件普及率不足五分之一,成为制造业数字化发展的重要制约。

3.3 新一代信息环境下上海制造企业转型升级的影响机制

本章进一步基于扎根理论对影响上海制造企业融合与转型升级的因素进行分析，探究影响新一代信息技术在上海制造业的应用过程以及对价值链核心维度的作用机制。

目前，新一代信息技术已成为制造业竞争力的核心要素，相较于消费领域，制造业对可靠性、一致性和稳定性等要求更高，5G、人工智能等新兴的技术、产品或解决方案规模化使用仍需经历大量测试验证，同时新一代信息技术在驱动上海制造业转型升级的过程中还受到资源禀赋、产业结构等因素的影响，制造业价值链的重构与转型升级仍存在一定的困难，需要进行长期深耕和创新。

本部分基于扎根理论对新一代信息与制造企业融合的影响因素进行研究。实证研究一般都有预先的研究假设，但是，扎根理论则没有，这也是扎根理论的一种显著特点。一般实证研究的核心是对数据的分析和处理，收集资料，然后对其进行分析是扎根理论的核心，强调一种"持续性"的分析凝练与"连续性"取样补充（方法过程如图 3-33 所示），属于归纳的范畴，并且是自上而下的研究。

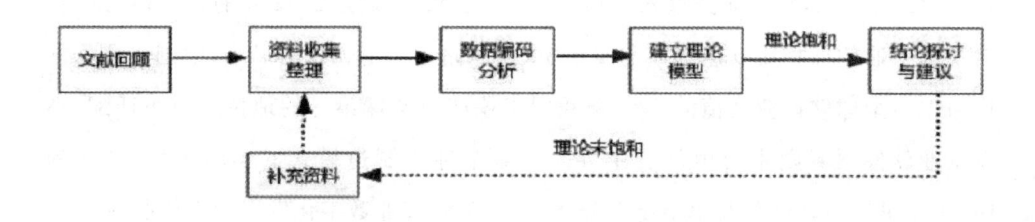

图 3-33 扎根理论研究方法的研究过程

3.3.1 数据来源与访谈过程

2016—2020 年，上海六大重点工业行业的工业总产值之和均在 20 000 亿元以上，电子信息产业和汽车制造业是上海六大重点工业行业中工业总产值贡献最大的细分产业。2016—2020年,电子信息产业和汽车制造业工业总产值合计均超过 10 000 亿元,2020 年更是高达 13 189.3 亿元。本书根据上海制造业的行业特征,从汽车制造业、精品钢材、医疗器械、机器人制造和电子信息制造业、高端设备制造业以及生物医药产业等行业中选取。案例数据的选取要考虑三个原则,即行业分布的广泛性、所选案例的典型性以及数据获取的难易。表 3-21 所展示的 14 个大、中小型企业均基于这三个原则选取,以这些典型企业作为本书的研究样本。

表 3-12 **访谈企业列表**

行业	企业名称	企业类型
精品钢材	宝山钢铁股份有限公司	大型
精品钢材	上海钢联电子商务股份有限公司	大型
精品钢材	上海华冶集团钢铁有限公司	中型
汽车制造业	上汽大众汽车有限公司	大型
汽车制造业	上海汇众汽车制造有限公司	中型
汽车制造业	上海吉谊汽车配件有限公司	小型
高端设备制造业	上海瑞纽机械装备制造有限公司	大型
高端设备制造业	上海微电子装备(集团)股份有限公司	大型
电子信息制造业	中芯国际集成电路制造(上海)有限公司	大型
电子信息制造业	上海克拉电子有限公司	小型
医疗器械	上海联影医疗科技有限公司	中型
生物医药产业	上海罗氏制药有限公司	大型
新材料制造	上海国际超导科技有限公司	中型
机器人制造	上海发那科机器人有限公司	小型

本书数据资料的收集主要源自访谈调查。首先设计初始访谈提纲(见表 3-13),通过实地和视频访谈相结合的方式对相关企业的工作人员及管理人员进行访谈,收集第一手资料。为进一步收集资料,还通过网络查询相关企业的相关新闻、案例、报道、评述;通过 Web of Science、CNKI、万得(Wind)资讯金融数据库等国内外学术论文数据库查找相关文献。

表 3-13　访谈提纲

访谈提纲
开场语:先生/女生,您好! 我们是上海工程技术大学课题组,正在做新一代信息驱动下制造业转型升级的相关研究。为了能更加科学合理地衡量企业与互联网融合发展水平,探索提升制造业企业与互联网融合水平的方法和途径,主要向您了解一些有关制造业企业与互联网融合发展方面的信息。请结合您对制造业企业与互联网融合发展的看法,谈谈你对以下问题的想法。我们将记录下访谈的内容,所有访谈结果仅用作学术研究,访谈内容将严格保密!   问题 1:您对新一代信息与制造业了解吗? 谈谈您对新一代信息与制造业的认识。 问题 2:您认为新一代信息与制造业融合发展水平的高低应当如何评价?   问题 3:您认为对新一代信息与制造业深度融合发展的关键因素是什么?   问题 4:贵公司为提升新一代信息与制造业做出了哪些努力?   问题 5:您认为企业实施新一代信息与制造业融合的主要困难是什么?

(1)

第三章　新一代信息技术环境下上海制造业重构的现状和影响机制分析 · 125 ·

(2)

图 3-34　企业调研过程与现场图

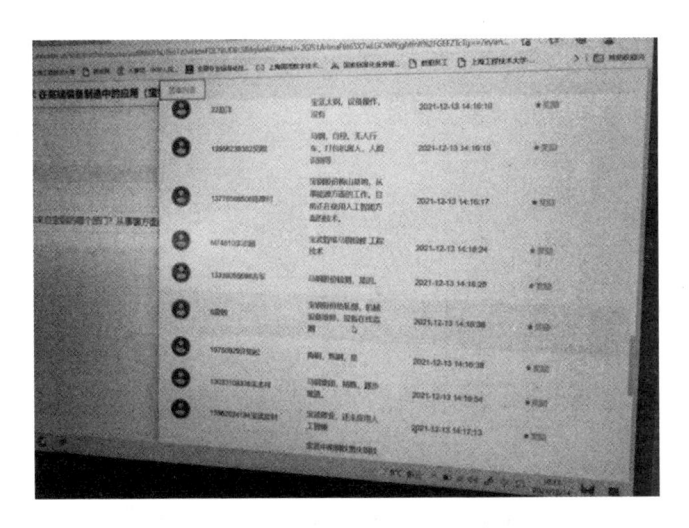

图 3-35　企业调研资料的网络收集图

首先将收集到的访谈记录等原始资料逐条分析,通过开放式编码从分散的概念转变成新概念,形成初始概念,然后依据初始概念,提炼相关概念并实现概念范畴化。通过对关于制造业企业与互联网融合发展的原始资料和数据的收集、整理和编码,形成多个概念种类,最终得出制造业企业与互联网融合发展水平关键结构维度(如表 3-14 所示)。

表 3—14　上汽大众汽车有限公司访谈开放性编码举例

记录资料	概念化	范畴化
中国汽车行业整体饱和	市场竞争加剧	企业压力
上汽大众具有先进技术和质量管理体系	先进技术、质量管理	技术能力、管理能力
上汽大众已成为中国合资企业的发展样本	汽车业的发展样本	市场需求
开放、包容、共赢的合作精神早已成为上汽大众企业发展的内核	企业价值观	企业战略
与腾讯、京东、酷我、喜马拉雅等企业展开合作	外界资源	合作资源
依托互联网的海量资源	数据资源	基础数据
深耕车载场景，真正解决用户痛点	智能产品	技术能力
上汽大众与华为强强携手，联合发布"全栈一体化仿真平台"解决方案	政府政策	政府政策
从产品竞争到服务竞争，上汽大众构建终端运营新体系	营销水平	品牌提升
上汽大众置换智能新能源汽车补贴，政府拟以现金补贴形式	政府补贴	财政政策
大众为人诟病的车机问题一直无法得到妥善的解决，无法联网、车机卡顿、手机 APP 无法顺畅远程控制车辆等问题，更是加深了负面影响	负面印象	竞争力

本书在对上汽大众汽车有限公司的原始访谈资料进行编码得到结果的基础上，持续地比对其他资料实时更新内容，持续地研究和分析概念与范畴是否对原始资料有准确和规范的反应。对 13 个企业（上海国际超导科技有限公司作为验证）原始资料进行研究和分析的基础上，共提炼出 50 条原始语句、103 个概念和 23 个范畴。整理收集到的原始资料，并通过开放式编码，形成初级概念（如表 3-15 所示）。

表 3-15　开放性编码形成的范畴

编号	范畴	初始概念
1	市场环境	需求导向、产品差异化程度、价值曲线、产品生命周期、进入时机、成本曲线、价值体现、市场饱和度
2	企业压力	环保、土地成本、人力资源成本、信息成本
3	政策压力	环保、"双碳"目标
4	行业特征	消费端融合、生产端融合
5	技术期望	联结、实物相连、智能决策、去信任、分布式
6	企业家特质	开拓进取、集思广益、美好愿景、踏实肯干、重视发展、敢于冒险、伟大事业、开创未来、自我革命、勇攀高峰、高瞻远瞩、不畏艰险
7	金融、财税政策	降低税率、设立专项资金、引导金融机构创新金融信贷产品和服务
8	融合模式	众包设计、大规模定制、深度定制、重创定制、社群式制造、供应链协同、服务延伸、智能生产、平台模式、协同研发
9	技术能力	计算机辅助设计、计算机辅助产品模型、计算机辅助工业工程控制
10	管理能力	企业管理信息化、安全生产自动检测
11	合作资源	信息共享、合作开发、委托开发
12	品牌能力	品牌文化、顾客本位、产品定位、品牌传播、质量管理、品牌渠道、品牌延伸
13	资金支持	大量持续、间断、少量、不考虑
14	数据安全	交互、整合、交换、交易
15	数据确权	个人拥有底层直接数据的产权、数据收集企业拥有集合数据的使用权、数据处理平台拥有脱敏建模数据的产权
16	社会支撑和服务	
17	国际交流与合作	在海外成立合资企业、建立具备成本优势的生产基地、吸纳国外人才共建创新平台
18	试点示范	产业链延伸服务、全生命周期追溯、便利交易过程的服务、在线监测、推动建立第三方认定服务体系、远程诊断
19	竞争力	产品质量、顾客满意、财务优化

续 表

编号	范畴	初始概念
20	经济效益	成本、利润
21	社会效益	社会贡献率、产值综合能耗
22	战略规划	标准化软件、定制开发、标准化软件＋定制开发相结合
23	创新能力	新产品产值率、专利、研发周期

通过开放式编码可以对原始数据进行提炼并概念化,然后通过主轴性编码可以发现和建立各个概念和范畴之间的逻辑关系。通过主轴编码依据概念间的类属关系对识别的独立范畴进行分类,进而形成主范畴和副范畴。本书通过分析范畴之间的逻辑关系,把23个副范畴归到7个主范畴之中,根据主轴编码的方法精确地体现了数据资料的内在联系。具体如表3-16所示。

表3-16 主轴编码形成的主范畴

编号	主范畴	副范畴
1	融合动力	市场环境
		企业压力
		环境压力
2	技术风险	行业特征
		技术期望
3	战略能力	融合模式
		企业家特质
		战略规划
		战略实施
4	组织基础	技术能力
		管理能力
		品牌能力
		资金支持

续 表

编号	主范畴	副范畴
5	数据权益	数据安全
		数据确权
6	政府政策	社会支撑和服务
		国际交流与合作
		试点示范
		金融、财税政策
7	效能效益	竞争力
		创新能力
		经济效益
		社会效益

通过选择性编码可以提炼概念的核心范畴进而分析概念的核心范畴与其他范畴的联系，系统阐述影响因素模型及其作用机理。通过前开放式编码和主轴编码形成了103个概念、23个副范畴以及7个主范畴，其中7个主范畴分别为融合动力、技术匹配、战略能力、组织基础、数据安全、政府政策和效能效益。新一代信息下制造企业转型升级的动力机制可以分为"驱动－选择－支撑－反馈"4个过程，将其串联起来，形成一个闭合的发展过程，所有过程环节都会影响融合发展的最终效果。概括：制造企业转型升级是在市场需求、企业压力和环境压力的驱动下开始转型，具体在行业特征、技术期望和融合模式的影响下进行选择，转型升级的程度由战略能力、组织基础、数据安全和政府政策4个方面的支撑力决定，最后效果效益也会影响融合的力度和持续程度。通过上文描述，构建了新一代信息技术下制造企业转型升级的影响因素理论模型，如图3-36所示。

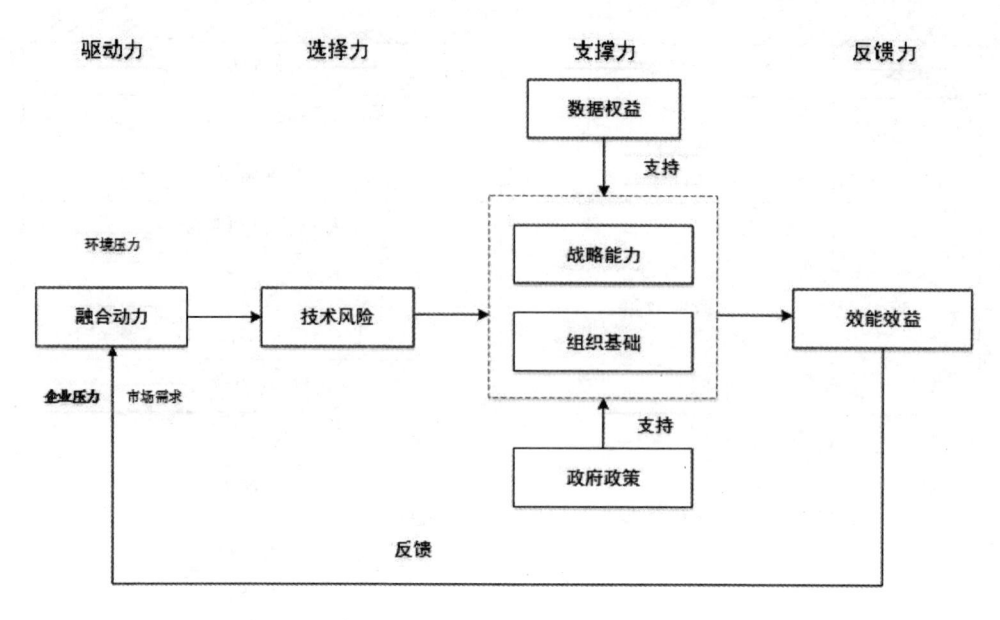

图 3-36　新一代信息下制造企业转型升级过程与影响因素模型

进一步进行理论饱和度检验。如果不饱和,则有必要继续扩充数据资料以发现新的概念与类别来完善理论。本部分针对上海国际超导科技有限公司的访谈资料,新的概念和范畴在再次开放式编码和主轴编码分析后没有被发现,因此上述理论模型是饱和的。

本部分针对影响新一代信息与制造企业转型升级的相关因素,采用问卷调查法进行实证研究。

3.3.2 问卷设计与调研

按照图 3-36,本部分问卷包含两个部分,共 12 个题项,旨在力求被调查者在回答少量题目的前提下获得尽可能多的问卷份数(如表 3-17 所示)。具体如下:第一部分是受访企业者的基本信息,包括企业性质、企业所属的行业类别、企业规模以及实施新一代信息与企业融合发展的意愿程度,共包含 4 个题项。第二部分是对影响因素的提问,共包含 8 个题项。

表 3-17　调查问卷

调查问卷
您好！我们是上海工程技术大学课题组,正在做新一代信息驱动下制造业转型升级的相关研究,探索新一代信息制造业融合意愿的影响因素,主要向您了解一些有关制造业企业与互联网融合发展方面的信息。问题 1~4 请直接"√",其他问题请用 1~5 之间的数字表示,"5"为非常同意,"1"为非常不同意。
问题 1:您的企业性质为:国企、私企、外商独资、外商合资。
问题 2:您的企业类别为:电子信息、设备制造、钢材相关、生物医药、汽车制造、其他。
问题 3:您的企业规模为:大型、中型、小型。
问题 4:您的职位为:高层、中层、基层。
问题 5:您认为贵公司对实施新一代信息与制造业融合有强烈的需求吗?
问题 6:您认为贵公司在新一代信息与制造业融合实施过程中有合适的技术和模式吗?
问题 7:您认为贵公司在新一代信息与制造业融合实施过程中有战略能力作为支撑吗?
问题 8:您认为贵公司在新一代信息与制造业融合实施过程中有组织能力作为支撑吗?
问题 9:您认为贵公司在新一代信息与制造业融合实施过程中政府政策支持力度如何?
问题 10:您认为贵公司在新一代信息与制造业融合实施过程中数据权益能得到保障吗?
问题 11:您对贵公司在新一代信息与制造业融合过程中所获得的效能效益是否满意?

本次研究采用的 LIKERT 量表,分为五个等级,其中从"1"到"5"的程度是逐渐增强的,"5"代表"非常同意","1"代表"非常不同意",受访企业根据实际情况进行勾选。最终发放问卷 230 份,回收 218 份,问卷回收率为 94.8%,剔除 25 份无效问卷,得到 193 份有效问卷,有效率为 88.5%。

3.3.3 计量模型与回归分析

为研究新一代信息对制造业转型升级的影响,运用相关变量构造计量模型来测度各影响因素对实施转型升级的意愿的影响。选取以下控制变量:融合动力(RD)、技术风险(MJ)、战略能力(ZN)、组织基础(ZJ)、数据权益(SQ)、政府政策(ZZ)、效能效益(NY);被解释变量为实施新一代信息与企业融合发展的意愿程度(YY)。构建计量模型如下:

$$YY = a_0 + a_1RD + a_2MJ + a_3ZN + a_4ZJ + a_5SQ + a_6NZ + a_7NY + \varepsilon$$

其中，a_0 表示常数项，a_1、a_2、a_3、a_4、a_5、a_6 和 a_7 表示系数和 ε 随机误差项。

在对计量模型进行回归之前，为避免伪回归的情况，需先对其进行平稳性检验。采用 Eviews10 软件，通过四种方法进行单位根检验，检验结果如表 3-18 所示。

表 3-18　面板单位根检验结果

变量	LLC 检验	IPS 检验	ADF-F 检验	PP-F 检验
YY	-12.950 0***	0.853 47	36.475 7	57.381 2
RD	-79.620 2***	-4.022 43***	72.332 5**	120.446***
MJ	-6.225 80***	1.081 70	26.087 7	47.887 9
ZN	-11.200 6***	0.129 45	45.301 3	84.502 1***
ZJ	2.640 16	2.590 06	12.261 6	14.984 4
SQ	-4.537 1***	5.567 0	18.098 7***	12.346 8
ZZ	6.223 4*	2.673 4	9.675 4	19.026 6**
NY	-1.095 6**	0.864 1	6.813 5***	15.956 0
ΔYY	-10.434 9***	-2.361 53***	65.770 8**	100.157***
ΔRD	-73.466 5***	-4.628 92***	72.731 5**	116.648***
ΔMJ	-25.128 5***	-2.688 79***	68.712 4***	111.861***
ΔZN	-13.443 3***	-4.309 50***	75.880 8***	79.669 3***
ΔZJ	-29.462 7***	-1.342 56*	53.383 0**	88.205 7***
ΔSQ	-17.866 7***	-1.556 1**	45.987 1***	91.557 12***
ΔZZ	-15.306 1***	-4.761 2***	36.712 9**	67.918 2***
ΔNY	-11.489 1***	-0.913 6**	45.913 7*	71.351 9***

注：*、**、***分别表示10%、5%及1%水平上的显著程度，Δ 指变量经过一阶差分。

根据表 3-18 的检验结果表明，解释变量的水平值通过 LLC 检验及 ADF-F 检验后呈现平稳状态，而控制变量以及被解释变量序列的水平值则显示不平稳，又对各变量进行一阶差分的处理后均呈现平稳的状态，由此表明变量序列之间或许具有协整关系。

序列间是否具有协整关系是一项重要检验,最终检验结果如表 3-19 所示。

表 3-19 变量的协整检验结果

	Panel v	Panel p	Panel ADF	Panel PP	Group p	Group ADF	Group PP
统计量	-1.623 7	6.147 2	-5.621 8***	-8.732 8***	7.215 7	-7.061 9***	-14.528 1***

注:*** 代表 1% 水平上的统计显著性。

根据对变量样本数据的处理结果得出,在 1% 显著水平上,GroupADF 和 Panel ADF 拒绝原假设 H0。因此,计量模型变量间具有协整关系,即说明实证结果不存在伪回归的情况,回归结果就有意义。

本书使用 STATA15.1 软件得到新一代信息技术环境下制造业转型升级的计量模型,由 Hausman 检验可知 P 值小于 0.01,表明置信水平在 99% 下拒绝原假设,遂采用固定效应,模型回归结果如表 3-19 所示。

表 3-19 计量模型的回归结果

变量	系数	t 统计量
RD	0.737 999	1.04***
MJ	-0.202 676	-2.01**
ZN	0.101 424	1.95*
ZJ	-0.071 782	-0.76**
SQ	0.090 175	0.82
NZ	0.306 72	0.55
C	5.747 818	7.12***
豪斯曼检验	Prob=0.002 9	

注:***、** 和 * 分别代表 1%、5% 和 10% 水平上的统计显著性。

3.3.4 结论与启示

由表 3-19 可知,融合动力指标 RD 为 0.737 999 并且在 10% 的水平上显著,说明融合动力对上海制造业融合升级有明显的正向作用,其回归结果表现为:当融合动力指标每增加一倍,企业采用新一代信息转型升级的意愿就增加73.8%,即表明上海制造企业的转型升级的意愿还多是由市场需求、企业压力或者环境压力被动推动式的。技术风险指标也具有显著性,但为负值-0.202 676,这表明企业在转型升级的过程中缺乏有效升级模式或者新一代信息技术的能力不足,需要加强企业转型升级模式的指导,或者联合信息技术供应商或制造平台企业,推动技术的水平升级和推广。效能效益指标NY具有在10%的水平上显著,系数为0.306 72,这说明企业在推动新一代信息技术的应用时,竞争力、创新能力、经济效益或社会效益对企业的使用意愿具有明显的反馈提升作用。

战略能力ZN对使用意愿也具有显著性,这说明企业的数字化战略、企业家精神等对新一代信息技术的使用意愿具有较好的促进作用,但其系数0.101 424小于效能效益指标NY系数0.306 72,有可能为企业高层与中底层的意愿的差异性,这在部分调研企业得到初步反应。比较意外的是,组织基础ZJ对企业融合意愿的关系为负相关,这表明较好的技术能力、管理能力和品牌能力基础,并不会自然推动新一代信息技术的使用意愿,甚至还会阻碍技术的运用,这要求企业不能止步于过去的辉煌,而应把握融合的浪潮建立新的竞争优势。与数据权益SQ和政府政策ZZ两项指标的关系不具有显著性,这可能是由于企业在转型升级的过程中虽然意识到数据权的重要性,但由于融合的程度还不高,对数据安全和收据收益的关注程度还较低。

本部分由于目前收集的数据相对有限,难以从企业规模、企业类型的2个角度分组讨论,希望有机会收集更多的资料以获得更多与融合意愿的研究结论。

第四章 新一代信息技术驱动的制造企业竞争能力提升路径研究

随着新一代信息技术与制造业融合发展的不断深入,制造业企业如何具体、有效地利用新一代信息技术提升企业的竞争力已成为其能否顺利转型的关键。本部分基于 SOR 模型探究新一代信息驱动下制造企业如何利用动态能力与价值创造提升其竞争能力,并通过案例研究进一步分析验证。

4.1 基于 SOR 模型的制造企业能力提升与价值共创研究

4.1.1 基于 SOR 的模型构建

SOR 模型即刺激-机体-反应(Stimulus-Organism-Response)模型,其主要思想是:物理环境通过影响机体的内在状态而作用于其行为。刺激即外在影响因素,通过影响机体的内在状态而促使其做出反应,是能唤起个体行为的前因要素,主要包括价值观、管理、环境、目标、组织职能以及社会心理因素等;机体是中间变量,包括组织的结构、人员、动机、态度、领导方式等,是为了达到最终目标的中间处理过程;反应是相应的变革措施,以及采取措施而产生的结果。

基于 SOR 模型可以分析制造业企业中新一代信息技术与动态能力、价值创造的关系。其中新一代信息技术是当前的大环境,是促进企业价值创造模式变革的刺激因素,是影响价值创造的前因;动态能力是新一代信息技术下企业所必须具有的能力,动态能力借助其感知能力、整合能力与创新能力作用于企业中进行价值创造;动态能力作为中介因素,价值创造是这一系列活动的最终结果。因此本部分将新一代信息技术作为一种刺激(Stimulus),将制造企业的动态能力作为一种机体

(Organism),将价值链价值创造作为一种反应(Response),以此构建新一代信息技术、动态能力、企业价值创造的 SOR 模型。

在 SOR 模型中新一代信息技术如何凭借动态能力,推动制造业企业进行价值创造,动态能力在这过程当中所起的作用的大小由感知能力、整合能力以及创新能力三个重要维度决定;价值创造具体表现为企业内部运营价值创造、顾客价值创造及供应商价值创造这三个主要维度,所以得出图 4-1 所示的概念模型。

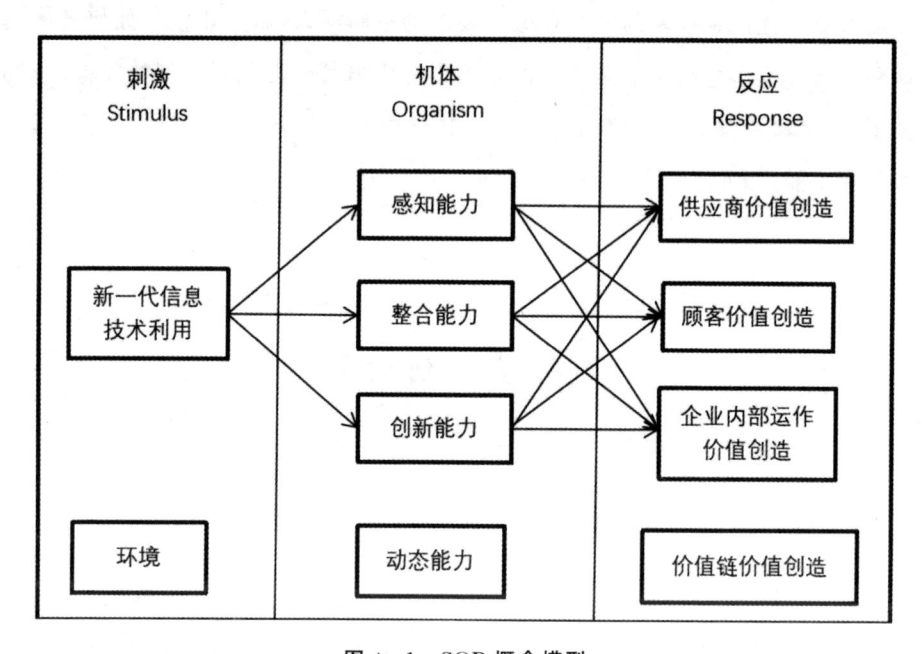

图 4-1 SOR 概念模型

现有对新一代信息技术驱动下的制造企业平台化转型的演化发展探讨较少,对该背景下与机会识别开发、资源整合重构等动态能力的交互演化过程更亟待进一步展开研究。在新一代信息技术下,将制造企业与新一代信息技术融合纵向发展的各个阶段和演化过程进行追踪和解构,现有学者已经分别从动态能力、平台化转型制造企业和价值共创 3 个理论视角分别展开了研究,只是尚未在三者之间搭建起对话桥梁。本部分试图整合动态能力视角剖析制造企业价值创造模式演化的内在过程,提出图 4-2 的整合分析框架。

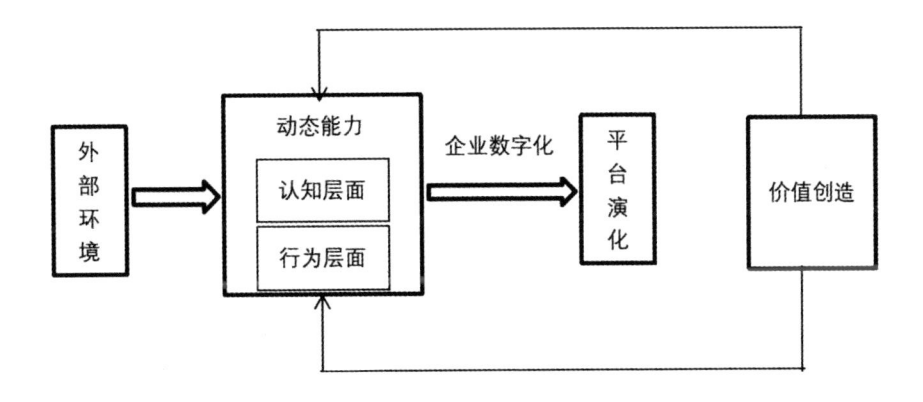

图 4-2 整合分析框架

制造企业动态核心能力系统的运动和外部环境密不可分。因此,对制造企业动态核心能力的关注主要是系统演化的影响因素及其与环境的协调程度。在研究制造企业动态核心能力惯例时要综合考虑内部因素和外部因素,企业惯例存在于系统内部,因此内部因素起主导作用,外部因素主要起刺激作用。通常,系统的外部环境主要涵盖政治、文化、技术、经济等主要因素,如若根据波特的竞争理论,能更细分为经济、政治/法律、社会文化、人口、技术、全球化这六个方面。

经济要素主要通过市场机制变化来调整制造企业系统的运行发展,包括物品、信息和货币等交换行为;政治法律要素主要有关政策及市场准则的制定、政策及准则的连续性及其他行政举措等;社会文化要素主要涵盖地区的民风习俗、消费者价值观等,揭示社会进步的价值取向,也是其他要素发展的引擎;人口要素主要是在企业进行市场扩张时需加以考虑,涵盖地理分布、人口数量、收入状况、年龄结构等因素;技术要素主要是有关新技术新产品等知识的转化,有利于制造企业的技术创新活动,进一步促进新产品、新材料及新流程的有效产出。

制造业企业所处于的外界环境还涉及影响企业间竞争的行业环境因素,涵盖供应商、替代品、新进入者、现有竞争者以及顾客。这五种要素决定目前行业的发展潜力和盈利水平,是制造企业发展的重要因素。

由于制造企业系统的外部环境存在复杂性的情况,且对制造企业动态能力系统演化过程的影响也存在间接性作用,因此需要通过变革企业的投资战略、促进技术研发创新等方式才能有效影响系统。在经济学中,生产投入要素包括资本、技术和劳动力,本书对外部环境影响下的投入要素通过用人力、技术及资本等制造企业的动态能力系统的外部控制变量来表示。外部投入要素是控制变量,它明显不同于动态能力系统的内部要素。制造企业动态能力是一种可以既迅速又高质量地将企业的投入转变成服务和产品且从中获利的高阶能力。资源、管理及业务三者间的互动协调有利于制造企业提升其动态能力。通过把感知状态、整合状态以及创新状态定义为"互联网+"背景下制造企业动态能力系统的状态变量以此来反映在与"互联网+"融合的过程中制造企业的资源、管理及业务状态。而制造企业的内部要素组合会由于外部环境的刺激进而转化为动态能力系统的演化惯例,其中,制造企业内部要素的三个状态变量分别对应三种系统演化惯例,具体如图 4-3 所示。

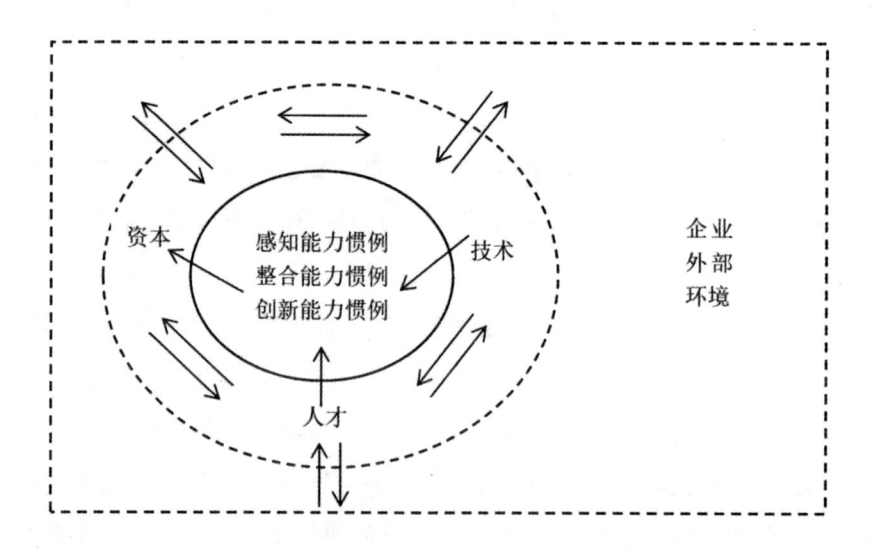

图 4-3 制造企业动态能力演化惯例的构成

4.1.2 制造企业动态能力演化的分析框架

4.1.2.1 演化的基本单位——动态能力因子

制造企业动态能力演化过程中,动态能力的演化是由惯例演化来引导的更高层面的制造企业和外部环境之间的协调互动。在其进行演化的过程中,肯定存在一个或者是多个因子主导系统的演化,这一个或多个因子即为动态能力因子,能明显影响制造企业动态能力的演化过程,并且各个因子在制造企业与新一代信息技术融合发展的不同演化阶段发挥的作用也有显著区别。动态能力是制造企业演化进程中至关重要的主导因素。所以,在不同的演化阶段不可以任意加强某个因子的作用或是刻意忽略某个因子的作用,需要根据当前的市场环境来决定,保持动态能力因子的平衡对新一代信息技术驱动下制造企业的演化进程具有至关重要的意义。

制造企业动态能力的演化过程主要是由动态能力因子主导,因此在整个演化过程的研究中首先需要在多个影响因子中准确识别出主导因子,而这就要求制造业企业依据自身特征通过借助科学严谨的方式从内外部环境要素进行选取与界定。并且动态能力演化因子必须兼具演化特征及适应性,这样才能起到纽带及桥梁的作用。

4.1.2.2 动态能力因子间的协同效应

虽然这三种因子各自都有自己的职能,但是在制造企业动态核心能力的演化过程中三者缺一不可,只有三种因子密切配合才能保证制造企业系统的协同演化,同时保障制造企业动态能力演化的实现。感知能力因子、整合能力因子和创新能力因子共同作用于制造企业动态能力的演化过程。在制造企业动态能力演化过程中,起始端是制造企业感知能力因子的作用。在感知能力因子的引导下,制造企业系统与外部环境间持续不断地交换物质、能量及信息,从而从外界获取制造企业可持续发展过程中所需的资源。感知能力因子的效果通常体现在制造企业的各种投入,包括人力资源、先进制造技术资源、财力资源等的投入。从成本的角度出发,感知能力因子还尤其影响制造企业的成本管理,在资源的获取过程中制造企业系统也在不断付出各种形式的成本,这需要制造企业需要根据外部环境以及自身的实际情况做出具有预见性的辨识和判断,包括时间、人力和金钱等,所以感知能力因子的优越性主要体现在制造企业资源的获取能力和成本管理能力两个方面。

制造企业的整合能力主导的是企业投入产出转化的过程,制造企业得到各项资源充足的投入之后,在内部必然需要某种转化过程,将投入转变为产出,这时需要通过制造企业技术的积累和制度的更新来实现整合能力因子的优化,整合能力因子对制造企业动态核心能力演化的影响是感知能力因子影响的延伸，在感知能力因子作用之后整合能力因子才开始作用，因此整合能力对制造企业系统的影响是以感知能力因子为基础的，在它们二者的作用下，制造企业系统通过将企业资源的转化向社会提供一定的产品和服务，同时采取各种具有先进性的竞争策略获得更稳固的竞争优势和超额利润，创新能力因子由此成为主导制造企业获取利润的主要因素。如图4-4所示，构成三种能力因子的知识大部分是隐性的，关键在于制造企业的高层管理者能否直接控制这些能力。制造业企业的创新能力因子是制造业企业动态能力演化过程的逻辑终端，并且也是动态能力演化循环的起始端，在这个过程中制造业企业借助相关的知识创造出新技术与新产品，形成并发展成强大的知识创新与知识增量能力。知识创新能力在发挥其作用时导致产生的知识增量中知识单元形成的整体性下降，制造系统为寻求新的知识联系，重新与外界进行交互作用，在此过程中感知能力因子和整合能力因子同时发挥作用实现制造业企业动态能力的螺旋演化。

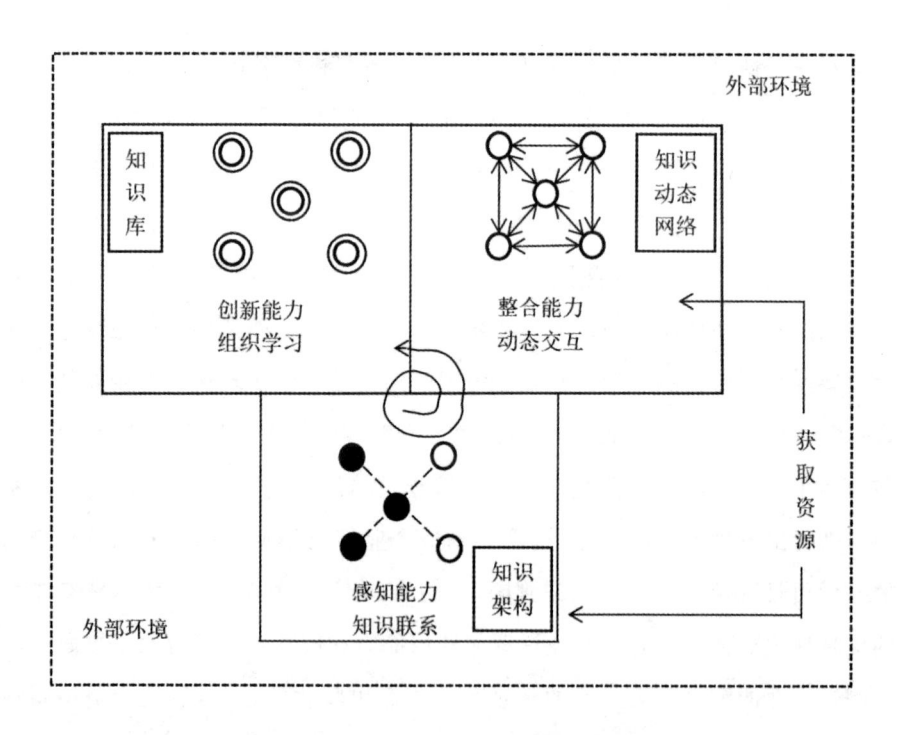

图4-4 制造企业动态能力因子的协同效应

制造企业的感知能力因子、整合能力因子和创新能力因子是整个制造企业系统有效可持续运行的纽带,可以解释制造企业作为投入产出系统的全过程活动。如果以资源进入制造企业系统到成为产品和服务的过程为例,那么感知能力因子主导的是制造企业系统运行的初始端,是制造企业系统原始资源的获取和积累过程;整合能力因子主导的是制造企业系统运行的中端,是资源在制造企业系统中有效的利用和转化;创新能力因子主导的是制造企业系统运行的终端,是制造企业的产品和服务在投向社会的过程中为制造企业创造的价值所在。三种能力因子之间是一种连续分工与合作的过程,这里认为三种因子对制造企业所产生的作用是层层递进的效应,这种效应主要依据资源在进入制造企业系统之后的使用效果,如图4-5所示。

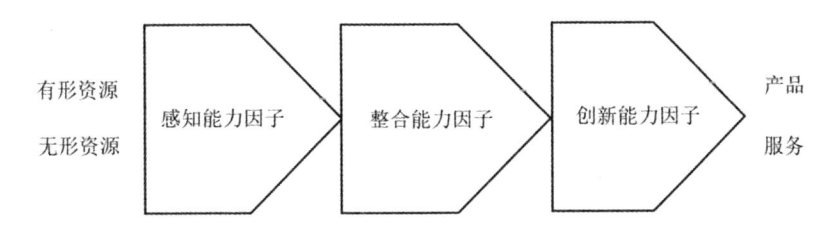

图4-5 制造企业动态能力因子递进关系图

在制造企业动态能力因子的演化过程中,三种因子之间有机地联系在一起,每一种因子都有可能成为制造企业发展过程中的独特竞争优势。三种因子之间除了合作,有时也具有竞争关系,即回到研究制造企业的动态能力可持续发展过程中哪种能力因子占据支配地位的问题。三种动态能力因子的关联关系必然将他们形成一个整体,而哪种因子更具有主导地位与制造企业自身的结构、发展的状态、战略规划的目标以及所处外界环境的状态差异等因素有关。在制造企业动态能力演化的过程中,在动态能力因子的共同作用下,即使在外界环境发生急剧变化时也能保障制造企业的动态能力演化过程有序进行。

4.1.3 动态能力视角下制造业企业价值创造分析

动态能力作为一种高阶组织能力,对企业战略的实施起着重要的作用。因此,动态能力对企业价值共创战略的实施也有着重大影响,具体可以从动态能力的维度加以说明,即从感应决策、整合执行和学习创新三个维度阐释动态能力对价值共创战略的影响。

感应决策能力对制造业企业价值创造的影响。新一代信息技术驱动下,制造企业从价值独创到与顾客共同创造价值,这一转变的实施需要企业运用感应决策能力充分感知企业内外部环境的变化,并根据环境的变化做出相应的决策。

首先,感应决策能力影响企业价值共创战略目标、思路和实施路径的确定。企业通过对市场的感知,可以把握市场变化,了解客户需求,提供卓越的价值主张,促进价值的共同创造。企业需要拥有较强的感应能力,通过环境扫描、监测、预测和感知,深入了解消费者需求、宏观政策、产业及技术发展趋势及市场竞争格局的动态变化,进而迅速感知辨别外界环境中的机遇与挑战,形成企业阶段性的发展目标。Prahalad 和 Hamel 也强调企业要深入了解自己所在行业的发展运行规律,分析环境变化对企业可能产生的影响。感应决策能力促使企业把握消费者的需求特征,感知供应商的变化,能有效识别潜在的替代技术与产品及目前技术变化的主要趋势,同时也对自身所具有的资源与能力、组织运行等做出确切的感知,发现组织内部存在的优势与劣势。在此基础上,感应决策能力促使企业做出相应的决策,确定价值共创战略的目标、思路和实施路径。

其次,感应决策能力也影响价值共创方案的调整。Teece 认为企业的感知能力越强,就越能正确识别出消费者需求及市场环境的变化,进而做出相应的决策。在价值共创过程中,感应决策能力能通过对环境的扫描,捕捉内外部环境的变化,获取企业面临的机会与挑战等信息,从而适时的调整决策,推动价值共创战略的实施。

整合执行能力对制造业企业价值共创的影响。通过整合执行能力,企业整合价值网络中的资源与能力,构建战略协同、动态控制机制,推动价值共创战略的实施。

首先,随着外部环境的变化,企业原有的资源、能力不一定能继续有效支撑价值共创的实施,企业需要因时制宜地对资源和能力进行整合。通过与价值网络成员的互动与合作,组织能对不同的资源加以识别、获取、配置和利用,改变原有的资源结构,最终能形成较强系统性、价值性与柔性的资源体系。同时,企业应增强通过感应与学习所获得的新知识与现有知识的融合利用,强化企业资源、惯例、运作能力与核心能力的整合。通过对资源结构、能力结构的重新组合,企业为价值共创战略的实施提供相匹配的资源与能力基础。

其次,战略协同和动态控制是整合执行能力的两个要素,企业在实施价值共创战略时应与相关战略协同,保持战略、组织、行为之间的动态平衡。考虑到企业的开放、复杂、动态等特性,战略协同需在企业不同层次和要素间进行全局性规划,同时动态控制不同要素在不同层次的协调运用,进而能促使企业各要素与层次间实现耦合,推动价值共创的实施,获得阶跃式的整体放大效应。因此,企业应建立科学的协同和控制机制,促进价值网络成员间的协同、企业各部门之间的协同,充分调动价值网络成员的资源与能力,提高各部门的运营效率,灵活地实施有关价值共创的决策,并对价值共创活动进行监测、感知和控制,保证正确的方向,促进价值共创目标的实现。

学习创新能力对制造业企业价值共创的影响。学习创新能力为价值共创战略的实施提供动力支持。在价值共创过程中,企业通过组织内外部学习,获取信息和知识,不断进行知识、技术、管理等方面的创新,推动价值共创的实现。

首先,通过学习创新能力,企业可以拓展组织相应的能力和知识,为价值共创战略的形成和实施提供基础。企业通过在组织内部的功能和层次之间进行知识的获取、整合与利用,可以实现不同知识的交叉和重组,从而形成新的知识,改善组织成员的认知结构,为价值共创奠定认知和观念基础。企业也可以通过价值网络向供应商、合作伙伴、消费者甚至是竞争者学习,获得优化配置企业资源和能力的方法,提高企业资源的效益网。在此基础上,企业能积累更多的知识,进一步拓展知识的深度与宽度,更准确地把握市场变化,提升企业内部成员的研发能力和市场能力,进而提高产品或服务的创新性,增加共创价值。而且,企业可以增强对环境变化与组织惯例改变的匹配性的认知,从而动态调整组织内部的常规运作,以适应价值共创活动的开展。

其次,组织内部学习和向价值网络成员的外部学习,两者相互影响,为价值共创过程中的创新提供了支持。对企业而言,通过组织内外部学习,获得了需要的技术、工艺、创意、经验等知识要素,使其能更好地结合自身的技术和知识资源,促进知识、技术、管理等方面的创新,有利于做出正确的决策,为消费者提供更优质的产品或服务,推动价值共创战略的实施。

综上所述，动态能力对价值共创战略有重要影响。借助于感应决策能力，企业感知内外部环境的动态变化，识别机会与挑战，从而做出相应的决策，确定价值共创的目标、方向与路径；借助于学习创新能力，企业通过对信息、知识的获取与利用，为价值共创奠定认知和观念基础，同时通过知识、技术、管理等方面的创新，为价值共创提供动力支持；借助于变革领导能力，企业根据环境变化和发展需要，推进组织结构、运营流程、价值网络结构等方面的变革，使价值共创战略得以充分部署和实施；借助于整合执行能力，企业对资源与能力进行整合，为价值共创提供匹配的资源与能力基础，通过建立协同与控制机制，保证价值共创目标的实现。

4.2 新一代信息环境下制造企业动态能力演化案例研究

4.2.1 方法选择与案例选择

针对新一代信息技术驱动下动态能力理论需进行拓展的方向，本部分旨在对新一代信息背景下制造企业动态能力演化的机制及路径进行探索性研究。选择合适的研究方法是本书首要考虑的问题。本部分需对制造企业演化机制进行探讨，并且深入揭示复杂动态过程的变化特征，最后归纳总结出制造企业动态能力纵向演进的路径。因此，通过选取典型案例对其进行纵向研究，描述企业实践中涌现出的新问题、新现象，提炼出解释现实现象的复杂规律，指导出研究结论。因此，采用纵向单案例研究方法探讨新一代信息背景下制造企业动态能力及价值共创演化机制。

依据数据可得性及案例典型性这两个因素，最终选取海尔集团作为研究对象。海尔从最初依靠引进德国设备及技术的集体小厂发展成引领互联网时代的生态型企业，成为全球最大的家用电器制造企业。海尔集团在愈发激烈的市场竞争中有意识较早地开始探索企业转型变革，深化与外部协作，提升制造技术，积极响应新一代信息战略，在智能制造方面取得较大进展，逐步加大企业与互联网的融合度，从研发体系、服务体系、组织结构、管理模式等方面开展变革，向开放的平台型企业转型，具有案例典型性。由于海尔集团是知名的互联网制造企业，信息透明度高，对企业进行研究的学者较多,相关资料丰富,数据也较为完善,据此选取海尔集团作为案例研究对象。

本书重点研究海尔集团 2005 年以来,应对新一代信息技术驱动下的机遇,积极进行变革创新的情况。资料收集方法主要通过二手资料采集,为提高研究的信效度,从多个信息源获取信息并对其真实性进行验证,满足三角印证。海尔集团官方网站的公开资料,期刊数据库研究海尔集团的学术文献,通过输入关键词"海尔集团""张瑞敏"在中国知网上检索相关文章,《人民日报》《经济日报》等主流媒体报纸与通过百度、谷歌等搜索引擎收集的关于海尔集团的相关报道以及公司领导层张瑞敏、杨绵绵的公开讲话及访谈记录,查阅关于海尔的书籍。

数据分析方面,依据海尔集团与新一代信息融合进行转型变革的不同阶段,具体划分为"产品价值创造—服务价值创造—平台价值创造"三个阶段。研究采用扎根理论对所收集的资料进行编码分析,对海尔集团与新一代信息融合的阶段过程分别采用了开放性译码、主轴译码。明确事件的初始范畴,将初始范畴归类到动态能力的三个维度当中,最终共归纳出 292 个事件条目。

4.2.2 互联网融合过程与能力演变分析

4.2.2.1 海尔集团与互联网融合起步阶段(1998—2004)

数字化制造是新一代信息技术驱动下与制造业融合的初级基础阶段,随着两者深入融合的程度以及互联网技术的提升,数字化制造将进一步发展促进制造企业深度互联网化。传统空调行业面临供给端产能严重过剩,生产过度同质化,微利或亏损成为"新常态";客户需求增长动力减弱,个性需求差异化增强。这些传统空调行业的痛点成了海尔集团转型的一大推动力。1998 年,海尔集团凭借互联网数字化技术为突破口,建设 CIMS 系统。在中国加入世界贸易组织的时代背景下,随着行业竞争加剧及供应链上下游企业间的双重挤压,海尔提出打"价值战"的全新理念,聚焦开发满足用户个性化需求的产品。外部环境面临的机遇与威胁激发企业利用机会感知能力对市场进行识别与开发,其发现供应链协同能力差是制约传统空调行业发展的主要瓶颈,海尔集团通过外部市场信息的反馈与检验,主张站在产业链的高度完成现代供应链体系的构建,从而提高整体效率和效益。海尔集团通过整合全球资源的方式,革新产品研发技术,提升企业自主研发创新能力与系统集成能力,通过实施国际化产品战略,建立系统的海外经销商网络并提供售后服务。海尔建立战略性合作关系整合全球资源,通过合作创新,提升企业的技术创新能力及产品竞争力。此外,通过与多家相关领域技术领先企业开展合作进行新产品研发,进一步满足用户需求。例如,与日本电器公司在视频编码与解码技术等方面进行联合研发。在此期间,为了改善企业产品质量、生产成本、管理模式等方面的问题,同时使组织能适应互联网环境下的网络数字信息化变革,海尔及时革新组织结构,将层级式直线职能型灵活调整为灵活的网络化结构,依托"市场链"为纽带,开启信息化和网络化建设,通过把计算机系统当作基础,订单信息流作为中心,实现组织的业务流程再造。在此阶段,顾客、零售商、制造商、供应商等主要市场参与主体均处于离散状态,只存在由普通的交易连接的供应链关系,急切需要一个平台来提升节点企业的运营效率,而海尔集团顺应这一诉求,将供应链上的利益相关者联结起来,推进模块数字化。海尔集团通过搭建采购、生产、销售、仓储等集成供应链数字化平台,解决各参与主体独立发展、各自为政,无法形成合力的问题,最终实现物流、信息流、商流及资金流的四流合一,迅速提升服务链能力,实现供应链价值赋能,加速内部信息流通,并实现上下游企业间的密切联系,通过优势互补创造新的价值,有效提升资源配置效率。表4-1为海尔集团与互联网融合初级阶段的资料编码结果。

表4-1 海尔与互联网融合初级阶段动态能力典型案例举例

总频次	主范畴	初始范畴	典型案例	关键词
32	感知能力	机会辨别	1999年,为了应对"世界经济论坛"提出的新趋势,开启业务流程再造计划,紧盯用户个性化需求	注重用户需求
27	整合能力	资源整合	1998年底,海尔在科技国际化方面迈出关键一步,正式成立海尔中央研究院	技术合作
16	创新能力	组织变革	张瑞敏在实施市场链流程再造五周年会上对其进行划分,此后以主体、主线、主旨为宗旨,建立一个自运转的机制	业务流程再造

总结来看，外部环境中的行业痛点、外部机遇以及内外部资源与认知层面的机会感知能力交互触发了企业聚焦数字化建设，与此同时行为层面的资源整合能力为建设海尔中央研究院提供了资源支撑，指导企业通过平台的建设和演化实现基于"联结"的价值共创，有效提升整体运营效率，实现供应链价值赋能（如图 4-6 所示）。

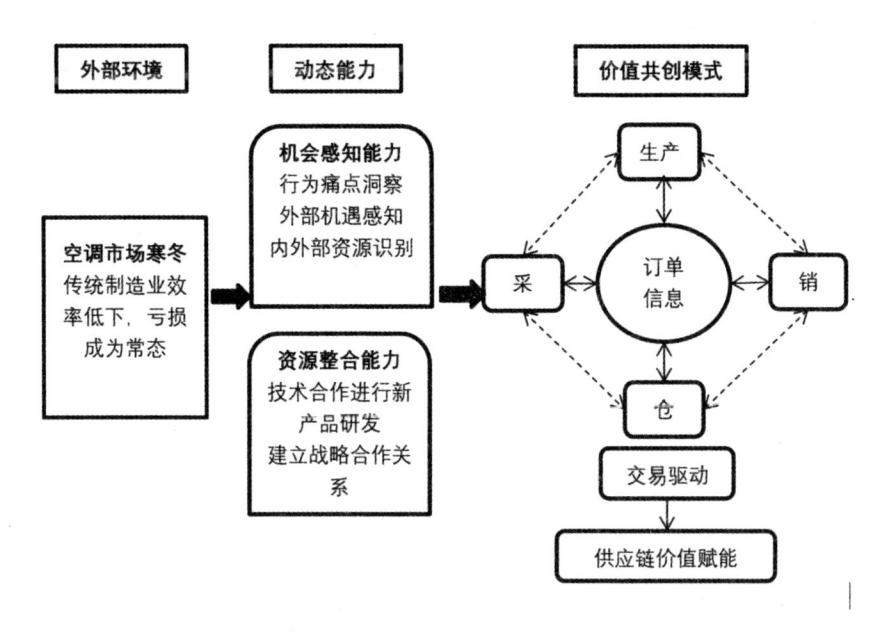

图 4-6 企业与新一代信息融合起步阶段动态能力演化及价值共创模式

4.2.2.2 海尔集团与互联网融合发展阶段（2005—2012）

企业发展阶段，正处于国家大力推动新一代信息战略时期，海尔集团顺势提出产业互联网概念，打造线上开放平台，运用互联网的方式解决传统产业效率低、流程环节多、市场不规范的问题。同时，尝试挖掘客户数据资源，通过匹配客户的购买需求以及交易习惯，海尔集团及时在网站上更新最新的产品及资讯，并向客户提供相应的技术服务和增值服务。互联网信息时代的发展促使营销日渐碎片化，顾客需求也日益差异化、个性化，制造企业传统模式亟待改变，要求企业从卖产品向卖服务转变，即用户驱动的"即需即供"模式。海尔集团提前感知到该趋势，并推出"统帅"电器，借助互联网能迅速获取顾客的个性化需求，并能在线下及时满足用户需求。从 2005 年开始积极探索"人单合一双赢"模式，整合全球制造、研发、营销资源，创造出可持续的竞争优势，致力于向服务型企业转型。该模式的成功实施增强了企业的盈利能力及响应用户需求的速度，促使海尔成为互联网时代下的全球化品牌。为了更适应于灵活动态的互联网环境，海尔颠覆原来"正三角"式的传统科层制结构，积极变革为基于自主经营体的倒三角网状组织形式，组织只需制定规则和提供资源。海尔以用户需求为导向推出全新网络家庭平台"U-home"，通过互联网信息技术，改变服务模式与企业运营模式，展示网络化时代的全新的生活方式。海尔积极应对互联网时代机遇与挑战，成功向服务型企业转型。海尔集团通过线上平台逐步打通了与客户之间的数据连接。同时，海尔集团开始构建面向客户的大数据服务平台，通过数据算法和人工干预将客户的购买需求与产业运营数据匹配起来，并逐渐将其体系化、网络化，为仓储、物流、循环、电商等业务板块和企业生产及日常运营提供数据分析、智能运营、安全生产、行业决策等精准服务，全面驱动企业的数据运营和智能管理。海尔集团通过线上和线下双平台的建设与完善，完成了线下的资源集聚与线上的数据交互，在各个节点连接起供应商、生产商、制造商、服务商及渠道商等生态伙伴，充分激活了平台的生命力，通过业务数字化促进了客户服务的一体化，建构了一个业务驱动的基于"联动"的价值共创模式，完成了全产业链的闭环，实现了产业链的价值创新。表4-2为海尔集团与互联网融合发展阶段的资料编码结果。

表4-2 海尔与互联网融合发展阶段动态能力典型案例举例

总频次	主范畴	初始范畴	典型案例	关键词
29	感知能力	机会辨别	随着"家电下乡"政策的实施，海尔抢先研发出能"喂奶牛"的热水器及防鼠冰箱等可以满足不同地区农民需求的产品，进而抢占市场先机	抢占市场先机
34	整合能力	资源整合	2006年海尔的财务与信息化部门联合启动了全球ERP项目，搭建了一个可以整合全球资源的信息化平台	全球整合
42	创新能力	组织创新	2010年，海尔积极发布送风模块的标准化接口，这是全球家电领域内第一个模块的标准化接口	第一个模块

总结来看,互联网的飞速发展使得空调行业既面临挑战也获得机遇,这促使海尔集团利用机会探索能力搜索有利于企业转型升级的新机会,深入发掘用户及利益相关群体的潜在需求,同时匹配相应的资源编排能力,在全局视角下整合并布局已有资源,选择建立线上虚拟平台来打通产业链闭环,进一步强化线下实体平台的支撑作用,通过业务驱动和相对主动的选择与操纵行为来实现基于"联动"的价值共创,为客户提供全方位、一站式的综合服务,实现产业链价值创新(如图4-7、4-8所示)。

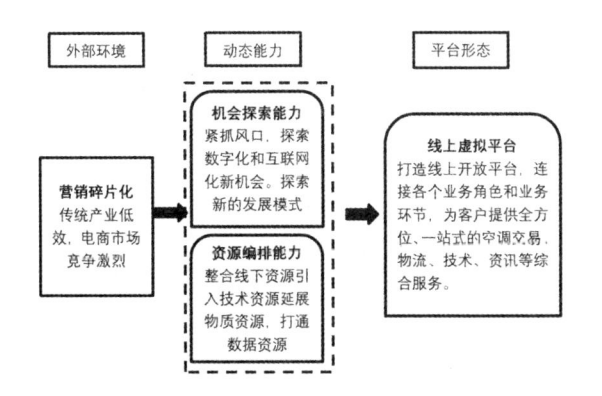

图4-7 企业与新一代信息融合发展阶段动态能力演化

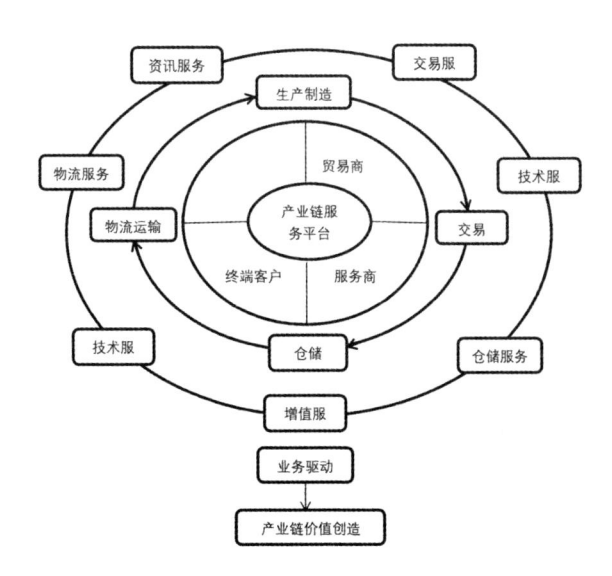

图4-8 企业与新一代信息融合发展阶段价值共创模式

4.2.2.3 海尔集团与互联网融合高级阶段(2013—2021)

  大数据、物联网、人工智能等互联网新兴技术的迅猛发展,对制造业产生日益重大的影响。我国也正鼓励推进"互联网＋制造业"及供应链的应用和创新,国家产业政策的大力推动为企业进一步发展产业互联网平台提供了多元化发展机会,通过线上线下进行深度融合打造平台生态圈成为海尔集团持续转型升级的关键。2013年起海尔集团实施网络化战略,继续探索"人单合一双赢"模式,以此在动态的市场环境中获取可持续的竞争力。因此,海尔进行了组织结构变革,由原来的倒三角组织结构演变为动态优化的网络化组织结构,逐渐向开放的平台型企业转型。除了继续自主研发创新产品,通过并购、合作等方式获取先进制造能力,海尔致力于员工创客化、企业平台化的方式积极应对互联网时代的挑战,建立共创共赢的生态圈,进而实现信息共享、互动融合、共赢增值。海尔凭借积极贯彻"供应链无尺度、管理无领导与企业无边界"的组织发展观念,构建并联共享生态圈,通过实行分布式创新,逐渐变革为开放的平台型企业。此时,企业利用机会开发能力主动探寻隐藏在国家产业政策中的发展机遇,意识到政府对发展产业互联网平台持积极鼓励和引导的态度,并将其作为新时期新基建的重中之重。为了把握时代趋势和抓住新的市场机会,海尔集团选择跨界发展,跨领域跨行业展开互动合作。海尔集团围绕前期累积的新老客户与体系化的数据资源,打破传统的线性交易逻辑,深度挖掘数据资源的潜在价值。通过与物流、科技等跨行业领域的企业开展合作,海尔集团开始建设数据应用新场景,在数据开放和企业的互动协同中,持续为平台用户及合作伙伴提供高价值的增值服务,使平台上客户多元化、个性化的需求得到满足和激发,从而实现跨领域组织间的价值共创。2015年,海尔积极调整原来的组织结构,通过在总部集中建立多个共享平台,提供数据、人力及财务服务等业务支持。海尔通过构建多个互联网平台,如海达源平台、Hope开放创新平台、U＋智能家居平台及众创汇等,整合自身及其他企业的制造资源及服务资源,使其不再受空间限制,依托互联网的平台聚合模式拓宽了生产与合作的可能性边界,获取为用户提供增值服务的动态能力,感知、捕获最终转化价值。在此期间,海尔凭借模块化的松散耦合解构、重构企业价值链,变革为平台化的新型"小微"组织结构,实现模块的业务交易、信息共享、平台整合与知识交流等,合理划分格局,积极满足用户的个性化需求,有效整合其价值系统。2016年,推出COSMO智能云平台,该平台旨在依托"用户驱动"向公众提供"零距离、全周期、全流程"的定制方案。将传统模式调整成协同并联的互联网模式,用户凭借该模式能参与产品的研发设计、物流配送及更新迭代等环节。通过向外界开放COSMO平台,实现生产流程透明化,该平台连接系统内部的信息流与数据流,链接全球的一流资源,快速、高质地响应和满足用户需求,实现高精度下的高效率。海尔集团通过互联网将数据、事物、用户三者连接起来,实现资源集成与共享,达到供需双侧的实时动态平衡。海尔集团充分展现了平台的网络效应和开放性等特征,通过业务协同、管理协同以及应用市场共建数据化生态,使平台快速累积竞争优势,促进平台上组织间的协同共生,实现平台上引力流、业务流、价值流和数据流的有机融合,建立了一个数据驱动的基于"联体"的价值共创模式。为用户提供智能顾问服务,逐步实现自循环、自组织的价值共创,促使共创共赢的平台生态圈成为价值共创共享的"联合生态体",实现了跨行业价值重构。如今,海尔打破行业边界,实现生态"同进化",迎接互联网时代带来的挑战。表4-3为海尔集团与互联网融合高级阶段的资料编码结果。

表4-3 海尔与互联网融合高级阶段动态能力典型案例举例

总频次	主范畴	初始范畴	典型案例	关键词
27	感知能力	机会辨别	"双创"政策鼓励企业开设众创空间,并给予政策上的扶持和优惠	政策扶持
38	整合能力	资源整合	海尔馨厨互联网冰箱整合30多家资源方组成智慧厨房联盟,为用户提供产品使用过程中基于生态圈的最佳体验	整合资源
47	创新能力	组织创新	海尔将原来的COSMO平台,进行重构、扩展,构建可支撑面向社会化服务的开放型平台	重构

总结来看,海尔利用机会开发能力及时感知外界环境中的政策信息,深入分析行业的发展形势,识别到产业政策的制定实施给企业带来的多元化的发展机遇,同时依托其资源重构能力,选择建立平台生态圈来完善供、产、销、存、运以及增值服务的闭环,并通过信息和业务协同,以服务和技术输出,整合产业链上下游资源及

开发者,通过数据驱动实现基于"联体"的价值共创,建立产业新一代信息技术驱动下的全产业链协同,实现跨行业价值重构(如图4-9、4-10所示)。

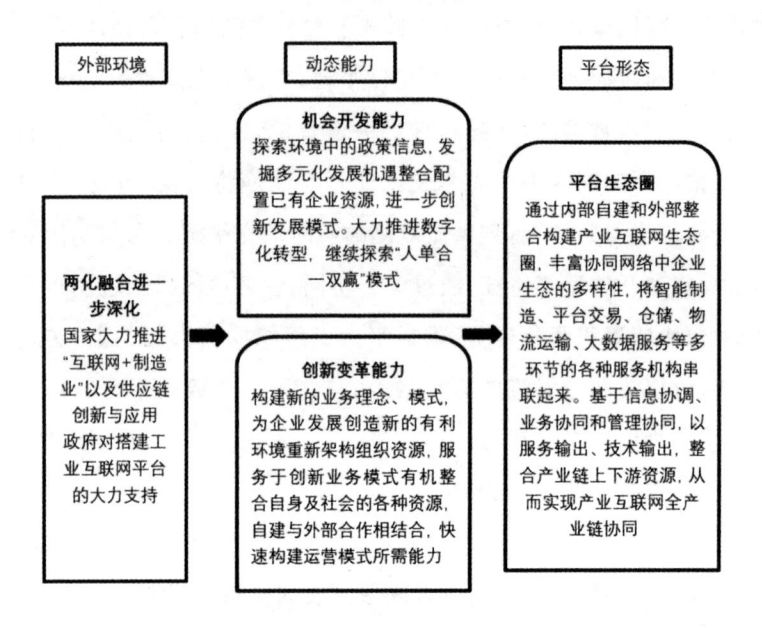

图4-9 企业与新一代信息融合高级阶段动态能力演化

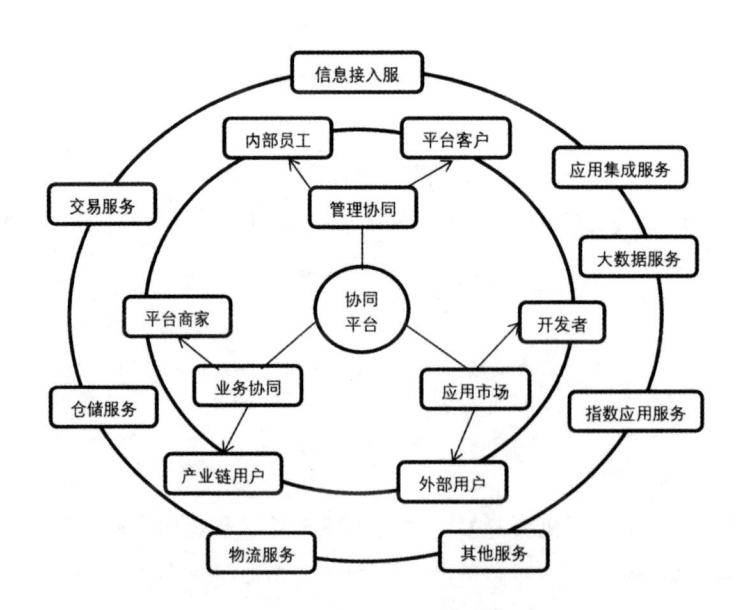

图4-10 企业与新一代信息融合高级阶段价值共创模式

第四章 新一代信息技术驱动的制造企业竞争能力提升路径研究

根据上述对海尔集团与互联网融合的三个阶段的案例发现探讨，海尔集团动态能力的演化经历了三个阶段（如图4-11所示），根据三个阶段中所搜集的事件条目频次进行统计，分析海尔动态能力的演化过程及特点，海尔集团动态能力的演化机制框架（如图4-12所示）。

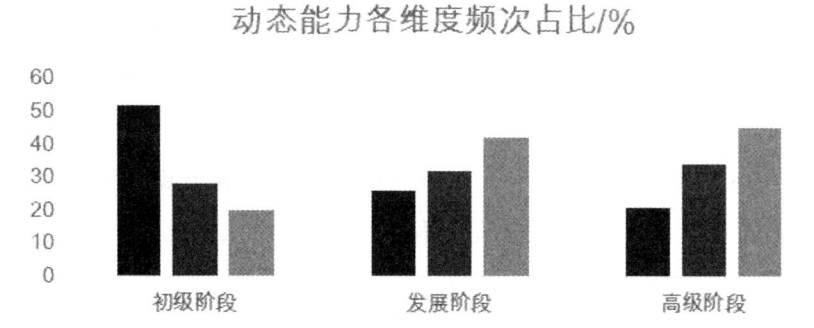

图4-11 海尔集团与互联网融合三阶段动态能力演化

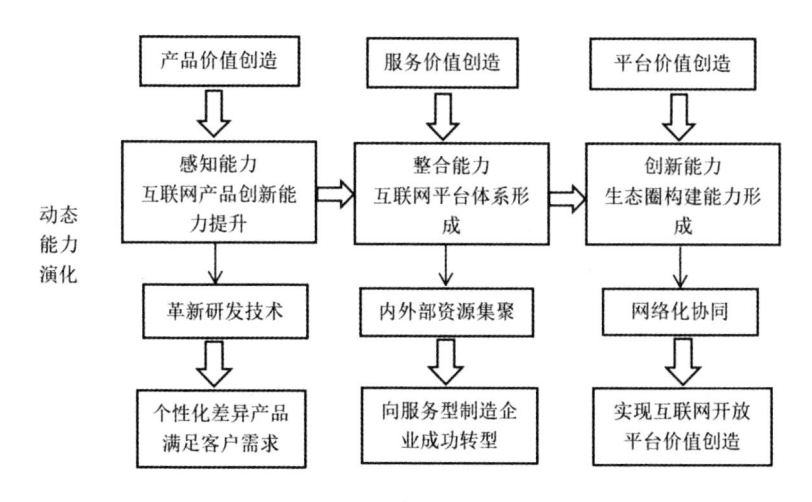

图4-12 制造企业动态能力的演化机制框架

在与互联网融合的初级阶段，海尔追求产品差异化，为满足用户个性化、差异化需求，海尔需表现出极强的环境洞察力，以此研发出满足用户需求的高质量产品。在此期间，海尔实施国际化产品战略，面对原材料价格、行业集中度的提高、劳动力成本上升以及市场竞争的加剧，将企业发展着力点聚焦到提升产品的价值，以个性化差异产品满足全球用户，逐步扩大产品在国际市场上的占有率。这需要海尔抓住国际发展趋势带来的机遇，如21世纪初中国加入WTO的重大契机，及时感知供应链上下游相关企业发生的变化以及竞争对手采取的相应举措，为适应互联网的发展对组织内部变化及时调整以及对政府相关政策的跟踪解读，需要对各方面进行感知以此推进企业进行互联网信息化及数字化建设。因此，在企业与互联网融合的初级阶段，海尔集团动态能力维度中感知能力较强。该阶段海尔刚开始通过建立海尔中央研究院整合全球科技资源，以此能提升创新能力及产品研发能力，而与其他国家一流企业进行战略及技术合作也刚处于起步阶段，所以整合能力相较不强。为了使组织适应数字化变革，对组织内部结构进行不断调整，尝试"市场链"管理，将组织结构转变为网络化结构，所以该阶段海尔集团创新能力也发挥了不少的作用。在与互联网融合的初级阶段，主要是海尔集团较强的感知能力促使企业在国际市场中维持竞争优势。

在与互联网融合的发展阶段，海尔抓住北京奥运会和"家电下乡"政策的机会，推出相关产品和服务，提高企业经济绩效的同时提升了企业的品牌知名度及形象。开始一直谋求创新的海尔积极响应新一代信息战略，向服务型制造企业转型。为了改进产品技术及功能，提升服务水平，海尔成立开放式创新中心，整合全球科学技术及资源，以期在全球研发网络竞争中占据一席之地，期间企业重组和整合加快、技术升级，通过与其他企业合作共同开发新产品和服务，提升产品的国际化水平。在创新变革方面，海尔集团开始探索"人单合一双赢"模式，整合全球制造、研发、营销资源，创造出可持续的竞争优势。为了更适应灵活动态的互联网环境，在此过程中对组织结构进行战略性调整，颠覆了以往"正三角"的传统科层制结构，变革为基于自主经营体的倒三角网状组织形式，组织结构更为灵活。因此，在这一阶段，海尔动态能力中的创新能力维度比较强，并且企业整合能力维度也有所提高。在与互联网深入融合后企业的信息化及数字化程度显著提升，信息在组织中流动得更为畅通、迅速，对信息的搜集工作也产生了新的渠道，所以海尔集团感知能力维度也进一步增强。

在与互联网融合的高级阶段，海尔实施网络化战略，积极向平台型企业转型。

海尔在该阶段通过平台化转型及研发国际化等开放式创新方式整合全球资源,极大地丰富了资源基础,实现了企业内外部资金、知识、信息、技术资源的共享。组织改变网络职能,向外界开放组织内部的物流网、营销网、服务网,形成工业互联网。为搭建一个无边界的开放生态系统,实现信息共享、互动融合、共赢增值,企业需战略性调整组织结构,对资源进行重新部署及配置。在经历深入的探索后,组织形态由传统的倒三角组织变革为动态优化的网络化组织,逐步建立起共创共赢生态圈。所以,在此阶段,海尔的重心仍在创新能力维度,而随着搭建越来越多的互联网开放平台,全球资源及用户需求能进行快速有效的配置,达到动态平衡,据此,海尔的整合能力也得到了进一步的提升。而互联网的高速发展使得企业采集获取信息更为便捷,信息更为碎片化,此时企业对市场环境的感知力变得内隐,所以该阶段海尔动态能力中感知能力维度有所降低。海尔对创新能力的重视使其成功从服务化阶段转变为平台化阶段。海尔集团的动态能力具体表现如图 4-13 所示。

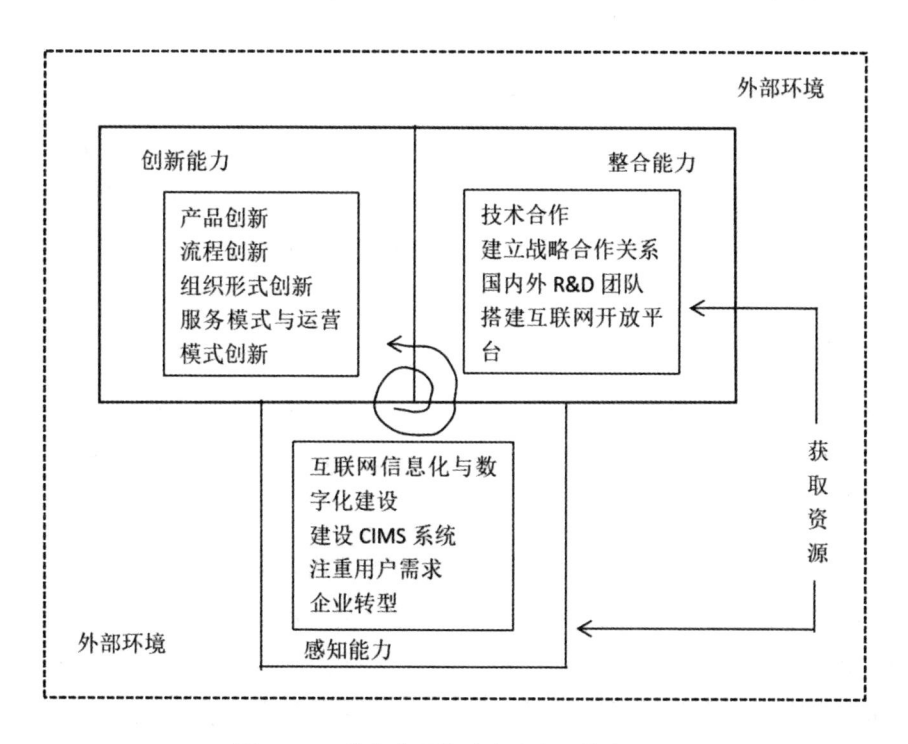

图 4-13 海尔集团的动态能力具体表现

4.2.3 结论与探讨

本部分通过对海尔集团1998—2021年的纵向案例研究,分析其与新一代信息技术融合过程中动态能力演化的特点,揭示其在新一代信息技术驱动下动态能力的演化规律,首次以新一代信息技术驱动为情境,丰富了动态能力演化研究的情境,为以后动态能力的研究提供了新视角。最终得出如下结论。

①在海尔集团与互联网融合的过程中,随着企业的不断发展以及新一代信息技术驱动下的深入应用,企业动态能力逐渐递增;②在融合的不同阶段,动态能力的不同维度发挥主导作用,其中,在与新一代信息技术融合的初级阶段,企业信息化程度不高,正在尝试进行数字化变革,主要表现为感知能力,而在服务化转型及平台化转型阶段,创新能力占据主要的主导地位。③在海尔集团与新一代信息技术融合发展的不同阶段,动态能力三个维度的变化趋势存在差异,整合能力的变化幅度最小。

从以上案例分析中得出,海尔集团在与新一代信息技术融合的不同阶段,三个不同维度在动态能力构成中的主导作用不同,逐步实现海尔集团从服务化转型到平台化转型。关于动态能力的演化机制,从由感知能力维度为主导到以创新能力维度为主导。为了抓住新一代信息时代发展机遇,实现新兴技术下的智能制造,海尔集团亟须战略性调整其组织结构,重新配置资源,于是创新能力占主导地位。由于信息量大且更为碎片化,感知能力表现由强到弱,创新能力在后两个阶段表现得较为明显,由弱到强继续表现为强,尤其是在海尔集团开始构建价值网络,建立共创共赢的生态圈时,这种能力会逐渐内化为企业的核心能力,组织进行创新变革能驱动企业动态能力演化。

通过结合动态能力和价值共创的理论视角,对海尔集团平台化转型过程进行了深度案例解析,总结了动态能力与企业演化的交互机制及价值共创模式(如图4-14所示),研究主要结论包括:①动态能力是企业演化的核心动力,并在整个平台演化过程中不断提升。海尔集团的动态能力与平台演进交互机制具体表现为:初级阶段,企业通过行业痛点洞察、外部机遇感知及内外部资源识别等过程,实现了自身的动态能力积累与应用,对仓储、物流等多个模块进行数字化建设;进入发展阶段,企业依托前一阶段积累的行业知识、品牌声誉及客户基础,企业重点发展业务数字化,逐步完善了面向客户的线上平台和数据的体系化建设;在高级阶段,企业着力通过数字业务化促进跨行业领域的机会识别,构建多个业务场景,实现生态伙伴之间的数据协同与整合,促进了双平台互动及平台生态圈的构建。②企业的演化结果体现为价值共创模式的转变,实现了基于"联结-联动-联体"的平台型价值共创模式演变。海尔集团在线下实体平台阶段,依托工业互联网垂直发展思路,根据前期交易,实行基于"联结"的价值共创模式,将处制造商、零售商、顾客等原处于离散状态的市场参与主体联结起来,提升企业的运营效率,实现了供应链价值赋能。在线上虚拟平台阶段,企业凭借老用户与交易伙伴进行桥接的方式,积极发展新用户,进而开发新业务,形成基于"联动"的价值共创模式,完成全产业链条闭环,实现产业链价值创新。在平台生态圈阶段,企业通过内部自建与外部合作,平台逐渐实现自循环、自组织的价值共创,最终建立数据驱动的基于"联体"的价值共创模式,建立产业互联网全产业链协同,实现跨行业价值重构。

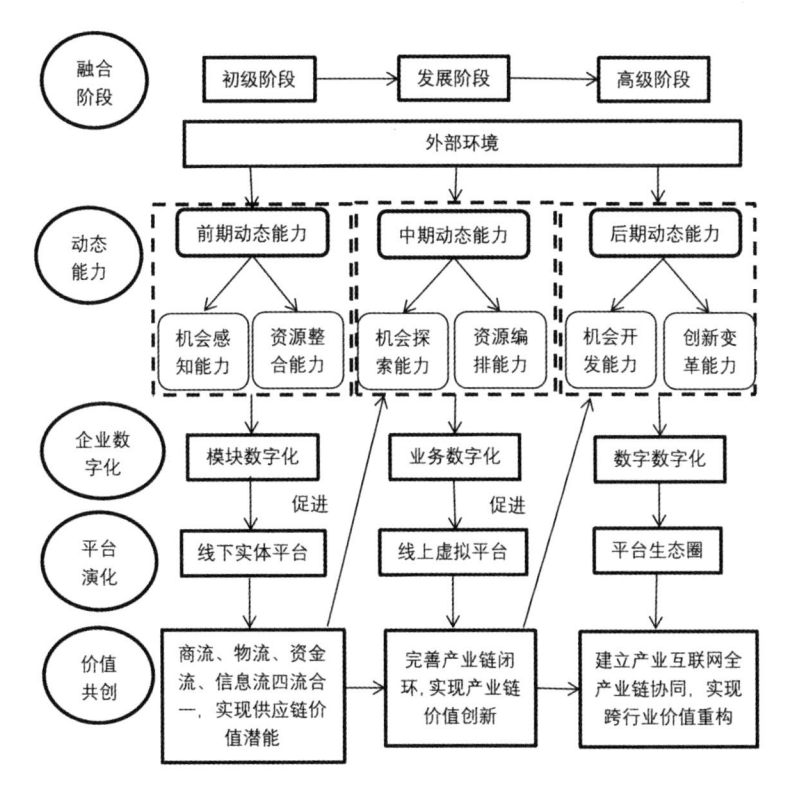

图4-14 动态能力及价值共创模式演化框架

通过对新一代信息驱动下制造企业发展过程中的价值创造模式演化问题进行了探讨，研究结论对制造企业在新一代信息背景下的运营实践提供了一定的借鉴。第一，在新一代信息背景下，制造企业应顺应时代的发展趋势进行战略更新并促进价值共创模式的不断演变。产业互联网时代，平台、服务、跨界、产融和生态逐渐成为企业生存发展的几大关键要素，对价值共创模式不断进行更迭的制造企业，能更快、以更低的成获取客户的信任，为企业的管理者及决策者制定战略与实施行动提供相关依据，为企业提供的服务与产品实现共建共享及价值增值奠定基础。第二，制造企业应该根据其发展的情境特征选择相适应的平台形态以促进向平台化转型的演化和创新，对此企业管理者应该灵活看待并及时思考变革，在企业不同的发展阶段明确企业的目标、定位和资源基础，从而建构柔性化的动态响应能力。第三，企业发展过程中，不应孤立地思考动态能力的塑造和价值共创模式的实现，两者是相互关联、相互促进的，共同推动制造企业持续竞争优势的打造。

第五章　新一代信息技术环境下上海支持制造业转型升级的政策优化

对新一代信息技术环境下促进国内制造业转型升级的相关政策进行文本搜集和量化分析、构建政策的三维分析模型,并根据价值链重构理论和上海制造的发展特征提出进一步加快促进制造业创新发展的政策建议。

5.1 新一代信息技术环境下促进制造业转型升级的政策文本分析

通过对2012年开始的新一代信息技术环境下促进制造业转型升级的政策进行文本搜集、构建政策引文网络,构建新一代信息环境下政策的行政年历,分析政策COPA框架的演化规律及其在价值链和时间序列上的主要特点、分布规律和变化趋势相关结果。

5.1.1 数据来源

本次政策文本数据通过在 Web of Science、百度、各部委和地方政府等相关网站上进行全文查找而来,利用滚雪球样本收集方法,建立新一代信息技术设施建设、新一代信息技术与制造业融合、数字化转型、智能制造和工业互联网等新一代信息技术环境下促进制造业转型升级相关政策文本数据库。

经过上述政策文本数据搜集方案,符合项目研究的政策数据主要来源于以下政府部门官方网站,具体如表5-1所示。

表 5-1　新一代信息技术环境下促进制造业转型升级相关政策的数据来源

类型	文本数据来源(官方网站)
政府门户网站	国务院、国家发展改革委、工业和信息化部、财政部等
	地方人民政府、经济和信息化委、财政局、发展改革委
	经济和信息化厅等网站群(北京市、上海市、广东省、浙江省和重庆市)
研究报告	《政府工作报告(2013—2021)》
	部委、地方政府年度工作报告(2013—2021)
	上海市经济和信息化委员会政务公开工作要点(2013—2021)
	北京工业年鉴(2012版—2020版)
	中国两化融合发展数据地图

通过系统地搜集和整理党的十八大以来10年间(2012年至2021年)中央到地方新一代信息技术与制造业融合相关政策,建立新一代信息技术与制造业融合相关政策文本数据库(2012—2021)。

通过对新一代信息技术环境下促进制造业转型升级相关政策文本的系统梳理,对党的十八大以来以工业和信息化部、北京市和上海市经济和信息化委以及广东省经济和信息化厅为主要部门制定的相关政策构建政策体系进行全方位、跨时段、多维尺度的类型量化分析,使得数据建立在翔实的数据统计基础上,从归纳文本属性的数量规律和发展趋势出发,在描述性统计的基础上提出新一代信息技术与制造业融合相关政策演进的研究问题。

以集成电路产业为例,截至2021年年末,上海市相关部门多次出台支持政策促进集成电路产业发展。2021年7月,《上海市战略性新兴产业和先导产业发展"十四五"规划》发布,为上海市集成电路产业在"十四五"时期的发展指明了方向。

表 5-2 2017—2021 年上海市集成电路产业相关政策汇总

发布时间	政策名称
2017 年 2 月	《上海市促进电子信息制造业"十三五"规划》
2017 年 4 月	《关于本市进一步鼓励软件产业和集成电路产业发展的若干政策》
2017 年 10 月	《上海市软件和集成电路产业发展专项支持实施细则》
2018 年 11 月	《关于加快本市高新技术企业发展若干意见》
2019 年 5 月	《2019 年度"科技创新行动计划"集成电路领域项目指南》
2020 年 9 月	《上海市质量提升三年行动计划(2021—2023 年)》
2021 年 7 月	《上海市战略性新兴产业和先导产业发展"十四五"规划》

人工智能产业是上海市政府大力发展的战略性新兴产业之一。从 2017 年开始上海市相关部门多次出台支持政策促进人工智能产业发展,2021 年又进一步发布了《上海市人工智能产业发展"十四五"规划》,为人工智能基础设施的发展指明了方向,助力上海数字化转型。

表 5-3 2017—2021 年上海市人工智能产业政策汇总

发布时间	政策名称
2017 年 11 月	《关于本市推动新一代人工智能发展的实施意见》
2017 年 12 月	《上海市人工智能创新发展专项支持实施细则》
2018 年 9 月	《关于加快推进上海人工智能高质量发展的实施办法》
2019 年 10 月	《关于建设人工智能上海高地构建一流创新生态的行动方案(2019—2021 年)》
2020 年 5 月	《关于加快特色产业园区建设促进产业投资的若干政策措施》
2020 年 10 月	《中国(上海)自由贸易试验区临港新片区集聚发展人工智能产业若干政策》
2021 年 6 月	《上海市战略性新兴产业和先导产业发展"十四五"规划》

5.1.2 新一代信息技术环境下促进制造业转型升级政策文本的类型化分析

经过长期的发展和完善,特别是经过党的十六大和党的十七大会,两化融合的理论逐渐成熟,在科学发展观的指导下,两化融合不断深入。党的十六大提出以信息化带动工业化,以工业化促进信息化,党的十七大提出促进信息化与工业化融合,党的十八大以来,国家更是出台了一系列的政策支持制造业的发展。2012年以来围绕国务院"转型升级和十二五"国家一系列规划,工业和信息化部以及地方政府相关部门围绕中央政府融合战略规划制定了一系列政策推进新一代信息技术与制造业的融合发展。2012年以前,政府较少推出相关政策促进新一代信息技术与制造业的融合,加之选取的部分样本数据在相关官方网站只能查阅到2012年,因此本书选取从2012年开始研究国家及各地市政府制定的推进新一代信息技术与制造业融合的相关政策。政策文本数据库中选取北京市、上海市和广东省作为样本是由于以上各地政府作为政策制定的引领者和创新者,以及承担国家融合试点示范项目等,其政策体系也更加规范、科学、健全。新一代信息技术与制造业融合相关政策在2012年各政府机构制定政策为最低值(9条),2017年达到峰值(115条),此后新一代信息与制造业融合相关政策总体数量开始回落,2020年后每年制定政策数量逐渐平稳。通过研究本次收集的数据文本,2012年以来样本涉及相关政府机构共发布636条,其中直接促进新一代信息技术与制造业融合相关政策为173条。而通过资金支持、加强新一代信息技术、税收优惠等政策间接促进新一代信息技术与制造业融合的政策为463条。政策文本总量呈现阶段性数量跃升的态势,政策总体年度演进分布如图5-1所示。

从总体年度分布图中可以得出:①从2012年起始,新一代信息技术与制造业融合相关政策年均制定颁布数量为63.6条,数量增长呈阶梯形特征。②在2015年开始政策数量大幅跃升,该特征主要是由于在2015年国务院制定中国制造2025政策的指导下,开启了我国实施制造强国战略的第一个十年行动纲领,由此围绕中国制造2025这一强国战略,有关新一代信息技术与制造业融合的政策开始激增。③各种效力类型政策中,最早启动的是规划纲要类政策,随后通知、办法和方案类政策开始出台并发力,最后是细则、指南类与具体实施的相关政策。不同效力类型的政策呈现波浪式推进发展态势,为全面促进新一代信息技术与制造业的融合发挥效力。

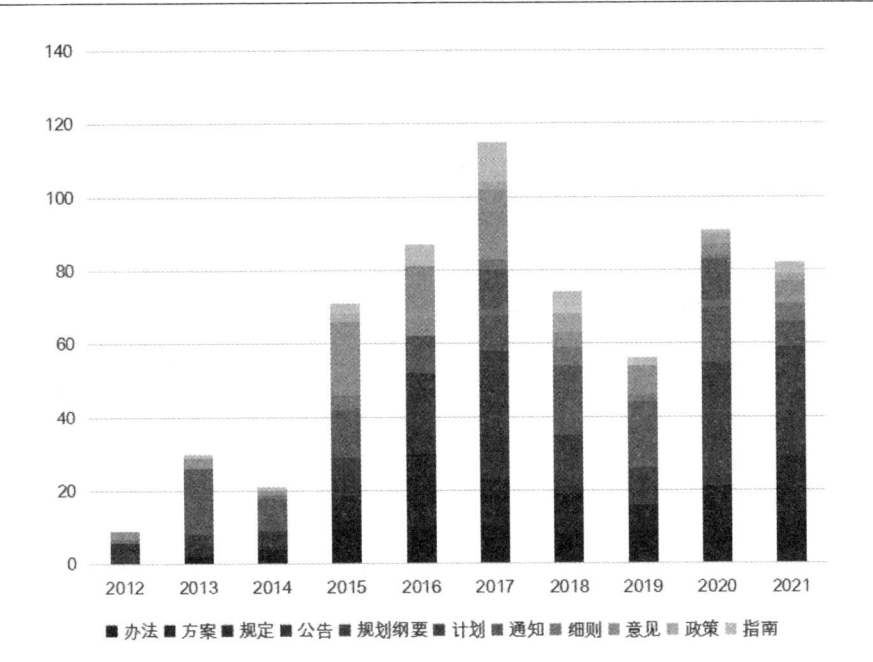

图 5-1 新一代信息技术环境下促进制造业转型升级政策的年度演化分布(2012—2021 年)

5.1.3 新一代信息技术环境下促进制造业转型升级政策功能主题分类

通过对 2012—2021 年新一代信息技术环境下促进制造业转型升级政策的功能主题类型进行统计,大致将政策分为五种结构情况,如图 5-2 所示。

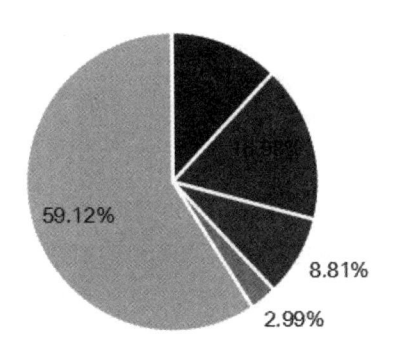

图 5-2 新一代信息技术环境下促进制造业转型升级政策的功能分布

图 5-2 中新一代信息技术与制造业融合相关政策中重大与战略性决策占比 12.11%,主要包括国家及地方发展规划和相关政策;资金支持、奖励和补助类政策占比 16.98%,主要包括关于促进新一代信息技术与制造业融合相关产业发展的专项投融资、专项资金、奖励及税收减免政策;加强新一代信息技术发展类政策占比 8.81%,主要包括云计算、大数据、5G、区块链等新一代信息技术相关产业的发展;产学研等支持类政策占比 2.99%,主要包括人才发展、研发创新及产学研合作政策支持和优化等;融合措施、办法和细则类政策占比 59.12%,主要包括新一代信息技术与制造业等融合典型示范、融合实施规范、融合措施和融合实施方案等。

5.1.4 新一代信息技术环境下促进制造业转型升级政策效力的类型构成

通过对 2012—2021 年新一代信息技术与制造业融合相关政策效力类型进行统计,得出政策效力类型的基本结构分布情况(如图 5-3 所示)。10 年间新一代信息技术与制造业融合相关政策文本中效力类型最多的是"通知",其次是"计划""意见""方案""办法""规划纲要""指南""细则""公告""政策"和"规定"11 种不同政策效力类型的政策文本,大致反映出新一代信息技术与制造业融合相关政策文件发布方式和形态效力的多样性

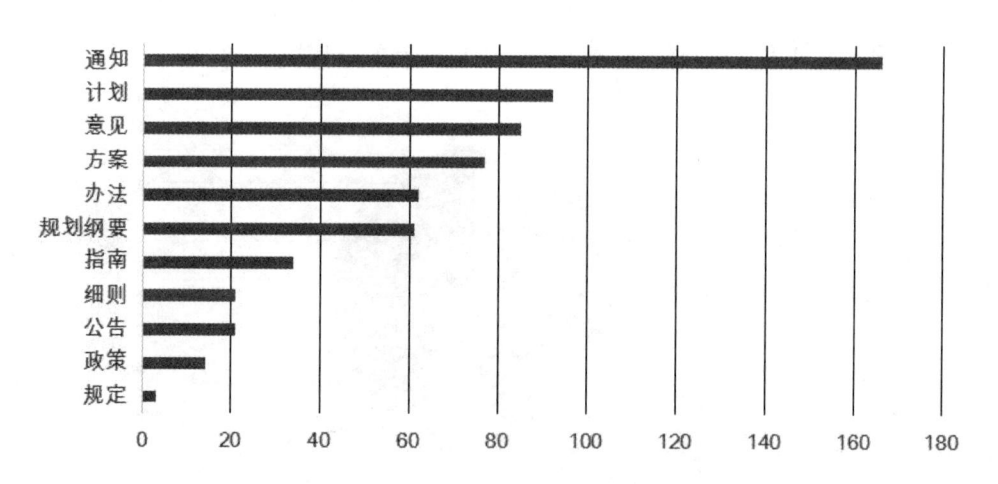

图 5-3 新一代信息技术环境下促进制造业转型升级政策文本的效力类型结构(2012—2021)(单位:条)

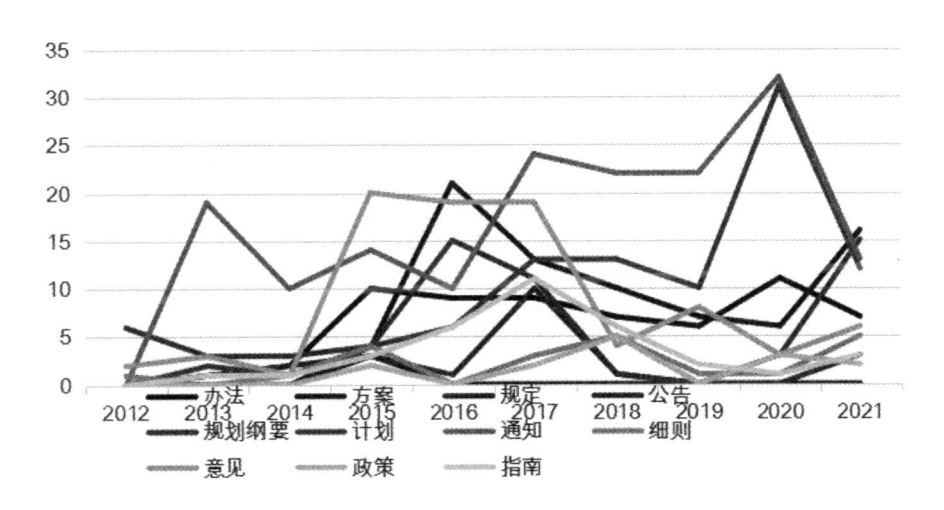

图 5-4　新一代信息技术环境下促进制造业转型升级政策的
年度演化分布(2012—2021)(单位:条)

从图 5-3 可知,2012 年以来政策主体多以"通知""计划"和"意见"等名称形式颁布政策文本,三类政策文本达到 343 条,其数量占总数的 50.6%,体现了新一代信息技术和制造业融合顶层规划和设计的具体执行和落地实施。

两化融合是党中央、国务院长期坚持的重大战略决策部署。从图 5-4 可知,2012—2016 年间各种效力类型政策中,最早制定的主要是规划纲要类政策,2012 年党的十八大提出"坚持走中国特色新型工业化、信息化、城镇化、农业现代化道路,推动信息化和工业化深度融合"。围绕这一指示,国务院、工业和信息化部制定出台纲要类政策,地方政府及主要对应机构相继出台一系列政策,其中以"通知"形式转发国务院、工业和信息化部等上级部门规划纲要政策,以"计划"和"意见"类等政策落地执行上一级政府部门规划政策。党的十六大、党的十七大、党的十八大,均对两化融合作出部署。党的十九大进一步明确提出"推动互联网、大数据、人工智能和实体经济深度融合"。2017 年规划纲要类政策激增,是由于 2017 年党的十九大提出"加快互联网、大数据与人工智能与实体经济的深度融合"战略。围绕这一指示,国务院、工业和信息化部又出台了新的规划纲要。围绕这一规划纲要,地方政府及主要对应机构又相继出台了一系列具体通知、意见、办法和细则等政策。

5.1.5 新一代信息技术环境下促进制造业转型升级政策主体参与情况

政策主体参与新一代信息技术与制造业融合相关政策制定的情况体现了各相关职能部门落实党中央和国务院宏观决策的政策配套支持力度。本书从单独制定政策与多主体合作制定政策两个维度进行统计分析,并着重讨论各政策主体在合作制定新一代信息技术与制造业融合相关政策时发挥的作用及交互情况。

从参与制定的政策主体来看,国务院、工业和信息化部以及本次政策文本数据中涉及到的地方人民政府及其办公厅、经济和信息化局、工业和信息化厅是主要的新一代信息技术与制造业融合相关政策制定的主体机构,总体政策机构参与情况如表5-4所示。

表5-4 新一代信息技术环境下促进制造业转型升级政策主体参与总体情况(除上海市样本)

单位:条

发文机构	发文数	发文机构	发文数
工业和信息化部	232▲	北京市经济和信息化局	55▲
国家发展和改革委员会	55▲	北京市委员会、北京市人民政府(含办公厅)	12▲
财政部	53▲	北京制造业创新发展领导小组	3▲
中国共产党中央委员会、国务院(含办公厅)	40	北京市发展和改革委员会	3
科技部	20	北京市科学技术委员会	3
中国银行业监督管理委员会	11	北京市市场监督管理局	3
中国人民银行	11	北京市财政局	1
国家标准化管理委	6	北京市统计局	1
国家能源局	5	广东省工业和信息化厅	69▲
农业农村部	5	广东省委和人民政府	60▲
国家税务总局	4	广东省发展和改革委员会	18▲
中国银行保险监督管理委员会	2	广东省科学技术厅	17
国家市场监督管理总局	2	广东省市场监督管理局	14

续 表

发文机构	发文数	发文机构	发文数
国家认证认可监督管理委员会	2	广东省财政厅	14
市场监管总局	2	广东省商务厅	13
商务部	2	广东省通信管理局	5
自然资源部	2	广东省政务服务数据管理局	3
住房和城乡建设部	2	广东省卫生健康委员会	2
交通运输部	2	广东省地方金融监督管理局	2
教育部	1	广东省地方税务局	2
人力资源和社会保障部	1	广东省农业农村厅	2
中国证券监督管理委员会	1	广东省统计局	1
中国进出口银行	1	广东省国家税务局	1
中国工程院	1	广东省生态环境厅	1
国家质量监督检验检疫总局	1	广东省网络安全和信息化委员会	1
		广东省广播电视局	1

注:▲表示在新一代信息技术与制造业融合政策中参与制定政策机构主体数量排序(排名前三),下同表5-5。

表5-5 新一代信息技术环境下促进制造业转型升级主体参与总体情况(上海市样本)

单位:条

发文机构	发文数	发文机构	发文数
上海市经济和信息化委员会	157▲	上海市工商行政管理局	2
上海市委员会、上海市人民政府(含办公厅)	19▲	上海市市场监督管理局	1
上海市财政局	17▲	上海市建设管理委员会	1
上海市发展和改革委员会	15	上海市环保局	1
上海市科学技术委员会	14	上海市国土资源局	1
上海市教育委员会	11	上海市保障房屋管理局	1
上海市金融监督管理局	8	上海市通信管理局	1

续 表

发文机构	发文数	发文机构	发文数
上海市交通委员会	5	上海市生态环境局	1
上海市人力资源和社会保障局	4	上海市国资委员会	1
上海市质量技术监督局	3	上海市统计局	1
上海市规划和自然资源局	2	上海市税务局	1
上海市商务委员会	2	上海市知识产权局	1

单独制定新一代信息技术环境下促进制造业转型升级相关政策的主体构成分析:

表 5-6 显示了在新一代信息技术与制造业融合相关政策制定领域,样本涉及各级政府及其组成部门和相关政策主体构成情况。从表 5-6 可以看出,能单独制定或转发新一代信息技术与制造业融合相关政策的权威部门达 12 个,上述 14 个政策主体按照权威性可分为中国共产党中央委员会、国务院(含办公厅)及各部委机构等,其次为北京市委员会、北京市人民政府(含办公厅)、上海市委员会、上海市人民政府(含办公厅)、广东省委员会和广东省人民政府(含办公厅)地方政府及各厅(局)部门机构。其中,单独颁布制定或转发新一代信息技术与制造业融合相关政策最多的主体机构依次是工业和信息化部、上海市经济和信息化委员会和广东省委员会、广东省人民政府(含办公厅)。其中单独转发政策较多的机构是北京市人民政府(含办公厅)、上海市人民政府(含办公厅)和广东省人民政府(含办公厅)。除去转发中国共产党中央委员会、国务院(含办公厅)、工业和信息化部关于新一代信息技术与制造业融合相关政策,单独制定政策占比 45.9%,由于新一代信息技术与制造业融合相关政策涉及领域较广,所以各政府机构共同发文较多。

表 5-6 单独制定或者转发新一代信息技术与制造业融合政策的政策主体机构

单位:条

发文机构	政策文本数	备注
中国共产党中央委员会、国务院(含办公厅)	40	
北京市委员会、北京市人民政府(含办公厅)	12	

续 表

发文机构	政策文本数	备注
上海市委员会、上海市人民政府(含办公厅)	19	
广东省委员会、广东省人民政府(含办公厅)	61	▲
工业和信息化部	117	▲
上海市经济和信息化委员会	106	▲
北京市经济和信息化局	48	
广东省工业和信息化厅	36	
国家发展和改革委员会	6	
北京制造业创新发展领导小组	6	
财政部	4	
上海市财政局	3	

注：▲表示在新一代信息技术与制造业融合政策中参与制定政策机构主体数量排序(排名前三)。

随着新一代信息技术与制造业融合发展向纵深推进,跨行业、跨领域的相关政策需要多个工信部、商务、金融等部门联合发文、共同制定政策。图 5-5 列示了在支持新一代信息技术与制造业融合政策领域内,政策文本按照部门机构参与数量统计的结果。

由图 5-5 可知,联合发文颁布新一代信息与制造业融合相关政策的主体中,两个部门合作制定政策的情况是当前联合发文的主流方式,占比 47%,超过 5 个部门合作参与联合发文的数量占比较少,如《上海市推动先进制造业和现代服务业深度融合发展的实施意见》多达 10 个部门联合制定。大范围机构合作参与政策制定情况并不多见,多个政策主体协同合作共同促进新一代信息技术与制造业的融合体现了新一代信息技术与制造业融合环境需要涉及多个政府部门合力推进的重要性。

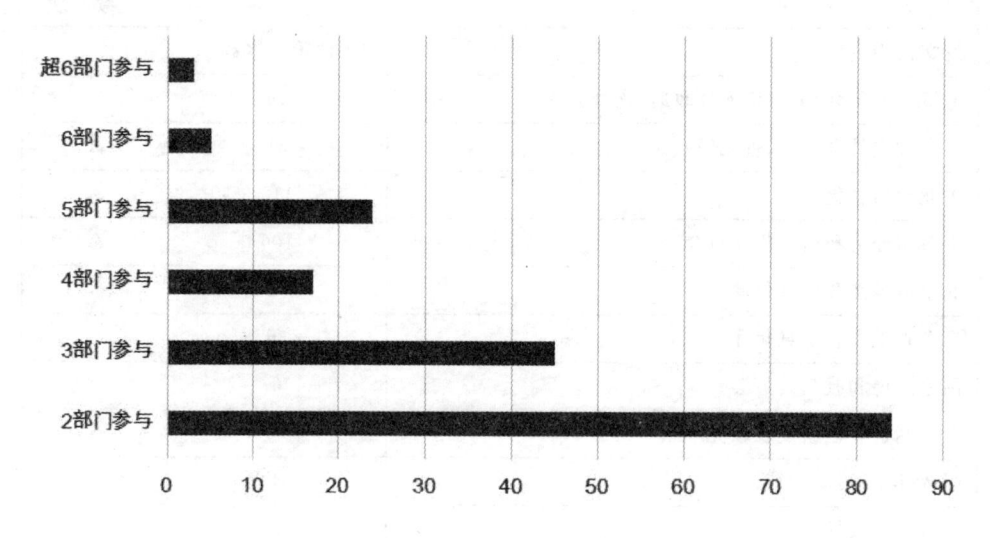

超6部门参与	▮			
6部门参与	▮▮			
5部门参与	▮▮▮▮▮			
4部门参与	▮▮▮			
3部门参与	▮▮▮▮▮▮▮▮▮			
2部门参与	▮▮▮▮▮▮▮▮▮▮▮▮▮▮▮▮▮			

图 5-5　新一代信息技术与制造业融合政策的年度演化分布(2012—2021)

由于不同政策领域各政策主体的政策与管理职能不同,这就决定了政策机构联合发文和制定政策的参与程度不同。表 5-7 列示了多部门联合发文支持新一代信息技术与制造业融合相关政策的主体参与情况。由表 5-7 可以看出,在联合发文支持新一代信息技术与制造业融合相关政策制定的过程中国家部委等机构中参与度较高的依次是工业和信息化部、国家发展和改革委员会、财政部和科技部,而北京市、上海市和广东省样本中参与度最高的部门也是相应的经济和信息化局(委员会)、工业和信息化厅、发展和改革委员会、财政局(厅)、科学技术委员会(厅),上述政府职能机构在新一代信息技术与制造业融合政策中占据主要地位。

表 5-7　多部门联合发文新一代信息技术与制造业融合政策的主体参与情况

单位:条

发文机构	联合发文数	参与度 (发文频次)	备注
工业和信息化部	115	38.72%	▲
国家发展和改革委员会	49	16.50%	▲
财政部	49	16.50%	▲
科技部	20	6.73%	▲

续　表

发文机构	联合发文数	参与度（发文频次）	备注
中国银行业监督管理委员会	11	3.70%	
中国人民银行	11	3.70%	
国家标准化管理委	6	2.02%	
国家能源局	5	1.68%	
农业农村部	5	1.68%	
国家税务总局	4	1.35%	
中国银行保险监督管理委员会	2	0.67%	
国家市场监督管理总局	2	0.67%	
国家认证认可监督管理委员会	2	0.67%	
商务部	2	0.67%	
自然资源部	2	0.67%	
住房和城乡建设部	2	0.67%	
交通运输部	2	0.67%	
教育部	1	0.34%	
人力资源和社会保障部	1	0.34%	
中国证券监督管理委员会	1	0.34%	
中国进出口银行	1	0.34%	
中国工程院	1	0.34%	
国家质量监督检验检疫总局	1	0.34%	
北京市经济和信息化局	7	38.89%	▲
北京市发展和改革委员会	3	16.67%	▲
北京市科学技术委员会	3	16.67%	▲
北京市市场监督管理局	3	16.67%	▲
北京市财政局	1	5.56%	
北京市统计局	1	5.56%	
广东省工业和信息化厅	33	25.38%	▲
广东省发展和改革委员会	18	13.85%	▲
广东省科学技术厅	17	13.08%	▲

续 表

发文机构	联合发文数	参与度（发文频次）	备注
广东省市场监督管理局	14	10.77%	
广东省财政厅	14	10.77%	
广东省商务厅	13	10.00%	
广东省通信管理局	5	3.85%	
广东省政务服务数据管理局	3	2.31%	
广东省卫生健康委员会	2	1.54%	
广东省地方金融监督管理局	2	1.54%	
广东省地方税务局	2	1.54%	
广东省农业农村厅	2	1.54%	
广东省统计局	1	0.77%	
广东省国家税务局	1	0.77%	
广东省生态环境厅	1	0.77%	
广东省网络安全和信息化委员会	1	0.77%	
广东省广播电视局	1	0.77%	
上海市经济和信息化委员会	51	35.92%	▲
上海市发展和改革委员会	15	10.56%	▲
上海市财政局	14	9.86%	▲
上海市科学技术委员会	14	9.86%	
上海市教育委员会	11	7.75%	
上海市金融监督管理局	8	5.63%	
上海市交通委员会	5	3.52%	
上海市人力资源和社会保障局	4	2.82%	
上海市质量技术监督局	3	2.11%	
上海市规划和自然资源局	2	1.41%	
上海市商务委员会	2	1.41%	
上海市工商行政管理局	2	1.41%	
上海市市场监督管理局	1	0.70%	
上海市建设管理委员会	1	0.70%	

续 表

发文机构	联合发文数	参与度（发文频次）	备注
上海市环保局	1	0.70%	
上海市国土资源局	1	0.70%	
上海市保障房屋管理局	1	0.70%	
上海市通信管理局	1	0.70%	
上海市生态环境局	1	0.70%	
上海市国资委员会	1	0.70%	
上海市统计局	1	0.70%	
上海市税务局	1	0.70%	
上海市知识产权局	1	0.70%	

注：▲表示在新一代信息技术与制造业融合政策中，参与联合发文频次最多的政策机构主体（排名前三）。

5.2 新一代信息环境下促进制造业转型升级政策的三维分析模型

5.2.1 政策工具理论及其分类

公共政策是一个借助各种具体政策工具将理念转变为现实的过程，政策实质上是政府组织将多种政策工具进行设计、组合、匹配以及综合运用（Flanagan等，2011）。政策工具则是政策分析在工具理性层面的发展和深化，这种工具性视角有助于理解政府应如何有目的地影响创新过程（黄萃等，2011）。分析政策工具演进及组合使用情况，将最终为优化新一代信息技术与制造业融合政策提供参考。

国内外学者从多个视角分别对政策工具展开研究，其中最具有代表性的是Rothwell和Zegveld（1981）根据政策工具对不同层面产生的影响不同，将政策工具主要分为三种类型："供给面""环境面"和"需求面"。此分类视角可以从政府直接投入资源要素、政府营造有关新一代信息技术与制造业融合发展环境和政府拉动融合应用市场三个维度分析新一代信息技术与制造业融合相关政策工具的影响作用。本书在此基础上,又进一步界定和描述了政策工具分类的细分结构(如表5-8所示)。

表5-8 新一代信息技术与制造业融合的政策工具类型

类型	政策工具	政策工具细分描述与示例
供给面政策工具	技能培训、资金支持、技术支持、信息支持、人才支持、政策支持、教育、完善基础设施	供给面政策工具体现在政府及其具体政策对新一代信息技术与制造业融合的推动力,指政府通过科技、人才的供给和财政资金的支持,推动新一代信息技术的发展和促进与制造业的融合
		政策工具细分,如重大项目专项资金投入、引导支撑各类计划专项资金、政府对企业奖励、引进人才、云计算等新一代信息技术基础设施发展专项计划
环境面政策工具	产业规划、税收优惠、金融支持、法规管制	环境型政策工具指政府通过配套政策影响融合的环境因素为制造业智能化发展提供有利的政策环境,间接影响并促进制造业智能化发展,具体表现为政府机构对新一代信息技术与制造业融合进行目标规划、服务管制、公共服务支持以及实行策略性措施
		政策工具细分,如税收减免、知识产权服务、企业减负等
需求面政策工具	政府采购消费端补贴	需求型政策工具指政府通过采购与消费端补贴等措施减少市场的不确定性,积极开拓并稳定新技术、新应用的市场,从而拉动技术创新和新产品研发
		政策工具细分,如政府机构采购与购买公共服务、推广与消费端补贴扶持企业与产品

资料来源:根据 Rothwell 和 Zegveld(1981)综合整理。

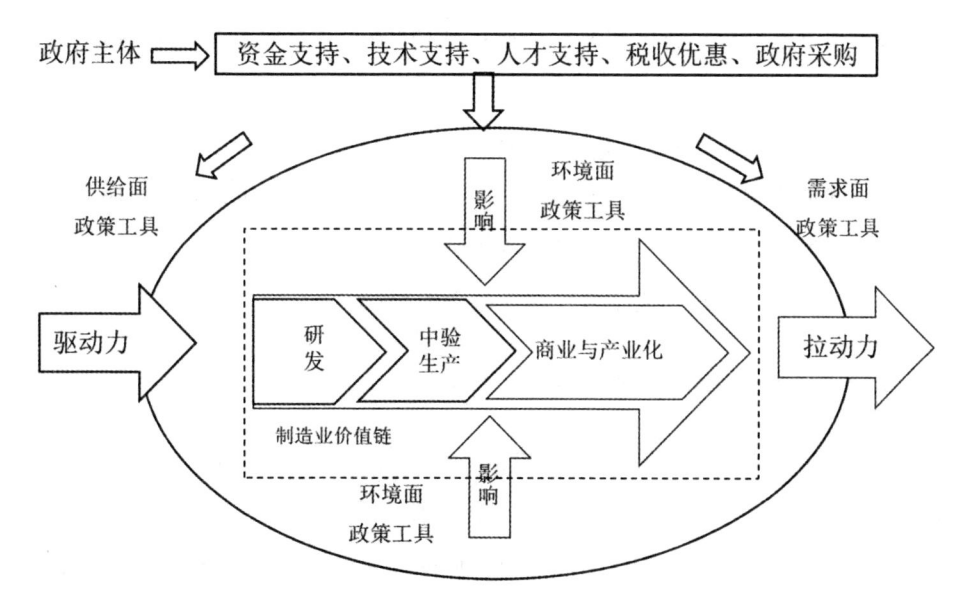

5.2.2 基于政策工具的新一代信息技术与制造业融合政策分析框架

不同政策工具在推动新一代信息技术与制造业融合发展以及相关产业发展中具有不同的强制性、问题类型和效应等,应当讲究不同政策工具间的配合,及时完善政策体系。在考察各类政策工具在推动新一代信息技术与制造业融合发展及其产业发展过程中,需要引入政策工具所能产生效用的价值环节。新一代信息技术是包括众多技术的集群,其对制造业的影响遵循着"技术创新—新生产要素的形成—生产和价值变革"的路径,由于各种新一代信息技术发展的时间不同、技术特征各异、对整个制造业体系的作用机制不同,因此,新一代信息技术对制造业价值链体系是一种多轮次、集成式的重构机制。在这种重构机制下,实现新一代信息技术对制造业的渗透和融合发展,形成新的价值模式和产业价值链,传统产业实现升级、新兴产业创新发展。比如,互联网出现最早,拓展了制造业的交易场所、交易时间和交易速度,从消费者环节倒逼生产制造环节;大数据、人工智能、物联网到5G技术共同构成工业互联网技术架构,形成了"互联网+"制造业的产业模式。

综合政策工具及以上关于价值链重构分析,构建以下关于本书对新一代信息技术与制造业融合相关政策文本内容分析的基础架构(如图5-6所示)。

图 5-6 基于政策工具的新一代信息技术与制造业融合政策分析框架

5.2.3 新一代信息技术与制造业融合相关政策的三维分析模型

对2012年及以后的新一代信息技术与制造业融合相关政策体系进行全方位、跨时段的内容分析，需要在多维尺度上建立一个分析新一代信息技术与制造业融合政策制定与执行的有效分析模型。基于上节分析框架，本书从政策工具的视角出发，综合选取了价值链重构、提升和政策时间维度构建新一代信息技术与制造业融合政策工具的三维分析模型。

5.2.3.1 X轴：政策工具维度的分析

在借鉴基于政策工具的新一代信息技术与制造业融合政策分析框架基础上将该政策的供给面、环境面和需求面三种有效政策工具进一步细分，具体区分为：供给面政策工具包括教育、技能培训、资金支持、技术支持、信息支持、人才支持、政策支持、完善基础设施；环境面政策工具包括税收优惠、金融支持类、法规管制和产业规划；需求面政策工具包括政府采购与购买公共服务、推广与消费端补贴。

5.2.3.2 Y轴：政策时间周期维度的分析

综合本书前期结果数据搜集整理所得到的"新一代信息技术与制造业融合政策文本数据库"，获得该政策的时间周期跨度。2012年开始，新一代信息技术与制造业融合政策经过长期发展和完善，特别是经过党的十六大和党的十七大，两化融合的理论逐渐成熟，从2012年至2021年两化融合可以概括划分为三个阶段：两化融合快速发展阶段(2012—2014年)，两化融合深入发展阶段(2015—2017年)，实体经济与互联网、大数据、人工智能深度融合阶段(2018—2021年)。

5.2.3.3 Z轴：价值链重构、提升维度的分析

参照政策文本分析框架，据此将价值链提升与重构的制造业升级、新一代信息技术产业发展和融合后新型产业发展三个子维度纳入模型的Z维度，以便考察在新一代信息技术与制造业融合不同阶段价值提升和重构环节中各政策工具的作用着力点。

最后，基于X维度的政策工具维度，Y维度的政策周期维度，Z维度的制造业

价值链提升、重构,构建出新一代信息技术与制造业融合相关政策的三维分析模型,如图 5-7 所示。

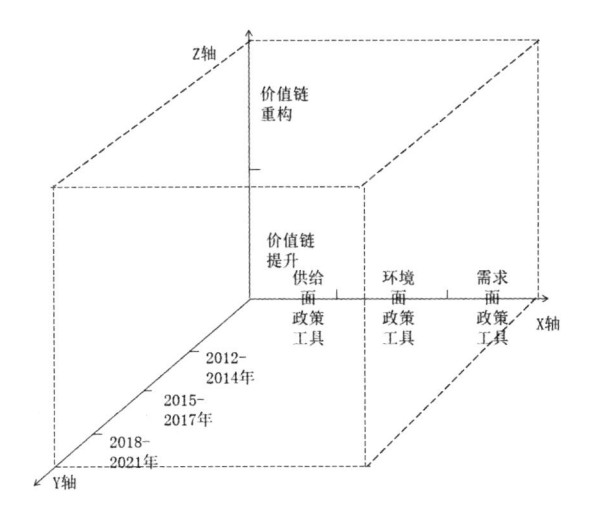

图 5-7　新一代信息技术与制造业融合政策三维分析模型

基于政策工具的视角,综合价值链提升、重构和政策时间维度构建了新一代信息技术与制造业融合政策工具的三维分析模型,通过对 X 轴和 Z 轴的横向界面分析,再进一步对政策工具进行细化,得到"价值链提升、重构—政策工具"维度的政策分析路径,如图 5-8 所示。

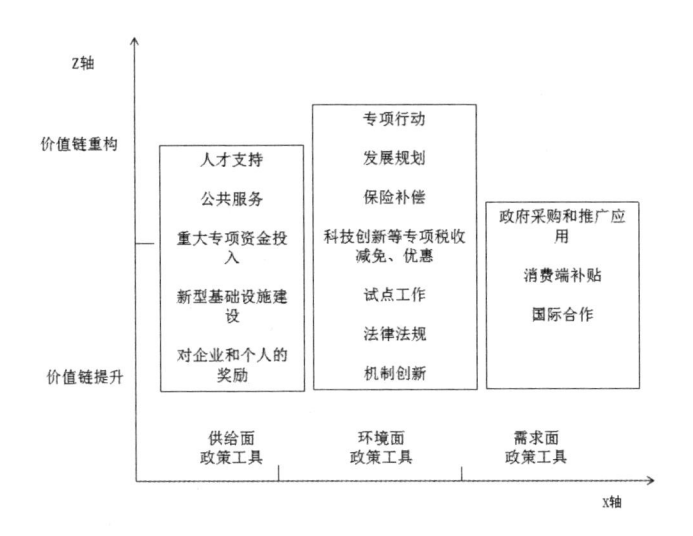

图 5-8　价值链"提升、重构政策工具"维度的政策分析路径

5.2.4 新一代信息技术与制造业融合政策文本内容分析

5.2.4.1 政策政策文本词频分析

词频分析是指通过对文本中词汇出现的次数进行统计,进而挖掘分析文本背后隐含的深层次信息。将本次搜集到的 636 份文件导入 Nvivo11 分析并选取词汇出现频率最高的 300 个词语生成词云图,如图 5-9 所示,以分析新一代信息技术与制造业相关政策的核心维度和频率,快速领略政策文本的主旨。从图 5-9 可见,"技术""产业""工业""建设""服务"等高频词是新一代信息技术与制造业融合的宏观要素,而"互联网""数据""智能""制造"等技术关键词频率稍低,这说明信息技术与制造业融合的政策体系中对新一代信息技术的独特特征与市场培育仍需进一步关注,以促进各种生产要素的跨界、跨类、多重整合。

图 5-9 新一代信息技术与制造业融合词云图

5.2.4.2 政策工具使用情况

政策分析单元是最基本的分析单位,政策文本的各项内容条款是内容分析的基本单元。本研究通过对新一代信息技术与制造业融合相关政策文本数据库搜集整理后,梳理出新一代信息技术与制造业融合的 636 条相关政策文本内容,针对政策工具和价值链进行编码定义分析单元。

首先锁定政策内容条款进行分析、抽取和编码,运用 Nvivo11 质性分析软件分析。其次,若同一政策文件中同时组合使用了供给面、环境面和需求面等多种政策工具,则将每一类细分政策工具的使用情况做标记;最后,由于政策作用在价值链提升、价值链重构环节无法甄别,而且同一政策既可以作用在制造业价值链提升环节也可以作用在制造业价值链解构环节。

首先,从如下编码节点表可以得出总体样本中环境型政策工具的节点数最多,共有 4 875 个,占比 53.5%,供给型政策工具的节点数次之,共有 3 168 个,占比 34.8%。而上海市样本中同样也是环境型政策工具的节点数最多。这与融合所处阶段符合,表明政府在过去的十年间主要通过配套政策影响融合的环境因素为制造业智能化发展提供外部有利的政策环境,间接影响并促进制造业智能化发展,其次通过科技、人才的供给和财政资金的支持,推动新一代信息技术的发展和促进与制造业的融合。其次,在供给和环境型政策工具中,使用细分工具数量排名前三的依次是目标规划类、策略性措施、公共服务类政策工具,表明政府在过去十年间总体主要以制定新一代信息技术与制造业相关产业融合规划,为相关产业健康发展制定智能制造标准体系和通过建设基础资源和公共服务等创新平台促进融合发展。最后,需求型政策总体样本中工具节点数最少,仅有 1 063 个,占比 11.7%,编码内容充分反映出各地政府在融合政策制定过程中存在的共性问题,需求型政策工具使用较少,其中政府采购和推广应用政策工具使用是最低的。在上海市样本中,使用细分工具数量排名前三的依次是目标规划、试点工作、资金投入。表明上海市政府在过去十年间除了制定新一代信息技术与制造业融合目标规划外,做了较多的试点工作,并制定各项专项资金政策支持融合,这与上海市融合度在全国处于领先水平和地位比较符合。经过统计分析获得相关政策工具使用统计结果,如表 5-9 所示。

表5-9 新一代信息技术与制造业融合政策文本内容分析单元编码示例

政策工具类型	政策工具细分	材料来源	参考点	上海参考点	总占比	上海占比
供给型	供给—对企业和个人的奖励	41	143	40	1.6%	3.5%
	供给—公共服务总	86	887	63	9.7%	5.6%
	供给—基础设施建设	51	610	42	6.7%	3.7%
	供给—人才支持	41	457	40	5.0%	3.5%
	供给—信息支持	25	595	42	6.5%	3.7%
	供给—资金投入	57	476	181	5.2%	16.0%
环境型	环境—策略性测试	83	951	60	10.4%	5.3%
	环境—法律法规	67	689	40	7.6%	3.5%
	环境—机制创新	32	298	18	3.3%	1.6%
	环境—金融支持	31	267	65	2.9%	5.8%
	环境—目标规划	109	1136	219	12.5%	19.4%
	环境—试点工作	92	862	144	9.5%	12.8%
	环境—税收优惠	68	672	48	7.4%	4.3%
需求型	需求—交流合作	42	545	53	6.0%	4.7%
	需求—贸易管制	10	156	46	1.7%	4.1%
	需求—政府采购	21	138	10	1.5%	0.9%
	需求—消费补贴	21	224	18	2.5%	1.6%

注：材料来源是含有该节点的政策文本数量，参考点是所有文本中含有该节点语句的数量，总占比是总体样本中各项细分工具使用次数占细分工具总数的比例，上海占比是指上海各项细分工具使用次数占该细分工具总使用次数比例。

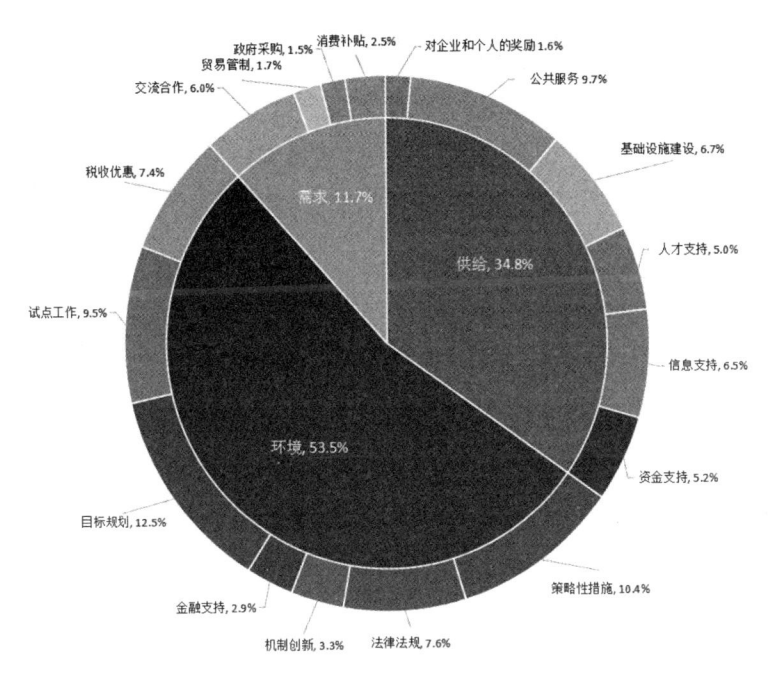

图 5-10　供给面、环境面、需求面政策工具细分结构图（总体样本）

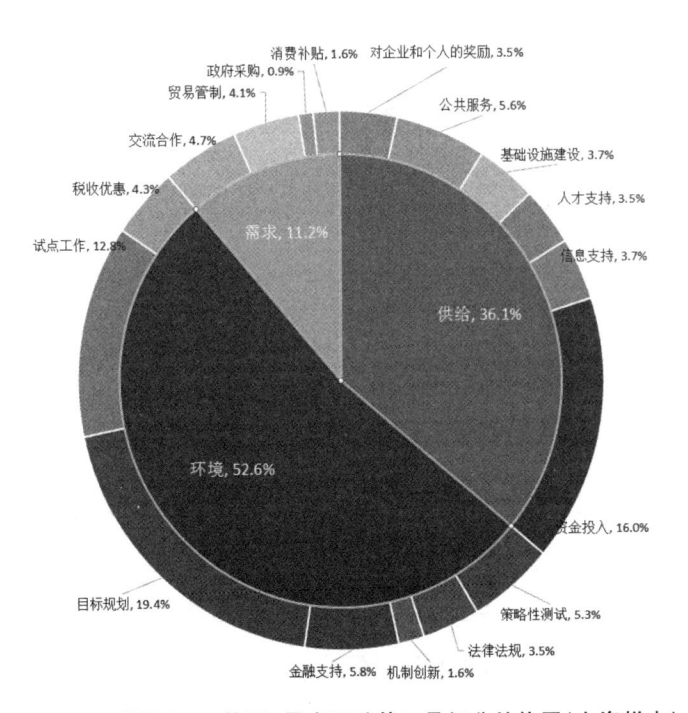

图 5-11　供给面、环境面、需求面政策工具细分结构图（上海样本）

5.2.4.3 新一代信息技术与制造业融合政策工具变迁及价值链作用分析

从政策工具使用的年度变迁视角来考察新一代信息技术与制造业融合政策演变情况具有一定的参考价值。通过各年度供给面、环境面和需求面工具的政策文本数量可以反映出政策工具随周期变化情况,从图5-12可知,三种政策工具的使用情况均出现一定阶段性波动特征:①三种类型政策工具发展呈现一定的同步性,均在2014年开始大幅度增长,在2016年达到峰值,之后有短暂回落然后又开始呈上升趋势。②2016年之后供给面和环境面工具数量经过短暂下降之后增长逐渐缓慢,需求面工具数量经过小幅度下降后增长逐渐加快。政策变迁情况符合我国新一代信息技术与制造业发展情况,前期以供给面和环境面政策工具发力,需求面工具较少,融合前期主要以提供各项支持和创造更好地融合发展环境来促进新一代信息技术与制造业融合。

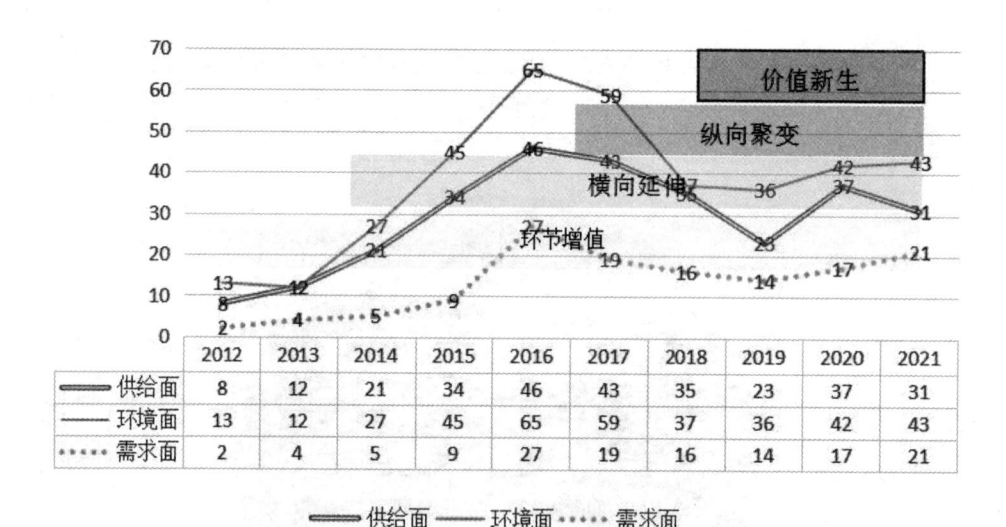

	2012	2013	2014	2015	2016	2017	2018	2019	2020	2021
供给面	8	12	21	34	46	43	35	23	37	31
环境面	13	12	27	45	65	59	37	36	42	43
需求面	2	4	5	9	27	19	16	14	17	21

图5-12 供给面、环境面和需求面政策工具时间变迁轨迹和政策工具对价值链作用机理图

这一阶段从价值链视角来看,新一代信息技术主要是促进制造业环节增值、少部分的横向增值和纵向聚变,提升环节的价值增值能力。2016年以后进入深度融合阶段,针对深度融合的特征,政府部门又针对性地从供给面、环境面和需求面制定了一系列相关政策,并加大需求面政策工具的使用来加速融合和促进制造业转

型升级和创新。从价值链视角来看,这一阶段促进制造业研发、设计、生产和销售各环节创新,提升制造业企业价值链横向延伸和纵向聚变,价值链升值的基础上,推动制造范式的迁移和制造体系的重建,扮演价值整合者的角色,构建以平台为核心的价值生态系统。在此背景下,制造环节和研发、设计、营销环节的边界模糊,各环节重新组合,形成新的价值环节,价值链也被重新定义。

5.3 新一代信息环境下上海支持制造业转型升级的举措与政策优化

基于COPA框架演进分析结论,各阶段"供给－环境－需求"政策组合和政策着力点变化情况,发现上海新一代信息技术与制造业融合面临的政策瓶颈问题,尝试探寻解决制约发展创新的政策瓶颈和制造价值链提升的突破点。

为了推动新一代信息技术驱动下上海制造业转型升级的顺利进行,应构建数字要素为核心的制造业融合模式,根据价值链重构规律,可以从以下思路和举措入手,具体如图 5-13 所示。

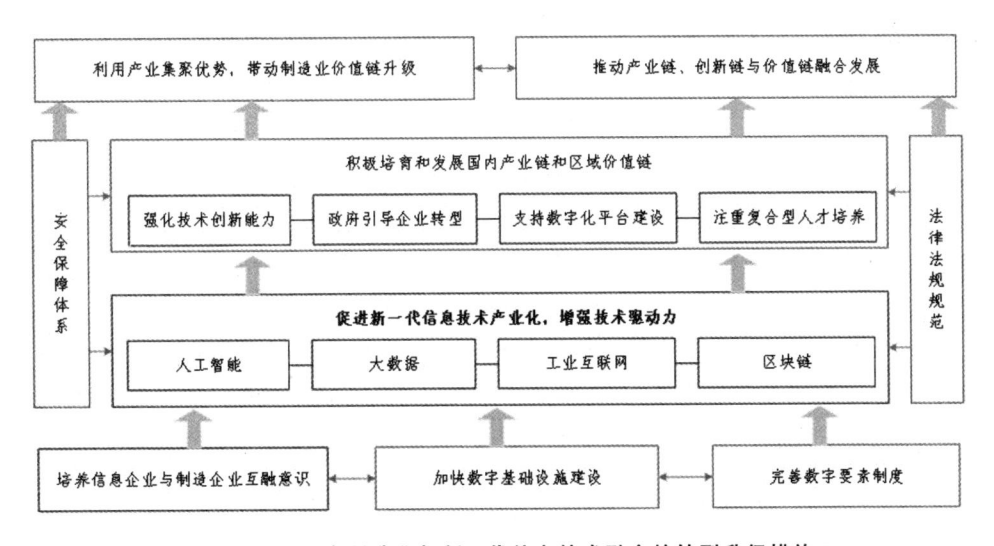

图 5-13　上海制造业与新一代信息技术融合的转型升级措施

5.3.1 积极培育和发展国内产业链和区域价值链

全球制造业价值链主要以美国、德国、日本等为核心,其他国家嵌入核心价值链,新一代信息技术革命以及疫情加速中美之间的经济脱钩,美国在高科技领域对中国进行打压,呈现出本土化、区域化、多元化的趋势,外贸和内贸双轮驱动,这就需要上海积极培育和发展国内价值链与区域价值链。长三角地区作为国家重要的先进制造业高地,经济总量和工业增加值约占全国 1/4,上海作为依托区位和技术服务优势,在区域价值链中具有显著优势。一方面,基于完善的产业配套和海量的制造数据,上海制造业的研发设计能快速转化为产品并获得制造过程的反馈,形成研发设计和加工制造的良性互动,加快中国向研发设计环节延伸,形成低成本、快响应、高频次的中国式创新模式;另一方面,基于庞大的国内客户群体和海量的用户数据,上海制造业更容易实现向服务模式的延伸,能及时追踪用户需求和开发定制化、精细化的产品服务,提高中国制造业的品牌价值和服务能力,重塑上海制造业在长三角乃至全国价值链中新的分工体系的竞争优势。

激励研发成果转化。成果转化是技术创新落地的保障,研发成果能否转化为生产力,如何在短期与长期之间寻找平衡,这是企业重点思考的问题,高额研发资金投入转化成研发成果落地,企业的营业收入及净利润均实现翻倍,产品革新,推动行业发展,公司业绩因此也有了牢固的支撑。通过科技成果权属改革、知识产权所有奖励、科研人员以"技术股+现金股"组合形式持有股权等措施,打造按照市场化机制运行的创新共同体和利益共同体,健全以价值为导向的成果转化激励机制。

5.3.2 促进新一代信息技术产业化,增强技术驱动力

上海市制造业积极运用新一代信息技术包括人工智能、大数据、工业互联网、工业机器人等推动产业升级,使价值链进行重构。新一代信息技术具有创新性、带动性的特点,帮助整合企业的上下游产业链,与传统产业融合发展,也催生了新的发展模式,促进产业结构升级,提升制造业的全球价值链地位。

(1)上海市应促进新一代信息技术的产业化,增强对产业的带动作用

首先,提高新一代信息技术产业与市场匹配度。促进数字化转型的场景落地,对行业转型的痛点进行分析,通过召开数字企业与产业的座谈会等方式为供需双

方匹配搭桥建梁,使新一代信息技术企业与有数字化需求的企业能准确对接;同时,建立企业数字化服务中心,重视数字基础设施等公共服务的建设,降低企业数字化成本。其次,加强数字底层技术的标准规范的制定,规范新一代信息技术的市场供给,也方便需求方的选择。政府制定通用性强的地方标准,新一代信息技术企业根据需要制定企业标准。最后,不断优化治理体系。数字技术在社会发展中的作用越来越大,技术催生的新兴产业发展也离不开与之相匹配的治理体系。应当构建多主体、动态化、全领域的协同治理机制,鼓励企业建立技术服务平台,不断提高政府数字化治理水平。

(2) 政府引导企业转型

上海战略性新兴产业虽然发展迅速,但所面临的瓶颈问题也逐渐凸显。在市场主体方面,缺乏有竞争力的领军企业,新兴领域的龙头企业还不够多,独角兽企业仍需加大培育力度,制造业重点企业品牌优势和影响力下降。上海面临新任务新使命,为制造业企业转型升级做导向,发挥高端资源集聚、科技创新活跃、密集财政支持等优势,促进数字经济与企业融合发展,引导企业优先把资源投入技术创新中,推动企业多开展以自主创新为主,技术引进为辅的研发活动,面向前沿科技和制造业产业变革方向,谋划布局一批先导产业,增强制造业核心竞争力,维护产业链供应链安全稳定。

(3) 支持数字化平台建设

目前,上海各制造行业尚未出现比较健全且完整的工业新一代信息技术平台、云计算平台与物联网平台。针对新一代信息技术平台、云计算平台与物联网平台等智能制造业实现所必需的技术与平台,上海市政府应采取两步走并行策略:一方面,政府制定政策引导与支持大型制造企业建立自身应用或服务于所在行业大部分企业的工业新一代信息技术平台、云计算平台与物联网平台,并由上海市政府参与辅助部分建立这些平台的企业与相关制造行业或行业的平台进行相连。另一方面,政府出资针对中小制造企业建立工业新一代信息技术平台、云计算平台与物联网平台等行业进行智能制造所必需的平台,并以收取少量服务费的形式授权制造企业使用该平台。当然,政府建立的这些平台同时能与大型制造企业建立的平台进行互通。不仅如此,政府还应推进上海各制造行业产品信息发布与贸易销售平台的建设,扩大产品需求,倒逼制造业供应环节的改进。

(4) 注重复合型人才培养

目前,上海市在新一代信息技术方面的技术人才非常匮乏,而既深入了解制造行业又熟悉新一代信息技术的复合型人才少之又少。而在上海制造业转型的初始阶段,对这种制造业与新一代信息技术都了解的人才必不可少,人才的缺乏将成为制造业转型成功的障碍。

上海政府部门应通过实行人才优先发展举措,制定高端人才培养引进政策、大力培养紧缺型专业技术人才功能等计划。制定支持人才优先战略,提高每年用于人才引进及培养工作的财政预算。同时,提供人才安居保障,如人才公寓房与租房补贴等,消除引进的高层次人才的后顾之忧。鼓励高新技术企业对技术人员提供股权奖励;允许国有企业按规定以协议方式转让技术类无形资产等政策。制定一系列政策促进企业新技术的研发和技术人才的引进,为创新提高资金和人才的基础。

5.3.3 深化制造业与信息企业互融意识

目前,信息技术企业和制造企业间存在明显的认识差异。由于存在专业壁垒以及行业差异,信息技术企业与制造企业作为制造业升级的供需双方,它们对与新一代信息技术进行深入融合创新模式的认识有显著区别。由于部分信息技术企业并没有深入挖掘与理解工业领域对创新的深层次需求,仅在服务、营销等基础环节进行初步简单的应用,对模式的创新只停留在概念阶段,并未对传统模式进行生产组织全过程变革。而制造企业大多缺乏对新一代信息技术创新的认识与理解,对其认知只是停留在工具应用方面,没有具备足够的自我变革的决心与开放共享的精神。同时,上海制造业企业对转型升级的技术风险有较大的顾虑,这点可以从本研究第四部分的调研分析可见,因此,政府必须支持在新一代信息技术与制造业融合的创新投入方面、风险管理方面提供支持政策。

上海鼓励并培养制造业融合发展的创新举措。具体可以采取以下措施:第一,鼓励企业在价值链相关环节的探索,开拓新的增值渠道,如加大服务化转型,或信息企业的跨界创新,利用技术优势开拓制造业务,实现"虚实结合,以实增虚"的竞争力升级,以制造业务开拓为信息业务的依托式发展;第二,鼓励大型制造企业利用制造业的知识向平台化、软件化发展,占领新的价值制高点,并成为制造业转型升级的引路人。第三,创新保障举措不断深化。制定有利于促进制造业与新一代信息技术融合创新的若干措施,探索建立制造业数字银行、制造业数字证券公司等新型服务制造业的金融机构,为制造业创新举措与创新型企业提供专业数字服务。

5.3.4 加快数字基础设施建设,完善数字要素的制度环境

新一代信息技术助力数字经济,重塑经济结构和资源要素。新一代信息技术基础设施建设对数字产业化和产业数字化起重要支撑作用,对上海市产业的数字化改革、提高上海市发展质量有重要意义。首先,上海市应加强布局高质量的信息网络、提升互联网能级。继续推动5G网络的布局建设,确保重点区域和场景的覆盖;完善万兆光网的布局,积极推进IPv6的部署和升级,推进政府网站、重点商业网站的升级改造;继续推进长三角量子通信网,培育量子通信产业。其次,建立安全、高效的算力设施。打造云一边系统的算例架构,打造协同效率高、算力充沛的云数据中心集群;建立安全可靠的云计算公共服务平台,推动制造业、医疗等领域的行业云平台建设。最后,建设有上海特色的融合基础设施。优化上海数字孪生城市、大数据平台等数据平台,建设领先全国的人工智能服务平台、区块链底层平台,发挥数字基础设施"发动机"的作用,促进市场交易,助力数字经济发展。

全球数据鸿沟仍在加大,开放共享机制与数据服务能力加速构建,政府、头部企业持续推动数据的开放共享,数据原则、数据合作、数据规范与数据共享平台成为重点。政府应抓紧培育数据要素市场,切实解决数据共享与治理难问题。其次,完善工业数据要素市场,对其交易流程、权属确定、纠纷解决等进行界定和规范。相关部门必须利用制造业企业对数据安全关注度相对不足的机遇期,抓紧积极探索,审时度势,做出科学决策。

5.3.5 利用上海市产业集聚优势,带动制造业价值链升级

产业集聚具有外部性、规模经济的特性,可以推动制造业的技术升级、提升制造环节的附加值,进而带动价值链的升级。上海市围绕三大先导产业和六大重点产业打造先进制造业产业集群,形成了地理空间上的聚集,但还未能充分发挥产业集聚优势推动制造业高质量发展。

首先发挥产业集聚的规模经济作用,降低企业研发、技术升级等环节的成本,

提升企业制造与组装环节的附加值。上海市可以推出改革措施,为企业降低税费、风险成本、融资成本等费用,提高企业的改革动力。上海市充分利用已形成的产业集聚优势推动校企合作,促进产学研体系发展,将创新要素当作新的驱动力,综合考虑企业生产与管理、新一代信息技术培育与应用、法律法规等因素,促进制造业价值链升级。

其次充分发挥产业集聚的驱动力量,提升企业的产品质量,提高产品附加值。上海市应利用产业集聚的规模经济效应,构建本地化生产模式,助力产业集聚提升企业商品质量。上海市应转变自己的角色定位,定位到产业集群的培养与发展上,积极引导资金、技术、人力进入产业集群,完善产业集群的配套设施,发挥出产业链的成本优势、协同效应,促进商品附加值提升,实现价值链的重构。同时,政府对企业进行针对性补贴,对产业集群中有核心技术、创新能力的企业进行补贴等优惠政策,提升产品竞争力,促进上海市制造业价值链的升级。

最后,构建有优势有特色的产业集群,提升整体产业链的附加值。利用产业集聚的外部性,向集群对链条、集群对集群发展模式的转变。推动集群的跨区域发展,突破各区域间的地理界限,加强各产业集群的合作。构建因地制宜、相互合作、各具特色的产业集群,减少集群内的恶性竞争,为提升产品价值创造良好的市场环境。引导企业延长产业链长度,从低端组装制造,向上游的研发设计与品牌、下游的营销与售后服务延伸,发挥价值链中研发、经营管理、技术等方面的效应,全方位提升制造业产业链的附加值。

5.3.6 推动上海市制造业"三链"协同发展,构建价值链生态体系

在产业发展的不同时期,产业链、创新链和价值链各具有不同的特征,针对三个链条的发展规律需要制定不同的政策。首先,在产业孵化阶段,上海市应该关注基础产业链的发展,将创新链与产业链有机结合,引导高校、科研院所与行业头部企业的合作创新,加强对专利技术的保护,增强企业的创新动力,助力制造业产业链升级。其次,产业形成阶段,运用创新链为核心技术链的发展做准备,以上海市的行业龙头为核心,建设产业创新联盟。合理利用本地及长三角的优质资源,打造国内甚至国际领先的创新网络,建立符合本地情况的产业体系和相关标准,形成各行业龙头引领中小微企业协同创新的发展体系,解决企业在转型升级中遇到的核

心技术难点。最后,产业快速发展阶段,以产业为基础、创新为核心、价值为关键,推动价值链重构。运用新一代信息技术赋能产业、创新体系,实现产业数字化、创新生态化。鼓励企业围绕上下游拓展业务,完善关键技术、设备的相关配套体系。推动上海制造业运用规模化、品牌化发展模式,运用新一代信息技术强化基础产业链,建立创新产业集群发展模式,构建上海价值链生态体系。

参考文献

[1] 魏龙,王磊.全球价值链体系下中国制造业转型升级分析[J].数量经济技术经济研究,2017,34(06):71-86.

[2] 原毅军,陈喆.环境规制、绿色技术创新与中国制造业转型升级[J].科学研究,2019,37(10):1902-1911.

[3] 何冬梅,刘鹏.人口老龄化、制造业转型升级与经济高质量发展——基于中介效应模型[J].经济与管理研究,2020,41(01):3-20.

[4] 吕越,谷玮,包群.人工智能与中国企业参与全球价值链分工[J].中国工业经济,2020(05):80-98.

[5] 何宇,陈珍珍,张建华.人工智能技术应用与全球价值链竞争[J].中国工业经济,2021(10):117-135.

[6] 黄群慧,余泳泽,张松林.互联网发展与制造业生产率提升:内在机制与中国经验[J].中国工业经济,2019(08):5-23.

[7] Peppard J, Rylander A From Value Chain to Value Network:: Insights for Mobile Operators — ScienceDirect[J]. European Management Journal, 2006, 24(2-3):128-141.

[8] Pol A . Conceptual Aspects of Global Value Chains[J]. The World Bank Economic Review, 2020,34(3):551-574.

[9] 黎峰.国内价值链分工如何影响行业内资源配置效率[J].当代财经,2022(02):103-114.

[10] 支燕,白雪洁,王蕾蕾.我国"两化融合"的产业差异及动态演进特征——基于2000-2007年投入产出表的实证[J].科研管理,2012,33(01):90-95+119.

[11] 范兆娟,艾玮炜.数字贸易规则对中国嵌入全球价值链的影响[J].财贸研

究,2022,33(02):31—41.

[12] 徐华亮.中国制造业高质量发展研究:理论逻辑、变化态势、政策导向——基于价值链升级视角[J].经济学家,2021(11):52—61.

[13] 曹霞,邢泽宇,张路蓬.政府规制下新能源汽车产业发展的演化博弈分析[J].管理评论,2018,30(09):82—96.

[14] 邹坦永.新一代信息技术与制造业融合机制研究[J].改革与战略,2020,36(10):77—84.

[15] 张亚军,李嘉琪.推进新一代信息技术与上海制造业的深度融合发展[J].科学发展,2022(03):23—29.

[16] Qi Q, Tao F. Digital Twin and Big Data Towards Smart Manufacturing and Industry 4.0: 360 Degree Comparison[J]. IEEE Access, 2018: 3585-3593.

[17] 赵福全,刘宗巍,史天泽.中国制造2025与工业4.0对比解析及中国汽车产业应对策略[J].科技进步与对策,2017,34(14):85—91.

[18] 曾铮.中国医药产业发展概况及其趋势研究[J].经济研究参考,2014(32):4—38.

[19] 刘泉红,刘方.中国医药产业发展及产业政策现状、问题与政策建议[J].经济研究参考,2014(32):39—67.

[20] 孙晓华,秦川.基于共生理论的产业链纵向关系治理模式——美国、欧洲和日本汽车产业的比较及借鉴[J].经济学家,2012(03):95—102.

[21] Li B, Hou B, Yu W, et al. Applications of artificial intelligence in intelligent manufacturing: a review[J]. Frontiers of Information Technology & Electronic Engineering, 2017, 18(1): 86-96.

[22] Zhong R Y, Xu X, Klotz E, et al. Intelligent Manufacturing in the Context of Industry 4.0: A Review[J]. Engineering, 2017, 3(5): 616-630.

[23] Junior H S de F, Meuwissen M P M, Lans I A Van der, et al. Beyond upgrading typologies - In search of a better deal for honey value chains in Brazil[J]. PLOS ONE, Public Library of Science, 2017, 12(7): e0181391.

[24] 李少星,顾朝林.长江三角洲产业链地域分工的实证研究——以汽车制造产业为例[J].地理研究,2010,29(12):2132-2142.

[25] 赵捷,张杰军.振兴我国科学仪器设备产业刻不容缓[J].中国科技论坛,2012(07):69-73.

[26] 吕荣杰,徐梦瑶,杨蕾.人工智能发展水平对制造业就业的影响——基于消费升级的中介效应分析[J].金融与经济,2021(07):63-71.

[27] 刘斌,潘彤.人工智能对制造业价值链分工的影响效应研究[J].数量经济技术经济研究,2020,37(10):24-44.

[28] 林桂军,何武.中国装备制造业在全球价值链的地位及升级趋势[J].国际贸易问题,2015(04):3-15.

[29] Kamble S S, Gunasekaran A, Gawankar S A. Sustainable Industry 4.0 framework: A systematic literature review identifying the current trends and future perspectives[J]. Process Safety and Environmental Protection, 2018, 117: 408 - 425.

[30] Xu L D, Xu E L, Li L. Industry 4.0: state of the art and future trends[J]. International Journal of Production Research, 2018, 56(8): 2941-2962.

[31] Tao F, Cheng J, Qi Q, et al. Digital twin-driven product design, manufacturing and service with big data[J]. The International Journal of Advanced Manufacturing Technology, 2018, 94(9-12): 3563-3576.

[32] 刘志彪.从全球价值链转向全球创新链:新常态下中国产业发展新动力[J].学术月刊,2015,47(02):5-14.

[33] 邱斌,叶龙凤,孙少勤.参与全球生产网络对我国制造业价值链提升影响的实证研究——基于出口复杂度的分析[J].中国工业经济,2012(01):57-67.

[34] 简兆权,伍卓深.制造业服务化的路径选择研究——基于微笑曲线理论的观点[J].科学学与科学技术管理,2011,32(12):137-143.

[35] 刘志彪,张杰.从融入全球价值链到构建国家价值链:中国产业升级的战略思考[J].学术月刊,2009,41(09):59-68.

[36] 张其仔.比较优势的演化与中国产业升级路径的选择[J].中国工业经济,2008(09):58-68.

[37] 王帮俊,喻攀.光伏产业政策效力和效果评估——基于中国 2010—2020 年政策文本的量化分析[J/OL].软科学:1-11[2022-08-10]. http://kns.cnki.net/kcms/detail/51.1268.G3.20220621.0933.002.html.

[38] Alcácer V, Cruz-Machado V. Scanning the Industry 4.0: A Literature Review on Technologies for Manufacturing Systems[J]. Engineering Science and Technology, an International Journal, 2019, 22(3): 899-919.

[39] Yang H, Kumara S, Bukkapatnam S, et al. The Internet of Things for Smart Manufacturing: A Review[J]. IIE Transactions, 2019: 1-35.

[40] 郑琼洁,王高凤.人工智能驱动制造业价值链攀升:何以可能,何以可为[J].江海学刊,2021(04):132-138.

[41] Barbu A, Militaru G. Value Co-Creation between Manufacturing Companies and Customers. The Role of Information Technology Competency[J]. Procedia Manufacturing, 2019, 32: 1069-1076.

[42] 何慧霞,魏桂英,武森,单志广.智能制造评价理论研究现状及未来展望[J].中国工程科学,2022,24(02):56-63.

[43] 杜传忠,杨志坤.我国信息化与工业化融合水平测度及提升路径分析[J].中国地质大学学报(社会科学版),2015,15(03):84-97+139.

[44] 余东华,水冰.信息技术驱动下的价值链嵌入与制造业转型升级研究[J].财贸研究,2017,28(08):53-62.

[45] 陶飞,戚庆林.面向服务的智能制造[J].机械工程学报,2018,54(16):11-23.

[46] 曹正勇.数字经济背景下促进我国工业高质量发展的新制造模式研究[J].理论探讨,2018(02):99-104.

[47] 赵西三.数字经济驱动中国制造转型升级研究[J].中州学刊,2017(12):36-41.

[48] Bordeleau F-E, Mosconi E, De Santa-Eulalia L A. Business intelligence and analytics value creation in Industry 4.0: a multiple case study

in manufacturing medium enterprises[J]. Production Planning & Control, 2020, 31(2-3): 173-185.

[49] 何宇,陈珍珍,张建华.人工智能技术应用与全球价值链竞争[J].中国工业经济,2021(10):117-135.

[50] 裘莹,赵忠秀,林曦.中国智能制造企业的价值链分析:微观治理结构、演进路径与制度保障[J].国际贸易,2021(05):22-31.

[51] Ghobakhloo M, Fathi M. Corporate survival in Industry 4.0 era: the enabling role of lean-digitized manufacturing[J]. Journal of Manufacturing Technology Management, 2019, 31(1): 1-30.

[52] 钟润阳,徐旬,Eberhard Klotz,Stephen T.Newman.对工业4.0背景下的智能制造的回顾[J].Engineering,2017,3(05):96-127.

[53] 张伯旭,李辉.推动互联网与制造业深度融合——基于"互联网+"创新的机制和路径[J].经济与管理研究,2017,38(02):87-96.

[54] 杜传忠,杨志坤.德国工业4.0战略对中国制造业转型升级的借鉴[J].经济与管理研究,2015,36(07):82-87.DOI:10.13502/j.cnki.issn1000-7636.2015.07.011.

[55] 甘宇慧,侯胜超,邹立君.政策工具视角下我国科技人才评价政策文本分析[J].科研管理,2022,43(03):55-62.DOI:10.19571/j.cnki.1000-2995.2022.03.007.

[56] 余南平.全球数字经济价值链"轴心时代"的塑造与变革[J].华东师范大学学报(哲学社会科学版),2021,53(04):124-135+183.